Schores Medwedjew
Zehn Jahre im Leben des Alexander Solschenizyn

Eine politische Biographie

Luchterhand

Aus dem Russischen von Wolfgang Kasack.
Titel der 1973 bei Macmillan, London, erschienenen Original-
ausgabe (Revised edition): Desjat' let posle »Odnogo dnja Ivana
Denisoviča«.

© 1973 by Schores Medwedjew.
Deutsche Übersetzung © 1974 by Hermann Luchterhand Verlag,
Darmstadt und Neuwied.
Lektorat: Katja Behrens.
Umschlag: Kalle Giese.
Ausstattung: Martin Faust.
Gesamtherstellung bei Druck- und Verlags-Gesellschaft mbH,
Darmstadt.
ISBN-3-472-86371-4

Inhalt

Im Sommer 1964 verbrachte ich mit meiner Frau und unseren Söhnen einen nach zwei Arbeitsjahren doppelt langen, herrlichen Urlaub am Schwarzen Meer auf der Krim. In dieser Zeit hatte ich mir das Zeitunglesen fast abgewöhnt. So wollte ich auf der Rückreise am 29. August, als wir auf dem Kiewer Bahnhof in Moskau in den Vorortzug nach Obninsk umstiegen, gerne wissen, was es Neues in der Welt gibt. Es war schon spät, an den Kiosken bekam man nur noch die Landwirtschaftszeitung. *Selskaja schisn*, die Moskauer ungern kaufen. Ich schlug die Zeitung auf, und mein Blick fiel sofort auf einen langen, fast halbspaltigen Aufsatz des Präsidenten der Allunionsakademie für Landbauwissenschaften M. A. Olschanski *Gegen Fehlinformation und Verleumdung*. Offensichtlich nützte Olschanski, der treueste Gefolgsmann und Günstling T. D. Lyssenkos, erneut ein zentrales Presseorgan als Knüppel gegen die Genetiker aus. Beim Lesen fand ich auch Absätze, die mich persönlich betrafen. Olschanski griff das Manuskript meines bisher unveröffentlichten, jedoch seit 1962 zirkulierenden Buches über die Geschichte der Genetikdiskussion in der UdSSR scharf an und erklärte, das in diesem »umfangreichen Manuskript« behandelte Material sei eine grobe politische Spekulation, die nicht auf Tatsachen basiere, und Medwedjew müsse wegen Verbreitung von Verleumdungen vor Gericht gestellt werden.

Das Manuskript, um das es in dem Aufsatz Olschanskis ging, war in wissenschaftlichen Kreisen recht gut bekannt. In den zwei Jahren, in denen es im Samisdat in Umlauf war, hatten es Tausende gelesen. Viele Kollegen hatten mir mündlich oder schriftlich neue Tatsachen und ergänzende Details mitgeteilt und dem Abschluß der Arbeit jede Unterstützung zugesagt. Ich hatte eine Menge Briefe von Wissenschaftlern, Schriftstellern und einer Reihe alter Bolschewiken erhalten. Aus all diesen Briefen sprach volle Solidarität mit meiner Kritik an Lyssenko und seinem Anhang und mit der Aufdeckung jener ungesetzlichen Methoden, die diese Gruppe von Pseudowissenschaftlern zur Ausschaltung ihrer wissenschaftlichen Gegner angewandt hatte. So erschreckte mich der Artikel Olschanskis in der *Selskaja schisn* nicht sonderlich. Was sollte sein; wenn er die Sache vor Gericht bringen wollte – bitte sehr! Vor Gericht könnten Dutzende Gelehrte, deren volle Unterstützung meiner Arbeit mir bekannt war, auf der Seite der Verteidigung auftreten und die Richtigkeit der dargestellten Tatsachen bestätigen. Ich war sicher, in den nächsten Tagen einige Dutzend Briefe von Genetikern, Biologen und anderen Wissenschaftlern, die mir schon früher geschrieben hatten, zu erhalten, mit der Versicherung, sie seien bereit, mich gegebenenfalls zu unterstützen, und man solle grober Demagogie nicht weichen. Es verging eine Woche, kein Brief, kein Anruf. Der uneingeschränkte Rückhalt, den Lyssenko 1964 auf allen Plenarsitzungen des ZK der KPdSU gefunden hatte, und Nachrichten über die Bildung einer Sonderkommission zur Reorganisation der biologischen und landwirtschaftlichen Institutionen hatten die Atmosphäre verändert und die Menschen vorsichtiger gemacht. Das Stadtkomitee der KPdSU von Obninsk hatte der Institutsleitung die Weisung erteilt, eine Sondersitzung des Parteikomitees des Instituts einzuberufen, um mein Verhalten zu diskutieren. Auf Olschanskis Artikel hatte nur die »Stimme Amerikas« reagiert und über eine Notiz in der *New York Times* zu dem Vorfall berichtet.

Am 5. September fand ich im Briefkasten den ersten Brief. Die Adresse war in einer kleinen, sorgfältigen und ausdrucksvollen Handschrift geschrieben. Ein Absender war auf dem Umschlag nicht vermerkt, doch war der Brief, dem Stempel nach zu schließen, in Rjasan am 2. September aufgegeben worden. In Rjasan hatte ich keine Bekannten. Als ich den Brief in der Wohnung geöffnet hatte, blickte ich zuerst auf die Unterschrift: Solschenizyn. Ich las den Brief, las ihn erneut und nahm ihn immer wieder zur Hand.

Rjasan, 2. 9. 64

Sehr geehrter Schores Alexandrowitsch!
In diesem Sommer las ich Ihre Abhandlung.

Seit vielen Jahren ist mir buchstäblich kein Buch erinnerlich, das mich so ergriffen und aufgeregt hätte wie das Ihre. Seine Aufrichtigkeit, Überzeugungskraft, Einfachheit, Richtigkeit des Aufbaus und der treffend gewählte Ton sind über jedes Lob erhaben. Über seine Aktualität ist kein Wort zu verlieren.

Ich weiß, daß es viele Leser sehr erregt, selbst wenn sie mit

Solschenizyn mit Schores Medwedjew in Obninsk

der Biologie wenig zu tun haben. Keiner kann ihrem Schicksal gegenüber gleichgültig bleiben.

Am 28. August, am Tage vor Olschanskis niederträchtigem Artikel, hatte ich eigentlich die Absicht, durch Obninsk zu fahren und wollte aufs Geratewohl bei Ihnen vorbeischauen. Aber ich mußte einen anderen Weg nehmen und kam nicht nach Obninsk.

In diesem für Sie so verantwortungsvollen Augenblick möchte ich Ihnen fest die Hand geben und Ihnen sagen, daß ich stolz bin auf Sie, auf Ihre Liebe zur Wahrheit und zur Wissenschaft unseres Landes. Ihr Buch enthält nur unwiderlegbare Tatsachen, und das Gericht, das Olschanski nach der Manier früherer Zeiten beschwört, wird sich, wenn es ordentlich und öffentlich ist, gegen ihn selbst richten.

Ich wünsche Ihnen Gesundheit, Frische und Mut!

Ich gebe die Hoffnung nicht auf, Sie persönlich kennenzulernen.

Solschenizyn

Rjasan, 23
1. Kassimowski per. 12, Wng. 3

Die Initialen waren bei der Unterschrift nicht angegeben, aber es bestand kein Zweifel, daß dieser Brief von Alexander Issajewitsch Solschenizyn stammte, dem Autor des Buches *Ein Tag im Leben des Iwan Denissowitsch,* das die ganze Welt in Erstaunen und Erschütterung versetzt hatte. Dieser Brief blieb dann auch der einzige, den ich als Reaktion auf Olschanskis Artikel erhielt. Doch auch dieser eine Brief war ein ausreichender Rückhalt, um den Glauben an die Kraft der Solidarität nicht zu verlieren.

»Nowy mir«, ein »literarisches Wunder« und die Partei

Von Alexander Solschenizyn wußte ich bis zum September 1964 sehr viel, obwohl ich ihm noch nicht ein einziges Mal begegnet war. An seinem Schicksal, an seinen Werken und allen mit ihrer Publikation verbundenen Umständen hatte ich ein besonderes, nicht nur das allgemein übliche Interesse gewonnen, das mich aufmerksam alles beobachten ließ, was mit der Publikation des Romans und den Erzählungen dieses Schriftstellers in der Zeitschrift *Nowy mir* zusammenhing.

Sein Roman hatte für einen gewissen Zeitraum die Barriere durchbrochen, die einer wahrhaft realistischen Literatur zur Aufdeckung der Verbrechen der stalinschen Vergangenheit im Wege stand. Durch dieses Ereignis war der Prozeß der Demokratisierung gefestigt. Nun gab man sich der Hoffnung hin, daß nach diesem Werk auch andere Arbeiten würden publiziert werden können, publizistische, historische und wissenschaftliche, die von dem Anliegen getragen waren, das Durchlebte nicht zu vergessen. Der Roman war daher nicht nur als neue Etappe in der Entwicklung der Sowjetliteratur aufgenommen worden, sondern als ein Schritt vorwärts in allen Aspekten des intellektuellen Lebens unserer Gesellschaft. Solschenizyns Erfolg hatte bei mir, wie auch bei anderen Autoren, deren Werke aus politischen Gründen nicht publiziert worden waren, große Hoffnungen geweckt.

Meiner Abhandlung über die Geschichte der Genetikdiskussion verdankte ich es sogar, daß ich von Solschenizyns Roman lange vor seiner Publikation in der Zeitschrift *Nowy mir* erfahren hatte. Im Sommer 1962 hatten Freunde die erste Fassung meiner Abhandlung Mitarbeitern der Zeitung *Komsomolskaja prawda* zur Kenntnis gegeben. Man war in der Redaktion zu aktiver Unterstützung des Manuskripts bereit, und die wissenschaftliche Abteilung bestellte bei mir einen Artikel über die Aussichten der sowjetischen Genetik, den ich zusammen mit dem Leningrader Genetiker W. S. Kirpitschnikow schrieb. Um seine Veröffentlichung abzusichern, beschloß man in der Redaktion, bekannte Wissenschaftler und Schriftsteller mit der Arbeit vertraut zu machen, die ihr zugrunde lag. Während meines Urlaubs wurden in der Redaktion, ohne meine Zustimmung einzuholen, einige Exemplare des Buchmanuskripts abgetippt und vielen Wissenschaftlern mit der Bitte vorgelegt, einen Brief an die Redaktion zu unterschreiben, in dem dringend gefordert wurde, die Frage nach dem Schicksal der sowjetischen Genetik zu behandeln. Als ich aus dem Urlaub zurückkehrte, hatte sich der Enthusiasmus der Redaktion schon gelegt. Am 11. Juli 1962 hatte das gesamte Präsidium des ZK der KPdSU mit Nikita Chruschtschow an der Spitze Lyssenkos Versuchsbetrieb »Gorki Leninskije« besucht, und am 12. Juli hatten alle Zeitungen, einschließlich der *Komsomolskaja prawda*, darüber berichtet. Veröffentlicht wurde auch eine Rede Chruschtschows, in der er sich voll und ganz für Lyssenko einsetzte. Ich versuchte, die von der *Komsomolskaja prawda* verteilten Exemplare meines Buches wieder einzusammeln, doch erwies sich das als unmöglich; man hatte das Manuskript spontan vervielfältigt.

Den Artikel *Die Aussichten der sowjetischen Genetik* brachte ich zu *Nowy mir*. Dort hörte ich zum ersten Mal von dem Roman eines unbekannten Schriftstellers aus Rjasan über das Leben im Straflager. Dieser literarisch ungewöhnlich hoch einzuordnende Roman befinde sich, so sagte mir ein Mitarbeiter von *Nowy mir*, bei Chruschtschow, und es sei daher besser, wenn ich die Lage von *Nowy mir* nicht dadurch erschweren würde, daß ich Fragen behandle, die den Parteiführer reizen könnten. In allem, was Lyssenko und die Biologie Mitschurins betraf, war Chruschtschow unerbittlich. Erst wenige Tage zuvor hatte er durch einen Alleinbeschluß befohlen, eine so alte wissenschaftliche Institution wie die Moskauer Landwirtschaftliche Timirjasew-Akademie zu schließen, da er mit den wissenschaftlichen Ansichten ihrer Gelehrten nicht einverstanden war. (Dieser Akt hatte kurz darauf meine Entlassung aus der Akademie und die Übersiedlung nach Obninsk zur Folge.) Ich zog den Artikel zurück. Bald darauf nahm ihn die Leningrader Zeitschrift *Newa* an und publizierte ihn im Märzheft des Jahres 1963.

Die Nachricht von einem Roman, der das Leben im Lager beschreibt, interessierte mich sehr. Der Schriftsteller Weniamin Kawerin, mit dem ich damals bekannt wurde, hatte den Roman gelesen und ihn ein hervorragendes und ungewöhnliches Werk genannt. Er hatte mir auch berichtet, Kornei Tschukowski habe ihn als »literarisches Wunder« bezeichnet. Es gelang mir aber nicht, dem Manuskript auf die Spur zu kommen. Im Oktober erfuhr ich, daß man ganz »oben« den Beschluß gefaßt habe, den Roman zu publizieren und daß er in der Novembernummer von *Nowy mir* erscheinen würde. Von da an achtete ich anhand des Katalogs der Leninbibliothek sorgfältig auf das Eintreffen der Nummer. Diese Bibliothek wird nämlich mit Pflichtexemplaren aus dem Bestand der sogenannten Vorausexemplare beliefert, also der ersten dreißig bis vierzig Exemplare einer Auflage, die höhergestellte Dienststellen in Moskau bekommen. Die eigentliche Auflage einer beliebigen Publikation wird zwei bis drei Wochen später ausgeliefert. Bereits am 9. oder 10. November las ich in der Bibliothek Solschenizyns Roman *Ein Tag im Leben des Iwan Denissowitsch*, las ihn den ganzen Tag über, dreimal hintereinander. Das hatte es in meinem Leben noch nicht gegeben.

Eine Woche später sprachen alle von dem Roman. Über den Autor und über die Geschichte der Publikation dieses ungewöhnlichen Werks verbreiteten sich viele Legenden. Später, als ich Alexander Twardowski und die Redakteure von *Nowy mir* näher kennengelernt hatte (es ging ein Jahr lang um die Frage, ob meine Abhandlung über die Geschichte der Genetikdiskussion gekürzt veröffentlicht werden könnte), erzählte mir Twardowski einiges über die Vorgeschichte der Publikation von Solschenizyns Roman. Ich habe diese Berichte mit dem verglichen, was ich von anderen Redaktionsmitgliedern erfuhr, und kann nun den Ablauf mit voller Verantwortung für die Zuverlässigkeit wiedergeben.

Solschenizyn hatte den Roman zwischen 1956 und 1958 geschrieben, sich aber bis Ende 1961 nicht um eine Publikation bemüht, da er das für völlig aussichtslos hielt. Er hatte sich nicht einmal entschließen können, literarische Kreise Moskaus privat mit dem Roman vertraut zu machen. Nach dem 22. Parteitag der KPdSU aber, der die Verbrechen Stalins offen verurteilt hatte, war die Situation erheblich verändert. Auch auf dem 20. Parteitag der KPdSU 1956 waren Informationen über viele Verbrechen Stalins gegeben worden, doch war das in der Form der »geheimen«, nie publizierten Rede Chruschtschows erfolgt. Auf dem 22. Parteitag hatten Mitglieder des Präsidiums des ZK der KPdSU und andere führende Redner grauenhafte Einzelheiten über die stalinschen Unterdrückungen berichtet, über die ungesetzlichen Massenhinrichtungen sowjetischer Bürger, über die Herrschaft von Willkür und Gewalt. Diese Reden waren in sowjetischen Zeitungen veröffentlicht worden, was dafür sprach, daß die Parteiführung beschlossen hatte, dem Volk die volle Wahrheit über die Irrwege und Verbrechen der Vergangenheit zu eröffnen. In der neuen Situation, die nach diesem Kongreß entstanden war, hatte Solschenizyn den Entschluß gefaßt, seinen Roman zur Publikation anzubieten. Aufmerksam hatte er Twardowskis Rede auf dem Kongreß aufgenommen, der die Schriftsteller aufgerufen hatte, die Schattenseiten des »Personenkults« wahrheitsgemäß darzustellen. Auf Solschenizyns Bitte hin hatten L. Kopelew und seine Frau Raissa Orlowa das Manuskript Ende Dezember 1961 zur *Nowy mir*-Redaktion gebracht und es einer Mitarbeiterin der Prosaabteilung übergeben. Das Manuskript hatte noch nicht jenen Titel, unter dem es jetzt der ganzen Welt bekannt ist, sondern hieß einfach *Schtsch-854*, nach der Nummer, die die Hauptfigur des Romans, Iwan Denissowitsch Schuchow, auf Brust, Rücken und Mütze trug. Der Name des Autors war nicht angegeben, Kopelew teilte nur mit, daß er in Rjasan lebe. Das Manuskript sah für die Redaktion ungewöhnlich aus: die Blätter waren auf beiden Seiten engzeilig und fast randlos beschrieben; entweder hatte der Autor Papier gespart oder angenommen, je weniger Papier er verwende, desto leichter ließe sich das Werk verwahren.

Ungeachtet seines dilettantischen Aussehens las man das Manuskript in der Prosaabteilung mit großem Interesse. Die erste, die es in der Redaktion las, war Anna Samoilowna Berser. Auf ihre Bitte hin schrieb Twardowskis Sekretärin das Manuskript schnell ab, dann gab Frau Berser die Abschrift an Twardowski weiter und riet ihm, sie aufmerksam zu lesen. Twardowski nahm das Manuskript mit nach Hause und begann spät abends, schon im Bett, zu lesen. Es erregte ihn dermaßen, daß er aufstand, sich anzog und am Schreibtisch bis in die frühen Morgenstunden hinein zu Ende las. Am nächsten Tag ließ er sich in der Redaktion sofort mit Kopelew verbinden, um Namen und Adresse des Autors zu erfahren und diesen schleunigst nach Moskau zu bitten. Nach mehreren Beratungen bei Twardowski war der Beschluß gefaßt worden, sich an das ZK der KPdSU mit der Bitte um die Genehmigung zur Publikation des Romans zu wenden. Man war sich in der Redaktion einig, daß ein Beschluß der Redaktion allein unzureichend sein würde, um den Roman durch die Zensur zu bringen. Kurz zuvor hatte die Zeitschrift Juri Bondarews Roman *Die Stille* publiziert, in dem eine Hausdurchsuchung und eine Verhaftung aufgrund einer verleumderischen Anzeige beschrieben wird. Man hatte diese Szene nur mit großer Mühe vor der Streichung bewahren können und später um ihretwillen viele Vorwürfe erhalten.

Der Verfasser von *Schtsch-854*, der auf Einladung Twardowskis nach Moskau gekommen war, rief in der *Nowy mir*-Redaktion einen sehr guten Eindruck hervor. In gemeinsamer Besprechung kam man überein, den Titel zu ändern. Alle suchten einen neuen; den endgültigen, der allen gefiel – *Ein Tag im Leben des Iwan Denissowitsch* (im Russischen ohne »im Leben«) – hatte Twardowski vorgeschlagen.

Vor dem Antrag an das ZK der KPdSU wollte Twardowski Gutachten führender Persönlichkeiten des literarischen Lebens Moskaus über den Roman einholen. Abschriften des Manuskripts erhielten die Schriftsteller Tschukowski, Marschak und Kawerin, der Kritiker Lakschin und eine Reihe weiterer Personen. Die Reaktionen fielen gut aus. Daraufhin setzten Twardowski und sein Stellvertreter A. G. Dementjew einen Brief an den Ersten Sekretär des ZK der KPdSU auf. Unter Bezugnahme auf die einstimmige Meinung der Mitglieder des Redaktionskollegiums und führender Persönlichkeiten des Schriftstellerverbandes bat *Nowy mir* Chruschtschow, die Frage der Publikation des Romans zu prüfen.

Twardowski war mit Chruschtschow gut bekannt und kam mit ihm gelegentlich zusammen. Er beschloß aber, nicht den Weg der persönlichen Übergabe des Briefes zu wählen, sondern ihn dem Ersten Sekretär auf dem Dienstwege vorzulegen. Der Brief wurde zusammen mit einem Exemplar des Romans Chruschtschows Mitarbeiter für Kulturfragen W. S. Lebedjew übergeben. Als persönlicher Mitarbeiter Chruschtschows war Lebedjew relativ unabhängig vom literarischen Sektor der Ideologischen Kommission der KPdSU, an dessen Spitze D. Polikarpow stand, ein Mensch mit äußerst konservativen, stalinistischen Ansichten.

Lebedjew war an Solschenizyns Roman außerordentlich interessiert und tat alles, um ihm eine positive Aufnahme bei Chruschtschow zu sichern.

Lebedjew las Chruschtschow *Ein Tag im Leben des Iwan*

Denissowitsch während des Sommerurlaubs vor, den Chru-schtschow in Pizunda, am Ufer des Schwarzen Meers, verbrachte. Das war Ende August oder Anfang September. Chruschtschow rief Anastas Mikojan zu sich, der seinen Urlaub in der Nähe verlebte, lobte den Roman und bat Mikojan, ihn zu lesen. Auch Mikojan äußerte sich positiv. Danach wurde die Frage der Publikation in die Tagesordnung der Sitzungen des ZK-Präsidiums aufgenommen. *Nowy mir* erhielt die Weisung, zwanzig Exemplare für die Mitglieder des Präsidiums des ZK der KPdSU drucken zu lassen, was schnell erledigt wurde. (Außerdem bestellte Twardowski fünf Exemplare für die Redaktion, eines davon schenkte er dem Autor.) Chefredakteure und ihre Stellvertreter haben nach den geltenden Bestimmungen das Recht, Fahnenabzüge zu bestellen und den Umbruch (den endgültigen, nach Seiten umbrochenen Text) in mehreren Exemplaren abziehen zu lassen. Für den Abzug der Umbruchexemplare ist keine Genehmigung der Zensur erforderlich. Ein Zensor liest selbst keine Manuskripte, sondern Umbruchexemplare, und nach seinem Imprimatur darf eine Druckerei die jeweilige Auflage ausdrucken.

Mir kamen verschiedene Hypothesen zu Ohren, warum Chruschtschow, dem Solschenizyns Roman gefallen hatte, keine persönliche Anweisung zur Veröffentlichung gegeben habe. Alle diese Hypothesen haben ihren Grund in mangelnder Kenntnis der existierenden und ernstzunehmenden Beschränkungen der Macht des Ersten Sekretärs des ZK der KPdSU und des Vorsitzenden des Ministerrats der UdSSR, die sehr streng eingehalten werden, besonders, wenn es um Publikationsfragen geht. Glawlit (die Zensur) als in erheblichem Maße geheime Organisation, die verschiedenen Institutionen unterstellt ist, handelt aufgrund von Anweisungen des Präsidiums des ZK der KPdSU, des Ministerrats der UdSSR und des KGB (dem Staatssicherheitsdienst). Wenn Glawlit aufgrund seiner Instruktionen eine Veröffentlichung verbietet, kann seine Entscheidung nur durch Beschluß des Präsidiums des ZK der KPdSU oder des Sekretariats des ZK der KPdSU geändert werden. Eine persönliche Weisung Chruschtschows zur Änderung eines Zensurverbots reicht nicht aus (wenn es sich um eine Publikation von grundsätzlicher Bedeutung handelt). Ebenso wäre eine persönliche Weisung Chruschtschows für den Zensor nicht bindend, dem die Prüfung der Publikation von *Ein Tag im Leben des Iwan Denissowitsch* übertragen ist. Denn, wie höhere Instanzen auch immer entschieden haben mögen, auf dem Umbruchexemplar muß in jedem Fall die Unterschrift des Zensors stehen, ohne die keine Druckerei ein Buch zum Druck annehmen würde. Die Druckvorschriften sind eine höchst wichtige Grundlage; sie werden erheblich strenger eingehalten als die Verfassung der UdSSR, insbesondere in dem Abschnitt über die Pressefreiheit, die Wahrung des Briefgeheimnisses, die Versammlungsfreiheit und andere Rechte. In einigen Ländern hat das Oberhaupt der Exekutive, zum Beispiel der Präsident eines Landes, keine Vollmacht, den Presseorganen die Veröffentlichung des einen oder anderen Materials zu verbieten. In der UdSSR hat der Führer des Staates das Recht, eine Publikation zu verbieten, sogar nach deren Freigabe durch Glawlit. Die Kanzleien des Ersten Sekretärs und des Vorsitzenden des Ministerrats der UdSSR erhalten deshalb obligatorisch Vorausexemplare aller Veröffentlichungen zur Kontrolle. Doch das Recht der unmittelbaren Anordnung einer Publikation unter Umgehung der Zensur hat das Oberhaupt der Exekutive in der UdSSR nicht, ebenso wie es nicht allein Gesetze, Anweisungen und Dekrete erlassen oder Krieg erklären kann.

Bei der ersten Sitzung des Präsidiums des ZK der KPdSU, in deren Tagesordnung die Frage aufgenommen war, ob Solschenizyns Roman in *Nowy mir* publiziert werden solle, wurde keine Entscheidung gefällt. Einige Mitglieder des Präsidiums hatten erklärt, sie seien noch nicht dazu gekommen, den Roman zu lesen. Andere machten vorsichtige Bemerkungen, man solle Vertreter der Lagermannschaften nicht in einem so negativen Licht zeigen, »sie hätten schließlich ihre Pflicht erfüllt«. Der Tagesordnungspunkt wurde auf die nächste Sitzung verschoben, bei der Chruschtschows von Mikojan unterstützter Antrag auf Veröffentlichung einstimmig angenommen wurde.

Es gibt verschiedene Versionen darüber, wie diese Sitzung verlaufen ist; aber sie sind wenig glaubwürdig. In die Tagesordnung einer Sitzung des ZK-Präsidiums werden viele verschiedene Fragen aufgenommen, unter denen die Publikation eines Romans nicht die wichtigste, geschweige denn die einzige, sein konnte. So können weder die Legende von der ausgedehnten Diskussion, bei der es zu erheblichen Meinungsverschiedenheiten gekommen sei, glaubhaft sein, noch das Gerücht von dem absoluten Schweigen, das Chruschtschow als »Zeichen der Zustimmung« gewertet habe. Jedes Mitglied des Präsidiums hatte zweifellos einen vom Apparat des ZK vorbereiteten Resolutionsentwurf, der dann auch bestätigt wurde. Der Beschluß des ZK kam auf dem Dienstweg vom Zentralkomitee zur Redaktion des *Nowy mir*. Die 11. Nummer der Zeitschrift mit Solschenizyns Roman auf den Seiten 8 bis 74 hatte das erforderliche »Imprimatur« erhalten. Twardowski hatte sich mit dem Verlag der Zeitung *Iswestija,* zu dem auch die Redaktion des *Nowy mir* gehört, geeinigt, die Auflage um 40 000 Exemplare zu erhöhen. Außerdem waren 2500 Exemplare für die Sitzung des erweiterten Plenums des ZK der KPdSU bestellt, die im November eröffnet wurde und sich mit der Umstrukturierung der Verwaltung von Industrie und Landwirtschaft befaßte, der radikalsten von Chruschtschow vorgeschlagenen Reform.

Das Plenum des ZK der KPdSU wurde am 19. November 1962 eröffnet. Auch Twardowski befand sich als ZK-Mitglied im Kongreßpalast des Kreml. Später berichtete er zufrieden, wohin man auch immer geblickt habe, jeder habe das blaue *Nowy mir*-Heft in der Hand gehalten.

Ein Tag im Leben des Iwan Denissowitsch wurde bald in allen zentralen Zeitungen begeistert besprochen. Weniger als eine Woche nach seiner Veröffentlichung erschien in der *Prawda* (23. November 1962) ein Artikel *Im Namen der Wahrheit, im Namen des Lebens,* in dem es unter anderem heißt:

In unserer Literatur ist ein Schriftsteller aufgetaucht, der ein ungewöhnliches Talent besitzt . . . A. Solschenizyns Roman erinnert bisweilen an die künstlerische Kraft Tolstois in der Darstellung des Volkscharakters . . .

Doch warum wird einem nicht nur das Herz schwer, wenn man diesen bemerkenswerten Roman liest, sondern dringt auch Licht in die Seele? Das liegt an der tiefen Menschlichkeit, das liegt daran, daß die Menschen auch in ihrer Erniedrigung Menschen blieben.

Der Verfasser dieses Artikels war der sehr konservative und anpassungsbereite Literaturkritiker W. Jermilow, der an vielen pogromartigen »Kampagnen« der Stalin-Zeit teilgenommen hatte. Wenn ein Mensch mit einem solchen Ruf *Ein Tag im Leben des Iwan Denissowitsch* jetzt so enthusiastisch besprach, deutete das auf einen tatsächlichen Umschwung in der Literatur hin.

Einige Tage später versandte TASS an alle Zeitungen einen Artikel mit biografischen Angaben über Solschenizyn. Dieser Artikel, *Ein neuer Name in unserer Literatur,* wurde am 28. November 1962 auch in der *Moskowskaja prawda,* in *Sowjetskaja Rossija* und vielen Republik- und Provinzzeitungen gedruckt. In dem Artikel konnte man folgendes lesen:

Alexander Issajewitsch Solschenizyn wurde 1918 in Kislowodsk geboren. Nach dem frühen Tode des Vaters wurde er von der Mutter erzogen. Kindheit und Jugend verbrachte er in Rostow am Don. Dort schloß er die Höhere Schule ab und absolvierte 1941 sein Studium an der physikalisch-mathematischen Fakultät der Universität. 1941 wurde er als Gemeiner in die Sowjetarmee einberufen. 1942 wurde er nach Abschluß einer Artillerieschule zum Kommandeur einer Artilleriebatterie ernannt und befand sich in dieser Funktion unablässig an der Front bis zum Februar 1945. Er wurde mit zwei Orden ausgezeichnet. Im Februar 1945 wurde Solschenizyn, bereits auf dem Territorium von Ostpreußen, im Dienstrang eines Hauptmanns aufgrund einer unbegründeten politischen Beschuldigung verhaftet und zu acht Jahren Arbeitsstraflager verurteilt. Er büßte die Strafe voll ab und wurde anschließend in die Verbannung geschickt, von wo er 1956 zurückkehrte. 1957 wurde er, da der Tatbestand einer Straftat nicht gegeben war, vollständig rehabilitiert. Gegenwärtig arbeitet er als Mathematik- und Physiklehrer in einer Schule.

Auch der Schriftstellerverband wußte das Talent Solschenizyns zu schätzen. Ohne einen Aufnahmeantrag des bescheidenen Autors, der damals als Physiklehrer in einer Schule in Rjasan arbeitete, abzuwarten, nahm der Vorstand des Schriftstellerverbandes der UdSSR auf eigene Initiative Alexander Solschenizyn als Mitglied auf. Zu den letzten Unterrichtsstunden, die Solschenizyn zum Abschluß des ersten Schulhalbjahres gab, entsandte die Presseagentur *Nowosti* einen Sonderkorrespondenten nach Rjasan.

»Ein Tag im Leben des Iwan Denissowitsch« wird für den Leninpreis vorgeschlagen

Es gilt vor allem hervorzuheben, daß der schlagartige Erfolg von Solschenizyns Roman und die selbstlose Unterstützung, die dem Autor von der Redaktion der besten literarischen Zeitschrift der UdSSR zuteil wurde, sich in erster Linie nicht durch das ungewöhnliche Thema erklären, sondern durch den tatsächlich hervorragenden künstlerischen Wert des Werkes. In den Rezensionen Ende 1962 und Anfang 1963 wurde Solschenizyns Prosa mehrfach in Parallele mit der Prosa Dostojewskis und Tolstois gesehen, und das wirkte nicht übertrieben. Im Januar 1963 erschienen in *Nowy mir* zwei große Erzählungen Solschenizyns, *Zwischenfall auf der Station Kretschetowka* und *Matrjonas Hof*. Durch die Eigenständigkeit des literarischen Stils, die Einmaligkeit der Sprache, die Tiefe der psychologischen Analyse und die Sättigung mit sozialen Problemen zeigten diese Erzählungen, daß *Ein Tag im Leben des Iwan Denissowitsch* zweifellos nicht das erste Werk eines unerwartet entdeckten Schriftstellers war.

Das Thema der Unterdrückung war, wenn auch in anderer Weise, schon vorher in der sowjetischen Literatur nach dem 20. Kongreß der KPdSU angeschnitten worden. In dem großartigen Roman Wladimir Dudinzews *Der Mensch lebt nicht vom Brot allein* beschreiben die in literarischer und sozialer Hinsicht besten Passagen die Verhaftung der Hauptfigur, und das »Kriegsgericht« über sie ist ein deutliches Beispiel für die sinnlose Willkür. Themen ungesetzlicher Repressionen haben auch Juri Bondarew in dem Roman *Stille* und Alexander Twardowski in der Verserzählung *Weite Fernen* behandelt. Bereits unmittelbar vor der Veröffentlichung von Solschenizyns Roman wurden in der Zeitung *Iswestija* (6. November 1962) Lagererzählungen von G. Schelest über unschuldig Verurteilte abgedruckt, die in den schrecklichen Lagern von Kolyma dahinvegetierten.

Bisweilen wird die Hauptrolle bei der positiven Entscheidung über das Schicksal von *Ein Tag im Leben des Iwan Denissowitsch* A. Adschubei zugeschrieben, dem Chefredakteur der *Iswestija* und Schwiegersohn Chruschtschows. Adschubei und seine Frau Rada Nikititschna sollen demnach auf Chruschtschow Einfluß ausgeübt haben. So war es keineswegs. In Wirklichkeit war Adschubei auf Twardowskis Fund neidisch und bemühte sich, ihn bei der Entdeckung des neuen Themas durch die rasche Publikation der Erzählungen Schelests zu überflügeln, die literarisch äußerst dürftig sind. Schelest lebte in Tschita, und seine 1960/61 entstandenen Erzählungen waren schon ein Jahr vor diesen Ereignissen von *Nowy mir* als schwach und erfunden abgelehnt worden. Als Adschubei erfuhr, daß Solschenizyns Roman zur Veröffentlichung freigegeben worden war, ließ er sich Schelests Erzählungen telegrafisch übermitteln. Es ging nur darum, Twardowski zuvorzukommen. Man sollte Adschubeis Einfluß oder Rada Nikititschnas auf Chruschtschow nicht überschätzen. Biologen und Genetiker haben wiederholt versucht, Chruschtschow verschiedene Dokumente und Aufsätze über Lyssenko und die Situation in der Genetik unmittelbar zu übergeben. Mehrfach bemühten sie sich, hierzu auch Rada Nikititschna, die Biologie studiert hat, und Adschubei zu gewinnen, doch beide haben es stets abgelehnt, da sie fürchteten, Chruschtschows Unwillen zu erregen.

Obwohl die Billigung des Romans *Ein Tag im Leben des Iwan Denissowitsch* durch das ZK-Präsidium sich natürlich auf die Literaturkritik ausgewirkt hatte, war es offensichtlich, daß die Rezensenten im wesentlichen aufrichtig in ihrer Begeisterung waren, wenn sie Form und Inhalt des Romans beurteilten. Ende Dezember 1962 fand eine Begegnung der Partei- und Regierungsspitze mit Vertretern aus Literatur und Kunst statt. Die Rede des Vorsitzenden der Ideologiekommission und Sekretärs des ZK der KPdSU L. F. Iljitschow bei dieser Zusammenkunft wurde am 22. Dezember in der *Prawda* (und in anderen Zeitungen) veröffentlicht. In dieser Rede waren viele ungerechte Vorwürfe gegen Maler und Bildhauer enthalten (wegen abstrakter Malerei, die »dem Volke fremd« sei). Indessen sagte Iljitschow zur Literatur folgendes:

Mit Billigung des ZK der KPdSU wurden in letzter Zeit in künstlerischer und politischer Hinsicht starke Werke veröffentlicht, in denen wahrheitsgemäß und kühn die Willkür entlarvt wird, die während der Periode des Personenkults zugelassen wurde. Ich brauche hier nur Alexander Solschenizyns Roman *Ein Tag im Leben des Iwan Denissowitsch* zu erwähnen.

In Zeitungen der großen Städte und der Provinz, in literarischen, gesellschaftspolitischen und philologisch-wissenschaftlichen Zeitschriften erschienen 1963 sehr viele Aufsätze über Solschenizyns Roman und seine Erzählungen. Ein Überblick über diese Beiträge gehört nicht zu unserer Aufgabe. Es genügt, auf eine Reihe von Artikeln hinzuweisen: *So war es, so wird es nicht mehr sein* (N. Kruschkow, *Ogonjok* 1962, Nr. 49), *Held – Leben – Wahrheit* (W. Buschin, *Podjom* 1963, Nr. 5, S. 112–121), *Das tägliche Brot der Wahrheit* (*Newa* 1963, Nr. 3, S. 180–185), *Der Mensch siegt* (N. Gubko, *Swesda* 1963, Nr. 3, S. 213–215) usw.

Neben dem breiten Strom positiver Stimmen gab es auch ein paar unzufriedene, doch stießen sie sofort auf energischen Protest. Das Gesamtbild verdeutlicht der ausgezeichnete Aufsatz W. Lakschins *Iwan Denissowitsch, seine Freunde und Feinde,* der in *Nowy mir* (1964, Heft 1, S. 223–245) veröffentlicht wurde.

Außerordentliches Interesse wurde auch in literarischen Kreisen und überhaupt innerhalb der Intelligenz gegenüber der Person Solschenizyns deutlich. Wir erwähnten schon, daß die Presseagentur *Nowosti* Ende 1962 einen Sonderkorrespondenten nach Rjasan zur Vorbereitung eines Beitrags über Solschenizyn entsandt hatte. Dieser Beitrag (Wiktor Buchanow, *Bei Solschenizyn in Rjasan*) erschien in der Wochenzeitung *Literaturnaja Rossija* am 25. Januar 1963. Der Beitrag an sich war wenig interessant. Solschenizyn hatte Gespräche über sein Leben, seine literarischen Absichten und bereits abgeschlossene Arbeiten abgelehnt. Buchanow hatte im wesentlichen andere Personen befragt, doch auch sie hatten sehr wenig über Solschenizyn gewußt. Beunruhigend für die Leser von Buchanows Aufsatz war dagegen ein Abschnitt, der die zu eindeutige Überschrift trug *Solschenizyn ist krank.* Was für eine Krankheit Solschenizyn hatte, blieb unklar, Buchanow teilte jedoch mit, daß Solschenizyn vor einigen Jahren dem Tode nahe gewesen sei. Gegenwärtig würde er in gewissen Zeitabständen mit einem äußerst starken Medikament behandelt, das ihn jeweils für einen Monat ans Bett fessele. Nach diesem Beitrag kamen verschiedene Gerüchte in Umlauf; die einen behaupteten, Solschenizyn habe Krebs, andere waren der Ansicht, es handle sich um Tuberkulose. Manche behaupteten, seine Tage seien gezählt. All das rief große Unruhe hervor.

Ein Tag im Leben des Iwan Denissowitsch trug nicht nur dazu bei, daß in der Presse die Probleme der ungesetzlichen Unterdrükkungen in großer Breite diskutiert wurden, sondern warf auch die Frage nach der unverblümten Wahrheit auf, ohne die echte Literatur nicht möglich ist. Der Leser erhielt eine anschauliche Vorstellung von wahrem Realismus, von wahrer Meisterschaft, und das schuf einen Maßstab, ein Niveau, auf das mit sozialen Fragen befaßte Belletristik sich heben sollte. Solschenizyn hatte nur den Blick auf einen kleinen Ausschnitt aus dem Bild unserer Vergangenheit freigegeben, doch denkende Menschen wollten das ganze Panorama sehen. Der Roman hatte einen außerordentlich großen Leserkreis. Die erweiterte Auflage von *Nowy mir* war innerhalb weniger Stunden vergriffen. Im Januar 1963 wurde der Roman als Sonderheft der *Roman-gaseta* (Romanzeitung) in einer Auflage von 750 000 Exemplaren veröffentlicht. Vielleicht war die Auflage auch größer, denn die *Roman-gaseta* darf eine zweite und dritte Auflage nachdrucken. Im Februar 1963 brachte der Verlag Sowjetski pisatel den Roman auch als Buch in einer Auflage von 100 000 Exemplaren heraus. Alle diese Publikationen waren sofort vergriffen.

Seit Dezember 1962 trafen bei den Zeitschriften-Redaktionen und den Verlagen sehr viele Manuskripte von Erzählungen, publizistischen Berichten, Tagebüchern und Romanen ein, die von den Unterdrückungen, vom Leben in den Lagern der Stalin-Zeit, in der Verbannung, bei den Transporten, in den Gefängnissen, von den Willkürakten der Bürokratie, vom Schicksal der Millionen heimgekehrter Kriegsgefangener, von Leid und Tod der vielen Hunderttausend in den Jahren der Kollektivierung ausgesiedelten Bauern und von vielen anderen brennenden Problemen berichteten. Es zeigte sich, daß sowjetische Schriftsteller, und nicht nur Schriftsteller, häufig und verschiedenartig all die Jahre lang das Durchlebte, das Schicksal der Freunde und Verwandten, den Terror, die Menschenverachtung, die Grausamkeit des stalinschen Regimes beschrieben hatten. Doch alles, was sie geschrieben hatten, war in Erwartung besserer Zeiten versteckt worden. Die Veröffentlichung von Solschenizyns Roman deutete an, daß diese besseren Zeiten nun angebrochen waren. Unter diesen Werken gab es schwächere, gute und sehr gute, inhaltlich tiefe und literarisch vorzügliche.

Das System des Verlagswesens indessen unter der äußerst strengen Kontrolle der Zensur war für die Veröffentlichung solcher Werke nicht vorbereitet. Solschenizyns Roman war aufgrund eines Beschlusses des ZK-Präsidiums veröffentlicht worden, der sich ausschließlich auf dieses eine Werk bezog, die generellen Beschränkungen jedoch nicht aufhob. Um die gesamte Sowjetliteratur auf das Niveau des Realismus und der Wahrheit zu heben, auf dem sich der Roman Solschenizyns befand, hätten die Zensurbestimmungen im Bereich der Belletristik abgeschafft oder abgeschwächt werden müssen. Das war auch Twardowski bewußt, der Ende 1962 und Anfang 1963 viele Memoiren und künstlerische Darstellungen aus diesem Bereich erhielt. (Am bekanntesten unter ihnen ist der dokumentarische Roman von Jewgenija Ginsburg *Marschroute eines Lebens*.) Twardowski konnte sich nicht wegen jeder Arbeit, die Stalins Lager oder Ungesetzlichkeiten darstellte, an das ZK der KPdSU wenden. So beschloß er, vor dem Zentralkomitee die allgemeinere Frage einer Milderung der Zensurbestimmungen aufzuwerfen. Das erste Gespräch Twardowskis mit Chruschtschow gab berechtigten Grund zur Hoffnung. Twardowski hatte die Argumente gut vorbereitet. Das Wichtigste war, daß die Redakteure der Zeitschriften und Verlage zweifellos erheblich verantwortungsbewußter und erfahrener seien als die Zensoren, da sich die Zensur im wesentlichen aus schlechten Mitarbeitern der Verlage rekrutiere. »Sie würden solchen Leuten doch nicht meine Arbeit geben. Warum kann ich denn als Mitglied des Zentralkomitees der Partei, als Schriftsteller und Redakteur nicht über die Veröffentlichung einer Erzählung oder eines Gedichts entscheiden? Wir diskutieren doch die Entscheidungen im gesamten Redaktionskollegium. Dann aber kommt ein unbekannter Mitarbeiter des Glawlit, so ein Blödian, der nichts von Literatur versteht, und hebt alle unsere Beschlüsse wieder auf.«

Chruschtschow stand dem Vorschlag, die Zensur für Belletristik aufzuheben, sehr wohlwollend gegenüber. Er wies sogar darauf hin, daß kürzlich die Zensur für Beiträge in Moskau akkreditierter Auslandskorrespondenten aufgehoben worden sei (bis 1961 waren alle Mitteilungen ausländischer Korrespondenten aus Moskau der Zensur unterworfen, was zu vielen Schwierigkeiten und ständigen Reibereien führte). »Da haben wir die Zensur für die ausländischen Korrespondenten aufgehoben«, sagte Chruschtschow, »und nichts ist passiert. Nun lügen sie weniger.«

Sofort nach diesem Gespräch informierte Twardowski den Sektor für Literatur des ZK der KPdSU über die Haltung Chruschtschows und über die Vorbereitung einer Anfrage zur Zensur.

Twardowski schloß damals seine berühmte Verserzählung *Tjorkin im Jenseits* ab, die in keinem Fall die Zenur passiert hätte. Schließlich behandelte dieses Werk in recht scharfer Form, wenn auch in satirischen Anspielungen, sogar die Zensur selbst.

Schweißgebadet korrigiert er
am Artikel hier und dort,
schreibt, was ihm gefällt ergänzend,
streicht, was ungelegen, fort.
»Glaw« und »Lit« sich selber dünkend,
hakt er manche Stelle ab,
hebt hervor den einen Passus,
löscht den andern wieder aus.
. . .

Dann verstummt, das Blatt noch vor sich,
offnen Munds, das Auge lahm,
prüft er plötzlich mit der Lupe,
aufgeplustert wie ein Hahn.

Für die allerletzte Durchsicht
nimmt dasselbe Blatt er dann,
liest von unten es nach oben,
nicht allein von oben an.
. . .

Dies Gedicht in solche Hände –
wär es unverzüglich aus!
. . .

Welch ein Übermaß an Dummen,
Überdummen, kaum zu glauben,
im System, als Funktionär . . .

»Doch wohin mit ihnen allen,
ist es doch ein ganzes Heer!«
Für die Arbeit mit den Dummen
holen wir den Plan, nicht mehr.
. . .

Ja, selbst sinnlos ist die Bitte:
Geht, ihr Trottel, in Pension!
Nein, man nimmt sie, das ist Sitte,
zur Zensur, erhöht den Lohn.

Und bei solcher hübschen Arbeit,
drängt es diese nicht davon.

(Übrigens traf die Verserzählung *Tjorkin im Jenseits* tatsächlich auf den Widerspruch des Glawlit. Twardowski las sie bei einer Zusammenkunft Chruschtschows mit ausländischen Korrespondenten vor, woraufhin sie auf Weisung Chruschtschows, die mit dem Sekretariat des ZK der KPdSU abgestimmt war, in der *Iswestija* 1963 gedruckt wurde*.)

Die Frage der Abschaffung oder Beschränkung der Zensur stieß indessen auf ernsthafte Schwierigkeiten. Chruschtschow wurde aktiv in entgegengesetzter Richtung beeinflußt. Im Parteiapparat gab es viele Funktionäre, die demokratische Änderungen nicht wünschten. Es gab auch viele Menschen, die sich durch Unterdrückungsmaßnahmen, Denunziationen und Teilnahme an »Kampagnen« – von der Liquidierung des Kulakentums »als Klasse« bis zur Hetze gegen Boris Pasternak – schuldig gemacht hatten. Nach dem 20. Parteitag der KPdSU war der Mitarbeiterstab des KGB etwas aufgefrischt worden, die bekanntesten Vollstrecker der verbrecherischen Massenunterdrückungen waren entlassen, einige sogar verurteilt worden. Doch in anderen Bereichen des Staats- und Parteisystems hatte es keine wesentlichen Veränderungen gegeben. Stalins nächste Mitarbeiter, Molotow, Ka-

---

*) Die Veröffentlichung der Verserzählung in der *Iswestija* und nicht in einer Literaturzeitschrift hing in erster Linie mit der Absicht zusammen, die Einmischung der zuständigen Abteilung im Glawlit zu vermeiden. Ungeachtet der Billigung der Verserzählung durch Chruschtschow hätte Glawlit auf Änderungen bestehen können, da kein besonderer Beschluß des ZK der KPdSU über die Veröffentlichung vorlag. Zeitungsveröffentlichungen werden nicht von der Literaturabteilung des Glawlit kontrolliert. Der Zensor des Glawlit, der sich bei der Redaktion einer zentralen Zeitung befindet, ist auf die Kontrolle von Nachrichten spezialisiert, die ein staatliches oder militärisches Geheimnis bilden können. In den übrigen Fällen trägt der Chefredakteur als Politiker die volle Verantwortung für eine Publikation. Erst nach der Veröffentlichung in der *Iswestija* erschien die Verserzählung in *Nowy mir*. Obwohl die Verserzählung bereits publiziert war, versuchte die Zensur, den oben zitierten Abschnitt zu streichen.

ganowitsch, Malenkow und einige weitere, hatte man aus führenden Posten in Partei und Regierung entfernt. Aber es gab noch sehr viele höhere Funktionäre, die nicht die ganze Wahrheit über die Willkür der früheren Jahre preisgeben wollten, und sie bereiteten einen Gegenangriff gegen die Bewegung für die Pressefreiheit vor. Dementsprechend wurden auch Unterlagen für Chruschtschow zusammengestellt. Am 7. und 8. März 1963 fand eine Begegnung führender Persönlichkeiten aus Partei und Regierung mit Vertretern der Literatur und der Kunst statt, und bei dieser Zusammenkunft wich Chruschtschow einen wesentlichen Schritt von jener Position zurück, die im Vorjahr Solschenizyns Roman den Weg geebnet hatte. Zwar lobte Chruschtschow in der langen Rede, die er bei dieser Zusammenkunft hielt, und die am 10. März in *Prawda, Iswestija* und anderen Zeitungen erschien, erneut den Roman *Ein Tag im Leben des Iwan Denissowitsch,* der »die Wirklichkeit jener Jahre wahrheitsgemäß und vom Standpunkt der Partei aus darstellt ...«, doch beklagte er sich zugleich, daß Verlage und Zeitschriftenredaktionen mit Manuskripten überflutet würden, die das Leben in der Verbannung, in Gefängnissen und in Lagern behandelten. »Glauben Sie mir«, sagte Chruschtschow, »das ist ein sehr gefährliches Thema. Auf so einen ›Braten‹ stürzen sich die Fliegen wie auf Aas, große fette Fliegen, da kommt das ganze bourgeoise Geschmeiß aus dem Ausland angekrochen.« Daher empfahl Chruschtschow, diese Flut aufzuhalten und mit der Veröffentlichung von »Lager-Werken« äußerst vorsichtig zu sein, damit die Partei keinen Schaden nähme.

Über die modernen Strömungen in der darstellenden Kunst äußerte sich Chruschtschow noch schärfer. Zu den Arbeiten des begabten Bildhauers Ernst Neistwestny, die man Chruschtschow auf der Allunionsausstellung gezeigt hatte, erklärte er:

»Kürzlich sahen wir die ekelhaften Machwerke von Ernst Neistwestny und waren darüber empört, daß dieser offensichtlich nicht unbegabte Mensch, der eine sowjetische Hochschule absolviert hat, nicht weiß, daß er seinem Volk einen besseren Dank schuldig wäre.« *)

---

*) Nach Chruschtschows Tod 1971 gab seine Familie ausgerechnet Ernst Neistwestny den Auftrag für den Gedenkstein auf dem Nowodewitschi-Friedhof. Bei Abschluß dieses Buches war der Stein vollendet, doch noch nicht auf dem Grab aufgestellt. Er zeigt eine Plastik von Chruschtschows Kopf, eingeklemmt zwischen zwei massiven Blöcken aus weißem und schwarzem Marmor.

Unmittelbar nach dieser Rede wurde ein strenges Verbot gegen die Veröffentlichung von Werken erlassen, die Willkür und Ungesetzlichkeit der Periode des »Personenkults« anprangerten. In der Märznummer der Leningrader Zeitschrift *Newa* 1963 wurde der erste Teil eines Romans von Leonid Sjomin, *Einer nach dem anderen*, abgedruckt. Sjomins Roman handelt vom Schicksal der sowjetischen Kriegsgefangenen, die Ende des Krieges aus Hitlers Konzentrationslagern befreit worden waren und an den letzten Kämpfen gegen das nazistische Deutschland teilgenommen hatten. Nach dem Siege hatte man sie zu Hunderttausenden verhaftet und in sowjetische Lager abtransportiert. Der Anfang des Romans zeigt deutlich die Absicht des Autors. Die Veröffentlichung der Fortsetzung wurde verboten, der Roman brach vor der Entwicklung der Haupthandlungslinie ab. Das Erscheinen vieler anderer Werke wurde unterbunden, während sie noch in den Redaktionen bearbeitet wurden.

Die Erzählung Solschenizyns *Im Interesse der Sache* (*Nowy mir*, 1963, Nr. 7), in der die Willkür der zeitgenössischen Bürokratie behandelt wird, wurde kritisch aufgenommen. Der stellvertretende Chefredakteur der *Literaturnaja gaseta*, Juri Barabasch, bezeichnete Solschenizyns Erzählung in einer Besprechung, die am 31. August 1963 in seiner Zeitung erschien, als »Mißerfolg des Schriftstellers«. *Nowy mir* (1963, Nr. 10) druckte dagegen drei Leserzuschriften, die Barabaschs Besprechung mit gewichtigen Argumenten entgegentraten. In einem der Briefe heißt es, daß »... Solschenizyn für unsere sowjetische kommunistische Gerechtigkeit eintritt, für die ethischen Normen des Moralkodex des Kommunisten und die demokratischen Grundlagen unseres Vaterlandes«.

Die *Literaturnaja gaseta* unterstützte daraufhin Juri Barabaschs Ansicht und warf *Nowy mir* in einem redaktionellen Artikel vom 12. Dezember 1963 tendenziöse Auswahl positiver Reaktionen vor. »Es ist kaum anzunehmen«, hieß es in der *Literaturnaja gaseta*, »daß die *Nowy mir*-Redaktion nur Lobesbriefe erhalten hat.« Aufgrund dieser Beschuldigung sandte die *Nowy mir*-Redaktion der *Literaturnaja gaseta* eine vollständige Aufstellung der Leserzuschriften zu der Erzählung *Im Interesse der Sache*. Diese Aufstellung wurde am 26. Dezember in der *Literaturnaja gaseta* abgedruckt. Daraus geht hervor, daß die Redaktion 58 Briefe erhalten hat, von denen nur einer kritisch ist. Dieser Brief aber hatte wegen seiner groben Ausdrucksweise nicht gedruckt werden können.

Als Ende 1963 hervorragende Werke der Literatur, Kunst, Wissenschaft und Technik für die Verleihung der Leninpreise 1964 vorgeschlagen werden durften, nominierte die Redaktion des *Nowy mir* Solschenizyns Roman *Ein Tag im Leben des Iwan Denissowitsch* für den Leninpreis im Bereich der Literatur. Dieser Vorschlag wurde nur vom Staatsarchiv für Literatur und Kunst unterstützt. Die Leitung des Schriftstellerverbandes der UdSSR, des Schriftstellerverbandes der RSFSR, der Moskauer Sektion des Verbandes und andere literarische Vereinigungen nominierten andere Werke. Ein Verzeichnis der Kandidaten erschien in der *Literaturnaja gaseta* am 28. Dezember 1963.

Die Entscheidung des Leninpreis-Komitees

Die Diskussion um die für den Leninpreis für Literatur vorgeschlagenen Werke wurde Anfang 1964 von vielen aufmerksam verfolgt. Es war offensichtlich, daß Solschenizyn keine ernsthaften Konkurrenten hatte. In der Sprache des Naturwissenschaftlers könnte man formulieren: die anderen Autoren hatten auch gute Forschungsergebnisse, doch bewegten sie sich in bereits bekannten Bahnen und befaßten sich mit der Untersuchung von Details. Solschenizyns Arbeit hingegen stellte eine echte Entdekkung dar, griff neue Probleme auf und hob die früheren auf ein neues Niveau. Daran konnte kein Zweifel bestehen, und es wäre Selbstbetrug, wenn das Leninpreis-Komitee das nicht anerkennen würde. Außerdem hatte die Kritik den Roman *Ein Tag im Leben des Iwan Denissowitsch* bisher ständig als ein hervorragendes Werk gewürdigt, und die führenden Funktionäre der Partei hatten ihn als Arbeit bezeichnet, die jegliche Unterstützung verdiene. All das ließ sich nicht mehr ausmerzen.

Am 15. Januar 1964 erschien in der *Iswestija* eine Reportage von W. Palon, *Sei gegrüßt, Kapitän.* Dort berichtete der Verfasser von seiner Begegnung mit dem Vorbild einer Romanfigur, dem Kapitän Buinowski, einer der einprägsamsten Gestalten aus *Ein Tag im Leben des Iwan Denissowitsch.* Man spürt beim Lesen, daß hinter dieser Figur ein tatsächlicher Mensch verborgen ist und nimmt schweren Herzens von ihm Abschied, als er in den Bunker abgeführt wird, in jenes kalte, steinerne Loch. Doch nun stellt sich heraus, daß er trotz allem überlebte, rehabilitiert worden ist, zur Flotte zurückkehrte und jetzt als Direktor der »Filiale des Militär-Historischen-Museums Kreuzer Aurora« in Leningrad tätig ist. Sein wahrer Name war B. W. Burkowski. Er hatte dem Journalisten auch von Solschenizyn erzählt, mit dem er fast vier Jahre in einer Baracke verbracht hatte.

»Neulich las ich in den Zeitungen«, sagte Burkowski »daß Solschenizyns Roman für den Leninpreis 1964 vorgeschlagen worden ist. Das hat mich tief bewegt ... Ich bin kein Literaturwissenschaftler, und es liegt mir fern, den Roman zu analysieren ... doch wenn man mich um ein Urteil bitten würde, dann würde ich sagen: Das ist ein gutes, ein der Wahrheit entsprechendes Werk. Jeder, der den Roman liest, begreift, daß die Menschen im Lager mit wenigen Ausnahmen deshalb Menschen blieben, weil sie in ihrem Innern sowjetisch waren, weil sie niemals das Böse, das man ihnen antat, mit der Partei und mit unserem System identifizierten . . .«

Am 30. Januar 1964 erschien in der *Prawda* unter der Überschrift *Ein Roman der Wahrheit* eine ausgezeichnete Besprechung von *Ein Tag im Leben des Iwan Denissowitsch,* die der Schriftsteller Samuil Marschak geschrieben hatte. Er gab seiner Überzeugung Ausdruck, daß dieser Roman den Leninpreis verdiene.

Der Einsatz der beiden überregionalen Zeitungen für den Roman konnte kein Zufall sein. Von andern Werken, die für den Preis vorgeschlagen waren, wurde wenig und in allgemeinen Formulierungen geschrieben.

Die Arbeit des Leninpreis-Komitees im Bereich von Literatur und Kunst verläuft in zwei Phasen. In der ersten werden aufgrund der Analyse der Presserezensionen aus einigen Dutzend vorgeschlagenen Werken fünf bis sechs ausgewählt, die für den jeweiligen Preis am ehesten in Frage kommen. So bleiben für die zweite und abschließende Phase im April (die Preisverleihung erfolgt bekanntlich zu Lenins Geburtstag) für jeden Leninpreis (für Prosa, Lyrik, Filmkunst usw.) einige besonders wichtige Werke, aus denen das aus mehr als hundert Personen bestehende Plenum des Komitees die Auswahl trifft.

Am 19. Februar publizierten die Zeitungen die Liste der für die endgültige Entscheidung ausgewählten Werke. Im Bereich der Prosa wurden hierfür sechs Arbeiten genannt: A. Solschenizyn, *Ein Tag im Leben des Iwan Denissowitsch;* O. Hontschar, *Tronka;* D. Granin, *Zähmung des Himmels;* L. Perwomaiski, *Wilder Honig;* G. Serebrjakowa, *Prometheus* (eine Trilogie); A. Tschakowski, *Licht eines fernen Sterns.* Die Romane *Tronka* und *Zähmung des Himmels* waren von der Leitung des Schriftstellerverbandes der UdSSR vorgeschlagen worden, *Prometheus* von der Leitung des Schriftstellerverbandes der RSFSR und vielen anderen Organisationen. Diese Trilogie über das Leben von Karl Marx hatte die meisten Organisationen als Fürsprecher, darunter sogar die Verwaltung des Hydro-meteorologischen Dienstes Zentralrußlands. Von den in der Liste aufgeführten Werken hatte die Mehrzahl meiner Bekannten außer *Ein Tag im Leben des Iwan Denissowitsch* nur *Zähmung des Himmels,* Granins

Versuch einer Darstellung der Personenkult-Problematik im naturwissenschaftlichen Bereich, gelesen. Die drei Bände über Karl Marx unter der Gesamtüberschrift *Prometheus* sind trotz des imposanten Anscheins ein absolut minderwertiges Werk, der Stil ist miserabel, die Handlung erfunden, die Dialoge von Karl Marx auf dem Niveau billiger Trivialliteratur. Ich versuchte, einen der Bände durchzulesen, bin aber über die ersten hundert Seiten nicht hinausgelangt. Es ist erheblich interessanter, die Briefe von Marx selbst zu lesen; sie sind klarer, scharfsinniger und lebendiger.

Am 11. April 1964 fiel mein Blick auf der letzten Seite der *Prawda* auf einen großen Artikel mit der Überschrift *Hohe Ansprüche,* der sich mit Leserzuschriften zu dem Roman *Ein Tag im Leben des Iwan Denissowitsch* befaßte. Dort hieß es unter anderem:

Unsere Redaktion erhält viele Briefe, die dem Roman A. Solschenizyns gewidmet sind ... Einige sind positiv gehalten und billigen die Aufstellung des Romans für den Leninpreis ... Es gibt aber auch solche, die ebenso entschieden eine gegenteilige Meinung vertreten und den Roman absolut negativ bewerten ... Objektiv ist eine dritte Gruppe von Briefen, die größte ..., deren Verfasser auf wesentliche Mängel hinweisen und damit ihre hohen Ansprüche und ihr lebendiges Interesse an der Steigerung des ideologischen und künstlerischen Gehalts unserer Literatur bekunden. Sie alle kommen zu dem gleichen Schluß: Der Roman Solschenizyns verdiene eine positive Beurteilung, sei jedoch nicht als so herausragend anzusehen, daß er des Leninpreises würdig wäre.
Der Zustrom solcher Briefe hat in letzter Zeit aufgrund der Übertreibungen in den Rezensionen zugenommen.

Weiter veröffentlichte die Zeitung zweifellos ausgewählte Zitate aus einigen Briefen, vor allem solche Stellen, die den Wert des Romans anzweifelten und sich gegen eine Verleihung des Leninpreises aussprachen. In diesen Briefen, die von Arbeitern und von Angestellten staatlicher Behörden stammten, wurde das angeblich »schwache literarische Niveau« kritisiert, »die simplifizierte Darstellung des Sowjetmenschen und seiner geistigen Welt«, »die recht primitive innere Welt der Hauptfigur des Romans«, der Umstand, daß »der Verfasser in seinem Werk nicht den besten Traditionen der russischen Literatursprache folge« usw. Zitiert wurde auch die Meinung des Leiters der Kommunalabteilung des Stadtsowjets von Krasnojarsk, W. Golizyn, das Bild des Iwan Denissowitsch »verkörpere nicht das lichte Ideal des Volkshelden«.

Man schämte sich, diese primitiven, amtlichen und dummen Phrasen zu lesen, die von der *Prawda* als die Meinung der sowjetischen Leser ausgegeben wurde. Zu deutlich stand hinter diesem Artikel die Absicht konservativer Kreise, die sowjetische Öffentlichkeit darauf vorzubereiten, daß Solschenizyn den Leninpreis nicht erhalten würde. Ferner war der Artikel ein Druckmittel auf das Preiskomitee, dessen Sitzung in den gleichen Tagen begann.

Die Entscheidung des Leninpreis-Komitees wurde am 22. April 1964 veröffentlicht. Den Preis für Literatur erhielt O. Hontschar für den Roman *Tronka*. Ich kann darüber nicht urteilen, weil ich ihn weder vor noch nach der Preisverleihung gelesen habe. Auch meine Freunde haben ihn nicht gelesen. Doch Bekannte, die von literarischen Dingen mehr verstehen, sagten, es handele sich um ein ziemlich uninteressantes, mittelmäßiges Buch.

Später erfuhr ich von Twardowski und Michail Iljitsch Rom, was für Maßnahmen man ergriffen hatte, um im Leninpreis-Komitee Solschenizyns Roman zu Fall zu bringen. Twardowski war noch im Februar überzeugt, daß *Ein Tag im Leben des Iwan Denissowitsch* Erfolg haben würde. Er selbst war Mitglied des Leninpreis-Komitees und kannte die Sympathien vieler anderer Mitglieder des Komitees. Im März hingegen hatte sich die Stimmung irgendwo oben radikal geändert. Als Redakteur der Zeitschrift *Nowy mir*, die *Ein Tag im Leben des Iwan Denissowitsch* für den Leninpreis vorgeschlagen hatte, schrieb Twardowski einen eingehenden Artikel, der die literarischen Werte dieses Werkes analysierte. Die überregionalen Zeitungen nahmen diesen Artikel aber nicht an. Twardowski bat Lebedjew um eine Erklärung. Doch als Lebedjew eine Gelegenheit nutzte, Chruschtschow danach zu fragen, antwortete dieser scharf: »Wir wollen uns damit nicht befassen, lassen wir das Preiskomitee entscheiden.«

Das Leninpreis-Komitee entscheidet in geheimer Abstimmung nach längerer Diskussion. Die Diskussion über Solschenizyns Roman machte deutlich, daß die Mehrzahl der schöpferisch tätigen Menschen, die zum Plenum des Komitees gehörten, sich für ihn einsetzte. Funktionäre aus der Verwaltung und dem ideologischen Bereich waren dagegen (zum Komitee gehören immer die Kultur- und Bildungsminister, die Sekretäre des Zentralkomitees des Komsomol und leitende Mitarbeiter der Ideologischen Kommission). Unter diesen Umständen konnte man nicht zur geheimen Abstimmung schreiten. Am nächsten Tage brachte der Vorsitzende des Komitees, Nikolai Tichonow, den Antrag ein, Solschenizyns Roman aus der Liste der für die geheime Abstimmung vorgesehenen Werke zu streichen, mit anderen Worten, ihn den Werken zuzurechnen, die in der ersten Phase Anfang Februar ausgeschieden waren. Über eine solche Maßnahme wird in offener Abstimmung entschieden. Doch der Antrag verstieß gegen die Bestimmungen, denn die Liste der zur geheimen Abstimmung ausgewählten Werke war bereits publiziert. Twardowski protestierte scharf, besonders empört war auch Michail Rom. »Was machen die bloß! Was machen die bloß!« sagte er aufgebracht, »Sie fesseln uns die Hände.« Tichonow wurde von Frau Furzewa, dem Kulturminister, unterstützt. Es gelang jedoch nicht, die Mehrheit des Komitees von dem früheren Beschluß abzubringen. Da erhob sich der Erste Sekretär des ZK des Komsomol, S. P. Pawlow, und erklärte, der Leninpreis könne Solschenizyn aus politischen Erwägungen nicht verliehen werden. Solschenizyn habe sich während des Krieges gefangennehmen lassen, sei später wegen eines Verbrechens verurteilt und entgegen allen Gerüchten bis heute nicht rehabilitiert. Sofort erhob sich Twardowski. »Das ist eine Lüge«, sagte er. Darauf antwortete Pawlow: »Sie müssen beweisen, daß es eine Lüge ist.«

Der Sekretär des ZK des Komsomol ist eine Persönlichkeit in so verantwortungsvoller Stellung, daß eine Erklärung von ihm ernst genommen wird. Außerdem galt S. P. Pawlow als Freund des Vorsitzenden des KGB, Semitschastny, durch den er möglicherweise Informationen hatte, von denen andere nicht wußten. Solschenizyns Roman wurde aus der Liste für die geheime Abstimmung gestrichen, doch hatten Twardowski und eine Gruppe Filmfachleute offen gegen diese Entscheidung gestimmt. Während einer Pause äußerte Rom zu Twardowski: »Wenn Solschenizyn den Preis nicht bekommt, dann soll ihn keiner haben.«

So geschah es auch. Bei der geheimen Abstimmung stimmte

das Leninpreis-Komitee gegen alle vorgeschlagenen literarischen Werke. Auch das von einer »Expertengruppe« empfohlene Werk *Tronka* fiel durch. Am nächsten Tag stellte Tichonow erneut *Tronka* zur Abstimmung. Druckmittel wurden angewandt, um das Komitee zu veranlassen, den Preis irgend jemandem zu verleihen. Die zweite Abstimmung brachte das gewünschte Ergebnis.

Die Arbeit des Leninpreis-Komitees dauert einige Tage, da während der Sitzungsperiode des Plenums Filme, Theateraufführungen und Werke der bildenden Kunst begutachtet werden müssen. Am Tage nach dem kurzen Disput mit Pawlow nahm Twardowski Kontakt mit Solschenizyn auf, um den Rechtsbescheid über die Rehabilitierung zu erhalten. Die kurze Formulierung des letzten Bescheids des Obersten Gerichts über »die Einstellung des Verfahrens, da ein strafbarer Tatbestand nicht vorliegt«, wie er den Rehabilitierten ausgehändigt wird, befriedigte Twardowski nicht, er brauchte den vollständigen »Beschluß« des Gerichts, einschließlich der Urteilsbegründung. Twardowski wandte sich an das Oberste Gericht und an die Staatsanwaltschaft der UdSSR. Nach einer Unterredung mit dem Stellvertretenden Obersten Militärstaatsanwalt Oberst Terechow, der 1957 den Fall Solschenizyn bearbeitet hatte, erhielt Twardowski den vollständigen Text des »Beschlusses« des Obersten Gerichts der UdSSR und brachte ihn zum Leninpreis-Komitee. In der nächsten Sitzung des Komitees bat Twardowski um das Wort für eine Erklärung. »Beim letzten Mal hat Genosse Pawlow die Behauptung aufgestellt, Solschenizyns Biographie während der Kriegszeit sei nicht ohne Makel, und ich müsse den Gegenbeweis antreten«, sagte Twardowski. »In meinen Händen befindet sich ein Dokument, das vom Obersten Gericht der UdSSR ausgestellt worden ist. Ich übergebe es dem Sekretär unseres Komitees und bitte ihn, den Beschluß des Obersten Gerichts vollständig zu verlesen.« Twardowski überreichte nun das Papier dem Sekretär des Leninpreis-Komitees. Der Sekretär warf einen Blick auf das Amtssiegel und die Unterschriften und verlas den vollständigen Text:

OBERSTES GERICHT DER UdSSR
BESCHLUSS NR. 4 n-083/57

Das Militärkollegium des Obersten Gerichts der UdSSR hat in folgender Besetzung:

Oberst der Justiz Borissoglebski als Vorsitzender und die Obersten der Justiz Dolotzew und Konow als Mitglieder des Kollegiums
in der Sitzung vom 6. Februar 1957 über den

EINSPRUCH DES MILITÄR-HAUPTSTAATS-ANWALTS

gegen den Beschluß des Sonderausschusses beim NKWD der UdSSR vom 7. Juli 1945 verhandelt,

aufgrund dessen gemäß Artikel 58–10 Abs. 2 und 58–11 des Strafgesetzbuches der RSFSR über Alexander Issajewitsch SOLSCHENIZYN, geb. 1918 in Kislowodsk, ein Freiheitsentzug von acht Jahren Arbeits- und Besserungslager verhängt worden war. SOLSCHENIZYN, Hochschulabsolvent, war vor der Verhaftung Kommandeur einer Batterie gewesen, hatte an den Kämpfen gegen die deutsch-faschistischen Truppen teilgenommen und war mit dem Orden des Vaterländischen Krieges zweiter Klasse und dem Orden des Roten Sterns ausgezeichnet worden.
Nach Anhörung des Berichts des Genossen Konow und des Plädoyers des stellvertretenden Militär-Hauptstaatsanwalts Oberst der Justiz Terechow, der beantragte, dem Einspruch stattzugeben,
traf das Militärkollegium des Obersten Gerichts der UdSSR folgende Feststellungen:
SOLSCHENIZYN war zur Last gelegt worden, er habe von 1940 bis zum Tage der Verhaftung unter seinen Bekannten antisowjetische Propaganda betrieben und Maßnahmen zur Schaffung einer antisowjetischen Organisation unternommen.
In seinem Einspruch regt der Militär-Hauptstaatsanwalt an, den genannten Beschluß der Sonderkommission in der Sache Solschenizyn aufzuheben und das Verfahren mangels eines Straftatbestands aus den folgenden Gründen einzustellen:
Aus den Akten sei ersichtlich, daß Solschenizyn, als er sich in seinem Tagebuch und in den Briefen an seinen Kameraden N. D. Witkewitsch über die Richtigkeit des Marxismus-Leninismus und über die Fortschrittlichkeit der sozialistischen Revolution in unserem Lande sowie über ihren unvermeidlichen

Sieg in der ganzen Welt geäußert hatte, sich gegen den Personenkult Stalins gewandt hatte, daß er weiter über die künstlerische und ideologische Schwäche literarischer Werke sowjetischer Autoren geschrieben hatte, sowie über die mangelnde Übereinstimmung vieler von ihnen mit der Realität, ferner darüber, daß in unseren künstlerischen Werken Lesern der bourgeoisen Welt die historische Zwangsläufigkeit des Sieges des sowjetischen Volkes und seiner Armee nicht umfassend und allseitig erklärt worden sei, und schließlich auch unsere belletristischen Werke einer geschickt zusammengebrauten bourgeoisen Verleumdung unseres Landes nicht standzuhalten vermöchten.

Diese Äußerungen Solschenizyns enthielten keinen strafbaren Tatbestand.

Bei Überprüfung der Beschwerden Solschenizyns gegen den Beschluß waren Reschetowskaja, Simonjan und Simonjans vernommen worden, denen gegenüber Solschenizyn angeblich antisowjetische Äußerungen gemacht haben sollte. Die genannten Personen hatten Solschenizyn als sowjetischen Patrioten charakterisiert und verneint, daß er antisowjetische Gespräche geführt habe.

Aus der Beurteilung Solschenizyns bei der Truppe und der Stellungnahme des Hauptmanns Melnikow, der mit ihm zusammen gedient hatte, ist ersichtlich, daß Solschenizyn sich von 1942 bis zum Tage der Verhaftung, d. h. bis zum Februar 1945, an der Front des Großen Vaterländischen Krieges befunden hatte, daß er tapfer für die Heimat gekämpft hatte, mehrfach persönliches Heldentum gezeigt und die Mannschaften der ihm unterstellten Batterie persönlich mitgerissen hatte. Die Batterie Solschenizyns hatte sich in ihrer Disziplin und während der Kampfhandlungen als die beste in der Einheit erwiesen.

Aufgrund des oben Dargelegten ist der Militär-Hauptstaatsanwalt der Auffassung, daß die Verurteilung SOLSCHENIZYNS ungerechtfertigt ist. Er regte an, das Verfahren gemäß Artikel 4 und 5 der Strafprozeßordnung der RSFSR einzustellen.

Nach Verhandlung und zusätzlicher Prüfung der Sache hat das Militärkollegium des Obersten Sowjets der UdSSR in Übereinstimmung mit den im Einspruch dargelegten Argumenten, und unter Berücksichtigung dessen, daß in den Handlungen SOLSCHENIZYNS Tatbestandsmerkmale einer Straftat nicht enthalten sind, daß also das Verfahren mangels eines Straftatbestandes der Einstellung unterliegt,

beschlossen:

den Beschluß des Sonderausschusses beim NKWD der UdSSR vom 7. Juli 1945 in Sachen Alexander Issajewitsch SOLSCHENIZYN aufzuheben und das Verfahren in Ermangelung eines Straftatbestandes aufgrund von Artikel 4 und 5 der Strafprozeßordnung der RSFSR einzustellen.

Der Sekretär des ZK des Komsomol S. P. Pawlow hörte die Verlesung der Urkunde schweigend an, erhob sich und sagte in offensichtlicher Verwirrung: »Ich bin geschlagen, ich möchte meine Entschuldigung aussprechen.«

Doch die von Pawlow geäußerte Verleumdung wurde nicht vergessen und tauchte in den folgenden Jahren in verschiedenen Versionen und an verschiedenen Stellen mit vielen zusätzlichen »Einzelheiten« immer wieder auf.

Nach der Entscheidung des Leninpreis-Komitees, dessen mangelnde Objektivität keinem Zweifel unterlag, ging die Diskussion um *Ein Tag im Leben des Iwan Denissowitsch* in der Presse weiter, allerdings in anderer Weise als vorher. Es war deutlich, daß für die Beurteilung dieses Romans neue Anweisungen existierten. In der *Literaturnaja gaseta* vom 12. Mai 1964 stand ein großer Artikel von Juri Barabasch, *Die Führer, die Geführten und die Herren des Lebens,* in dem Barabasch den von W. Lakschin ausführlich in seinem Artikel *Iwan Denissowitsch, seine Freunde und Feinde* dargelegten Thesen über die Bedeutung von Solschenizyns Roman für die Entwicklung der sowjetischen Literatur scharf widersprach. Wsewolod Surganow machte Solschenizyn am 29. Mai 1964 in der *Literaturnaja Rossija* den Vorwurf, er wähle die Figuren seiner Werke nicht richtig aus: »Nicht die Matrjonas und nicht die Schuchows (so lautet der Nachname von Iwan Denissowitsch) sind die Stützen der Partei in ihrem Kampf um ein neues Dorf, und sie sind es nie gewesen . . .«

Am 4. Juni 1964 gab die *Literaturnaja gaseta* Lakschin unter der Überschrift *Die Auseinandersetzung geht weiter* Gelegenheit, auf Barabaschs Kritik zu antworten, druckte aber zugleich mit Lakschins Brief eine redaktionelle Stellungnahme ab, die erheblich ausführlicher war als der Brief selbst. Nach Ansicht der Redaktion beanstandeten viele Leser und Kritiker, daß Solschenizyn nicht gezeigt habe, wie »die Sowjetmenschen den Glauben an die Kommunistische Partei und an die Sowjetmacht nie verloren haben . . . nicht einmal unter den grausamen Bedingungen des Berija-Terrors«.

Es hieß von Lakschins Artikel, er sei ». . . ein Rückfall in die demagogische Kritik, die der Aufgabe der Vereinigung aller Kräfte der Sowjetliteratur zuwider läuft . . .«

Ähnlich äußerte sich G. Browman in dem Beitrag *Das lebendige Leben und die Einhaltung der Normen (Moskwa* 1964, Nr. 7) über Solschenizyns Roman und Lakschins Artikel. Den Abschluß dieser Diskussion bildete ein Artikel in der Zeitschrift *Kommunist* (1964, Nr. 12), der unter der Überschrift *Die Kunst einer heroischen Epoche* Lakschins Artikel ebenfalls verurteilte.

Solschenizyns Anhänger waren indessen durch den Beschluß des Leninpreis-Komitees nicht besonders entmutigt. Die Verleihung der Preise hängt in unserem Land fast immer von vielen politischen Faktoren ab. *Ein Tag im Leben des Iwan Denissowitsch* ist schließlich ein relativ kleiner Roman und das erste gedruckte Werk eines Schriftstellers. Man erwartete nun von ihm ein großes Werk mit umfassender Darstellung unseres Lebens. Als sich Twardowski im Sommer 1964 über die Pläne von *Nowy mir* für das Jahr 1965 äußerte, teilte er mit, in der Redaktion liege ein neuer Roman Solschenizyns. Ich hörte von dieser Mitteilung Twardowskis im Radio; sie war auch der Aufmerksamkeit westlicher Korrespondenten nicht entgangen. Unter den Vorankündigungen für 1965 zeigte *Nowy mir* im Juli und August die Publikation eines neuen Romans von Solschenizyn an. Ab September kann man Zeitschriftenabonnements für das folgende Jahr bestellen, und viele Zeitschriften kündigen den Abdruck von Werken populärer Autoren an, obwohl diese Werke vielleicht noch nicht geschrieben sind, um mehr Abonnenten zu werben. Twardowskis Erklärung war ein Hinweis auf die Existenz eines neuen Romans von Solschenizyn, das Thema des Romans aber blieb unklar. Gerade zu diesem Zeitpunkt hatte ich den erwähnten Brief Solschenizyns bekommen. Ich antwortete ihm selbstverständlich sofort.

Am 20. September bekam ich einen weiteren Brief von Solschenizyn, in dem er vorschlug, sich im November in Moskau zu treffen, er habe nämlich die Absicht, den ganzen November dort zu verbringen. Es war Mitte November, als ich ihn zum erstenmal sah. Ich hatte erwartet, einen kranken und düsteren Menschen zu sehen, fand aber einen hochgewachsenen, energiegeladenen, lebensfrohen, äußerlich gesunden und sehr zuvorkommenden Gesprächspartner. Er sah nicht so aus wie auf dem Foto in der Buchausgabe von *Ein Tag im Leben des Iwan Denissowitsch*. Auf diesem Foto wirkte er etwas mürrisch und nicht sehr gesund, etwa wie man sich einen Menschen vorstellt, der so viele Jahre in Haft verbracht hat.

Es stellte sich heraus, daß Solschenizyn einen meiner Obninsker Kollegen kannte, den bedeutenden Genetiker Nikolai Wladimirowitsch Timofejew-Ressowski. Er hatte ihn 1946 in einer großen Gemeinschaftszelle des Butyrka-Gefängnisses kennengelernt, wo sie etwa zwei Monate verbracht hatten. Nach der Entlassung und Rückkehr aus der Verbannung hatte Solschenizyn Nachforschungen nach dem Schicksal Timofejew-Ressowskis angestellt, jedoch nicht mit ihm zusammenkommen können, da Timofejew-Ressowski damals im Ural arbeitete. Erst im Frühjahr 1964 war er nach Obninsk übersiedelt, um die Leitung der Genetikabteilung zu übernehmen.

Natürlich fragte ich Solschenizyn nach seinem neuen Roman und wann er veröffentlicht werden solle. Ein Schatten kam in sein Gesicht. Die Situation habe sich nach den Ereignissen im Oktober erheblich verändert, und die Veröffentlichung des Romans dürfte wohl verschoben werden. Es war klar, was er mit der Veränderung der Situation meinte.

Chruschtschows Absetzung im Oktober 1964 stand nicht in unmittelbarem Zusammenhang mit seiner Politik gegenüber den Verbrechen der Stalinzeit, mit seiner Kritik am Personenkult und den Versuchen, zu einer gewissen Demokratisierung zu kommen. Diese Aspekte der Politik bildeten die Grundlage für seine Popularität, die jedoch in allen Schichten unserer Gesellschaft bis 1964 erheblich gesunken war, weil er nicht in der Lage war, eine vernünftige Wirtschaftspolitik in Industrie und Landwirtschaft zu betreiben und ständig unzureichend durchdachte Reorganisationen durchführte. Besondere Unzufriedenheit rief 1962 im Parteiapparat die Aufteilung aller Bezirkskomitees in industrielle und landwirtschaftliche hervor. Das schuf eine Parteihierarchie und führte praktisch zur Aufspaltung der Partei in zwei große Fraktionen. Chruschtschows Fehler in der Leitung der Landwirtschaft hatten einen starken Rückgang der landwirtschaftlichen Produktion zur Folge und zwangen zu Lebensmittelkäufen im Ausland für hohe Beträge an Devisen und Gold. Es gab auch viele andere Gründe, die zur Entlassung Chruschtschows führten. Chruschtschow war andererseits der Initiator der sogenannten Entstalinisierung, und es bestand kein Zweifel, daß viele Gegner einer offenen Darlegung der Verbrechen der Stalinzeit die Ablösung Chruschtschows nutzen würden, um den Prozeß der Demokratisierung anzuhalten, die Pressezensur zu verschärfen und wenigstens eine teilweise Rehabilitierung Stalins zu verwirklichen. Diese Leute waren es auch, die Anstoß daran genommen hatten, daß in Zeitungen und Zeitschriften Werke über die Lager und die Verstöße gegen die Rechtsstaatlichkeit erschienen waren, vor allem, wenn es sich um Memoiren

Alexander Solschenizyn, 1968

handelte, in denen diejenigen namentlich genannt wurden, die in der Stalinzeit verbrecherische Handlungen ausgeführt hatten. Der Einfluß dieser konservativen Elemente war unter Chruschtschow in erheblichem Maße neutralisiert. Jetzt boten sich ihnen große Möglichkeiten.

In dieser Lage wagte Twardowski nicht, die Frage nach der Veröffentlichung eines neuen Romans von Solschenizyn zu stellen. Stalin trat in diesem Roman als handelnde Figur auf und war natürlich nicht positiv gezeichnet.

Solschenizyn versprach, mir das Manuskript dieses Romans bald zu zeigen.

Im Januar 1965 gab Solschenizyn den Roman einem unserer gemeinsamen Moskauer Bekannten zu lesen und ließ mich gleichzeitig wissen, ich könne ihn auch lesen, dürfe ihn aber nicht aus dessen Wohnung herausnehmen. Damals hatte nämlich der Samisdat bereits gezeigt, was für unbeschränkte Möglichkeiten er hatte. Daher ergriff Solschenizyn nach Absprache mit *Nowy mir* die strengsten Vorsichtsmaßnahmen, um eine unkontrollierte Verbreitung des Romans zu verhindern. Als ich gegen zehn Uhr morgens in die Wohnung unseres Bekannten kam, gab er mir zwei Mappen mit dem sorgfältig abgetippten Manuskript des Romans, der den Titel trug *Der erste Kreis der Hölle* (im Russischen nur *Im ersten Kreis*). Spät abends rief ich meine Frau in Obninsk an und sagte ihr, ich würde über Nacht in Moskau bleiben. Ich konnte nicht aufhören zu lesen, las die ganze Nacht hindurch, machte nur ab und an eine kleine Pause für eine Tasse schwarzen Kaffees. Heute ist dieser Roman in der ganzen Welt berühmt, und ich brauche ihn daher hier nicht literarisch zu würdigen. Mir wurde die heikle Lage Twardowskis bewußt. Als Redakteur konnte er diesen Roman nicht drucken, doch als Mensch unseres literarischen Lebens mußte ihm klar sein, daß dieses Werk nicht lange verborgen bleiben konnte, sondern früher oder später für die Literatur Rußlands und der Welt entdeckt werden würde.

(Wie ich später erfuhr, hatte Twardowski das Manuskript offiziell mit Zustimmung des Redaktionskollegiums angenommen, einen Vertrag über die Veröffentlichung geschlossen und dem Verfasser einen Vorschuß gezahlt. Dadurch hatte er zeigen wollen, daß die Redaktion die Veröffentlichung ernsthaft in Erwägung zog.)

Aber der günstige Augenblick, auf den Twardowski wartete, trat nicht ein. Anfang 1965 wurde Twardowski zum Leiter der Literaturabteilung des ZK der KPdSU gerufen, wo man ihm eine der letzten Nummern der in der Bundesrepublik Deutschland veröffentlichten Zeitschrift *Grani* vorlegte. (Diese Zeitschrift wird vom Verlag Possev in russischer Sprache herausgegeben. Der Verlag publiziert ferner eine politische Monatsschrift auf Russisch, *Possev,* und bringt viele russische Bücher heraus.) In der Zeitschrift *Grani* waren Solschenizyns *Prosa-Miniaturen* gedruckt, eine Reihe kleiner, nicht mehr als drei Seiten langer »Gedichte in Prosa«.

Die Unterredung im Zentralkomitee lief etwa darauf hinaus: »Schauen Sie, Genosse Twardowski, wen Sie unterstützen, mit wem Ihr Autor Verbindungen unterhält, wer sich für seine Werke interessiert.«

Bei der Veröffentlichung von Solschenizyns *Prosa-Miniaturen* handelte es sich um einen »Raubdruck«, wie das im westlichen Verlagswesen genannt wird, das heißt, daß sie ohne Wissen und Einverständnis des Autors erfolgte.

Die *Prosa-Miniaturen* waren schon ein halbes Jahr in Abschriften im Umlauf, und ich hatte sie schon vor der Begegnung mit Solschenizyn lesen können. Viele Menschen vertraten die Ansicht, sie hätten durchaus auch in sowjetischen Zeitschriften erscheinen können. Später erfuhr ich, daß diese Erzählungen von *Nowy mir* begutachtet, doch nicht angenommen worden waren, da sie der literarischen Richtung der Zeitschrift nicht entsprachen. Die Zeitschrift *Semja i schkola* (Familie und Schule) hatte sie angenommen und bereits in Satz gegeben. Nunmehr hatte die Initiative von *Semja i schkola* natürlich ihre Bedeutung verloren.

Nur eine der Erzählungen, nämlich *Der See Segden,* wäre nicht durch die Zensur gekommen. Konzentriert und sehr anschaulich gibt hier der Schriftsteller seiner Empörung Ausdruck, daß sich die hohen Würdenträger, »die bösen Fürsten«, bemühen, die größten und landschaftlich schönsten Grundstücke für ihre dienstlichen und privaten Besitze außerhalb der Stadt zu beschlagnahmen. Diese Erzählung hätte auch Chruschtschow nicht gebilligt, der sehr gern prächtige »Staatsdatschen« bauen ließ und seine eigenen Landsitze an den schönsten Küstenabschnitten der Krim und an den kaukasischen Ufern des Schwarzen Meeres hatte errichten lassen.

Von der Veröffentlichung der *Prosa-Miniaturen* in *Grani* erfuhr Solschenizyn erst durch Twardowski, der ihm auch von der unerfreulichen Reaktion im Zentralkomitee berichtete. Twardowski war über diese Wendung der Dinge betrübt. Die sowjetischen Gesetze identifizieren den »NTS«, wie überhaupt die Emigrantenpresse, mit verbrecherischen Organisationen. Dementsprechend können beliebige Formen der Zusammenarbeit mit den Zeitschriften *Grani* und *Possev* als antisowjetische Tätigkeit ausgelegt werden. Bereits der Tatbestand, daß man bei jemandem ein Exemplar dieser Zeitschriften findet, kann für eine gerichtliche Verfolgung nach Artikel 70 und 190–1 des Strafgesetzbuches der RSFSR ausreichen. Es soll hier nicht die Frage erörtert werden, ob die Anwendung dieser Artikel der sowjetischen Gesetzgebung den Rechtsgarantien der UNO-Deklaration der Menschenrechte entspricht. Wichtig ist nur, daß diese Artikel existieren und als eine Realität angesehen werden müssen, mit der man zu rechnen hat. Die Emigrantenzeitschriften lassen dies zu oft außer acht.

Ich kann den russischen Emigrantenorganisationen in der Bundesrepublik Deutschland, in Frankreich oder Kanada nicht das Recht absprechen, ihre Zeitschriften oder Zeitungen zu veröffentlichen. Doch wenn einige dieser Organisationen die Abschaffung der in der UdSSR bestehenden sozialistischen Struktur, die Bildung eigener Zellen auf dem Territorium der UdSSR usw. offiziell zu ihren Zielen zählen, dann hat die Sowjetregierung allen Grund, Druckerzeugnisse dieser Organisationen innerhalb ihres Staatsgebiets als verboten anzusehen. Bei dieser Sachlage bringt die Veröffentlichung eines illegal aus der UdSSR gebrachten Manuskripts eines sowjetischen Schriftstellers in den Zeitschriften *Grani* oder *Possev* den Autor in erhebliche Schwierigkeiten. Er kann des Kontakts mit einer verbrecherischen Organisation beschuldigt werden. Und selbst wenn die Sache mangels objektiver Beweise nicht vor Gericht gebracht werden kann, läßt sich der Tatbestand der Veröffentlichung eines in der UdSSR nicht gedruckten Manuskripts in einer antisowjetischen Zeitschrift zu propagandistischen Zwecken und zur Diffamierung des Autors verwenden. Ich kenne Fälle, in denen unbekannte Agenten einzelne *Grani*- oder *Possev*-Hefte in Briefkästen von Moskauer Wohnungen steckten, doch wurden diese feigen Handlungen von den Empfängern als Provokation angesehen.

Ich persönlich schließe sogar nicht aus, daß Manuskripte aus dem sowjetischen Samisdat bisweilen von denjenigen ins Ausland geschafft werden, die am meisten an der Liquidierung des Samisdat interessiert sind. Dank einer solchen Praxis liegt für jeden sowjetischen Autor, der einen bestimmten Kreis mit einer seiner Arbeiten bekanntmachen möchte, die keine Aussichten hat, die Zensur zu passieren, die Hauptgefahr darin, daß diese Arbeit in antisowjetischen Emigrantenorganen publiziert wird, häufig noch mit Entstellungen und unliebsamen Kommentaren. Viele Autoren sind mit einem solchen Gebrauch ihrer Arbeit durchaus nicht einverstanden und versuchen daher, entweder die Verbreitung durch Samisdat zu vermeiden oder ihre Autorenrechte durch die Autorisierung ausländischer Publikationen und die Vergabe des Copyrights an seriöse Verlage abzusichern. Doch das ist riskant und nicht leicht.

Twardowski war sehr erregt und unzufrieden, weil der von ihm so leidenschaftlich unterstützte Schriftsteller nun ein *Grani*-Autor geworden war. Er beschuldigte Solschenizyn, zumindest zu unvorsichtig gewesen zu sein. Die *Prosa-Miniaturen* waren es seiner Meinung nach einfach nicht wert, um ihretwillen viel aufs Spiel zu setzen. Twardowski konnte damals noch nicht ahnen, daß einige Jahre später auch seine eigene großartige Verserzählung *Vom Recht auf Erinnerung*, die die Zensur aus dem Umbruch von *Nowy mir* gestrichen hatte, auf unbekannten und geheimnisvollen Wegen in die Bundesrepublik Deutschland gelangen und in derselben Zeitschrift veröffentlicht werden würde.

Anfang 1965 konnte man darauf schließen, daß es neue Parteidirektiven zu Werken gab, die die Ungesetzlichkeiten der Stalinzeit bloßlegten, darunter auch unmittelbar zu *Ein Tag im Leben des Iwan Denissowitsch*.

Diese Direktiven waren in einem in der Zeitschrift *Kommunist* (1965, Nr. 3, S. 15) publizierten Artikel des Ersten Sekretärs des Moskauer Komitees der KPdSU N. G. Jegorytschew erkennbar:

Man muß jenem Teil unserer schöpferischen Intelligenz einen Vorwurf machen, die sich bisweilen allzusehr hinreißen läßt, die Willkür der Zeit des Personenkults, den moralischen Zwang und die physischen Entbehrungen unschuldig Verurteilter zu beschreiben. Das sind schwere Seiten der Vergangenheit. Und obwohl es die Sowjetmenschen, insbesondere die

Jugend, falsch orientiert, wenn sie die eine oder andere Periode unserer Geschichte nur durch dieses Prisma gewertet sieht, werden solche Werke bisweilen hemmungslos und unverdient in den Himmel gehoben und jede Kritik daran als unzulässig abgetan. So gibt es zum Beispiel immer noch Menschen, die das in ideologischer und künstlerischer Hinsicht einwandfrei zweifelhafte Werk Solschenizyns *Ein Tag im Leben des Iwan Denissowitsch* offensichtlich bis heute überschätzen.

Die Beschlagnahmung von »Der erste Kreis der Hölle« und des literarischen Archivs

Als ich mich im Frühjahr 1965 bemühte, etliche Schwierigkeiten zu überwinden, um in die Tschechoslowakei zum Mendel-Gedenksymposion fahren zu können, hatte ich auch ein Gespräch mit einem höheren Mitarbeiter der Botschaft der Tschechoslowakei in Moskau. Er sprach von den unverständlichen Schwierigkeiten, die in solchen Fällen entstehen und führte unerwartet Solschenizyn als Beispiel an.

In der Tschechoslowakei ist er ein beliebter Schriftsteller, man nennt ihn den »russischen Fučík«. Seine Popularität ist sehr groß. Wir merken das in der Botschaft, denn über uns werden Solschenizyn viele Einladungen zum Besuch unseres Landes übersandt. Wir leiten sie an den Schriftstellerverband oder die Gesellschaft für Freundschaft mit der ČSSR weiter. Aber üblicherweise erhalten wir über das Außenministerium die Antwort, Solschenizyn sei schwer krank, er habe Krebs, er könne nicht so weit von Rjasan fortreisen. Wie schade, so ein begabter Schriftsteller ...

Wie ich bald von Solschenizyn erfuhr, war nicht eine der erwähnten Einladungen bei ihm eingetroffen. Er hatte mit der Post einige Einladungen zu verschiedenen Botschaftsempfängen erhalten, doch waren diese Einladungen im allgemeinen erst eingetroffen, nachdem die Empfänge stattgefunden hatten.

Nach der Absetzung Chruschtschows trat in der Biologie ein erheblicher Wandel zum Besseren ein. Die Monopolstellung Lyssenkos in Biologie und Genetik wurde in der Presse einer scharfen Kritik unterzogen. Solschenizyn wandte sich daraufhin an die *Nowy mir*-Redaktion mit der nachdrücklichen Frage, ob es nicht zweckmäßig sei, meine Abhandlung zur Geschichte der Genetikdiskussion zu publizieren. In der Redaktion schlug man mir vor, eine gekürzte Fassung für die Zeitschrift zu schreiben, was ich ziemlich schnell erledigte. Nun lasen alle Mitglieder des Redaktionskollegiums reihum den Text. Da es in dieser Abhandlung nicht nur um das Schicksal der Biologie, sondern auch um Repressalien gegen Biologen ging, achtete ich nunmehr sehr aufmerksam auf alle Bestrebungen, die Politik des 20. und 22. Kongresses der KPdSU in der Beurteilung der Verbrechen der stalinistischen Zeit des Personenkults zu verändern. Auch mein Bruder Roi achtete auf diese Tendenzen mit großer Aufmerksamkeit; er schrieb eine Studie über Geschichte und Folgen des Stalinismus, die er Mitte 1964 beim Staatsverlag für politische Literatur und beim ZK der KPdSU (bei Iljitschow) einreichte.

In den ersten Monaten nach dem ZK-Plenum vom Oktober 1964 wurde das Stalinproblem nicht offen aufgeworfen, einige wissenschaftliche Bücher aber, die die Tätigkeit Stalins kritisierten, wurden unmittelbar vor ihrem Erscheinen zurückgehalten. So verbot Glawlit eine bereits zum Druck freigegebene Monographie über die Geschichte der Kollektivierung der Landwirtschaft, die vom Historischen Institut der Akademie der Wissenschaften der UdSSR ausgearbeitet worden war. In dieser Monographie wurde Stalins Vorgehen bei der Kollektivierung scharf kritisiert.

Bei den Vorbereitungen zu den Feiern des 20. Jahrestages des Sieges über Nazi-Deutschland wurden die Versuche, Stalin zu rehabilitieren, deutlicher. Zunächst beschränkten sie sich auf mündliche Erklärungen bei verschiedenen Jubiläumsansprachen. Dies zeugte jedoch davon, daß es hier ziemlich klare Direktiven gab. Im April 1965, kurz vor dem Jubiläum, tauchten auch in der Presse sogar direkte Lobreden auf Stalin auf (die Artikel von I. Bagramjan in *Literaturnaja gaseta* vom 17. April 1965, von Trojanowski in *Sowjetskaja Rossija* vom 20. April, von Marschall I. Konjew *Nach Berlin* in der *Prawda* vom 19. April und eine Reihe weiterer Artikel). Gleichzeitig wurde in Vorträgen zu ideologischen Fragen erwähnt, das Schaffen einzelner Schriftsteller, insbesondere Solschenizyns, sei übertrieben positiv gesehen worden. Auch in Rjasan selbst verschlechterte sich die Lage Solschenizyns. Insbesondere wurden seine Anträge auf eine bessere Wohnung abgelehnt, und er lebte weiter in einem alten Holzhaus ohne die üblichen zivilisatorischen Einrichtungen. Im Frühjahr 1965 beschloß Solschenizyn, Rjasan zu verlassen und in eine stillere, näher bei Moskau gelegene Stadt umzuziehen. Die Wahl war aber auch davon abhängig, ob sich für Solschenizyns Frau Natalja Alexejewna Rechetowskaja, eine promovierte Chemikerin, ein geeigneter Arbeitsplatz finden ließe.

Als ich Timofejew-Ressowski davon erzählte, meinte er, unsere Stadt Obninsk könnte ein geeigneter Wohnsitz für Solschenizyn sein, den er als seinen ehemaligen Zellenkameraden aus dem Butyrka-Gefängnis gern wiedersehen wollte. Herrliche Landschaft ringsum, viele wissenschaftliche Institutionen und nur 100 Kilometer bis Moskau. Ich unterrichtete Solschenizyn von dieser Idee, als er gerade eine größere Autoreise durch die weitere Umgebung von Moskau und die Nachbargebiete – Tula, Jaroslawl, Wladimir und Kaluga – plante, um die Möglichkeiten für eine Übersiedlung zu prüfen. Er hatte sich für die Honorare der verschiedenen Ausgaben seines Romans *Ein Tag im Leben des Iwan Denissowitsch* einen Moskwitsch gekauft, mit dem die Reise stattfinden sollte.

Am 10. Mai bekam ich von ihm einen Brief, in dem er unter anderem schrieb:

Seit unserem Telefongespräch hat sich unsere Reiseroute weiter geklärt, und es ist nun sicher, daß wir gut und gern in Obninsk vorbeikommen können. Wir schätzen, daß es sich um die letzten Tage des Mai handeln wird (um den 30.), hoffentlich treffen wir Sie und Nikolai Wladimirowitsch an, grüßen Sie ihn herzlich. Meine Frau und ich, wir freuen uns und sind an seinen Plänen zu ihrer Arbeit interessiert.

Natürlich waren Nikolai Wladimirowitsch und ich Ende Mai in Obninsk, und wir freuten uns, Solschenizyn und seine Frau begrüßen zu können. Das Wiedersehen der beiden ehemaligen Butyrka-Häftlinge war ergreifend. Am nächsten Tag machten wir einen Spaziergang durch die Stadt, gingen durch den Park hinab zum Fluß, wo sich eine große städtische Badeanstalt befindet. Die Stelle ist wirklich sehr schön. Was die Menschen hindert, sich zu erholen, ist nur ein das ganze Tal überdröhnender Lautsprecher. Obninsk gefiel Solschenizyn und seiner Frau offensichtlich mehr als andere Städte in der Umgebung Moskaus. Natalja Reschetowskaja beschloß, sich um eine der vielen ausgeschriebenen Stellen in unserem Institut zu bemühen. Für eine neue Radioisotopen-Abteilung hatte die Ausschreibung gerade begonnen, und einige der freien Stellen waren auch für Chemiker vorgesehen.

Bald darauf wurde Frau Reschetowskaja für die Stelle eines Oberassistenten im Laboratorium für chemische Dosimetrie gewählt. Sie hatte im Fragebogen angegeben, daß ihr Mann Alexander Solschenizyn sei, doch hatte dem niemand in der Auswahlkommission Beachtung geschenkt. Als aber die prak-

Solschenizyn und Timofejew-Ressowski

Solschenizyns »Sommerhaus«

traten jedoch Ereignisse ein, die die Angelegenheiten in Obninsk in den Hintergrund drängten.

Anfang September war ich nach Tbilissi gefahren. Am Tage nach meiner Rückkehr, am 14. September, begab ich mich zu Solschenizyn in die Datscha, um ihm zu berichten, wie es um die zweite Ausschreibung stünde. Er war mit seiner Frau auf der Veranda. Er war äußerst angespannt und reagierte auf meinen optimistischen Bericht in einer Weise, die mich annehmen ließ, daß etwas Ernstes geschehen sein mußte und die Frage der Stellung von Frau Reschetowskaja ihnen im Augenblick nicht so wichtig war. Ich hatte mich nicht geirrt. Nach meinem Bericht erzählte Solschenizyn eine beunruhigende Geschichte und bat mich, Timofejew-Ressowski und die anderen Freunde in Obninsk davon in Kenntnis zu setzen, damit sie sich nicht wunderten, wenn der Umzug mehr Komplikationen mit sich brächte, als man früher angenommen hätte: Das Manuskript des Romans *Der erste Kreis der Hölle* war vom KGB beschlagnahmt worden.

Diese Nachricht war wirklich niederschmetternd. Mein erster Gedanke war, ob wenigstens ein einziges Exemplar erhalten geblieben war und ob man es nicht schnell reproduzieren sollte. Damals kannte ich einen zuverlässigen Fotografen, der zu Hause eine ausgezeichnete Anlage dafür hatte. Dieser Gedanke lag deshalb nahe, weil mir und vielen anderen die betrübliche Geschichte mit Wassili Grossmans Roman *Leben und Schicksal* bekannt war, der 1961 in der Wohnung des Schriftstellers beschlagnahmt worden war. Grossmans Roman behandelte ausführlich das Problem der ungesetzlichen Repressalien und war nur einem sehr kleinen Kreis bekannt. Den Inhalt des Romans habe ich später nie im einzelnen kennengelernt, da es in meinem Bekanntenkreis niemanden gibt, der ihn gelesen hatte. Eines Tages waren bei Wassili Grossman Mitarbeiter des KGB mit einem Hausdurchsuchungsbefehl erschienen und hatten sämtliche Exemplare des Romans einschließlich der Vorfassungen und Notizen beschlagnahmt. Obwohl 1963 das Thema der Repressalien dank Solschenizyn zeitweilig für die Literatur freigegeben war, hatte Grossman die Manuskripte seines Werkes nicht zurückerhalten. 1964 war er gestorben. Einige Jahre nach seinem Tode erfuhr man, daß er in den letzten beiden Lebensjahren einen neuen kürzeren Roman, *Alles fließt,* geschrieben hatte, der ebenfalls das Thema der stalinistischen Willkürakte behandelte und ferner darstellte, wie die Organisatoren vieler ungesetzlicher Gerichtsverfahren unbestraft geblieben waren.

Nach der Beschlagnahmung des Romans von Wassili Grossman bemühten sich viele Autoren von »konfliktreichen« und umstrittenen Werken, nicht alle Abschriften zu Hause zu behalten. Es war also anzunehmen, daß auch Solschenizyn sich entsprechend vorsichtig verhalten hatte. Außerdem wußte ich, daß Solschenizyn ein Exemplar in der Datscha hatte und regelmäßig Korrekturen eintrug. Die Urfassung vermutete ich in Rjasan. Hatte man den Roman etwa gleichzeitig an all diesen Stellen beschlagnahmt? Aus Solschenizyns Bericht ging hervor, daß die Sache nicht ganz so ernst war. Verloren waren nur die Exemplare, die sich vorher in der *Nowy mir*-Redaktion befunden hatten. In Rjasan hatte keine Haussuchung stattgefunden, und vermutlich war dem KGB bisher die Existenz von Solschenizyns Sommerdatscha nicht bekannt: »Das hat keiner verpfiffen.«

Die Umstände der Beschlagnahmung der Romanmanuskripte waren höchst seltsam. Im Sommer 1965 hatte man Solschenizyn bei *Nowy mir* offen gesagt, es sei ungeachtet des Vertrages unrealistisch, in nächster Zeit mit der Veröffentlichung des Romans zu rechnen. In der Redaktion lagen drei Exemplare, eins vom Autor und zwei, die in der Redaktion für die redaktionelle Bearbeitung und Diskussion abgeschrieben worden waren. Im September hatte Solschenizyn beschlossen, diese Exemplare kurz an sich zu nehmen, um stilistische Verbesserungen und alle jene Veränderungen zu übertragen, die er in den vorangegangenen Monaten in seinem Arbeitsexemplar vorgenommen hatte. Drei Exemplare dieses Manuskripts waren für eine Aktentasche zu umfangreich. Solschenizyn hatte einen Bekannten um einen alten Koffer gebeten, kam damit in die Redaktion, hatte von Twardowski die Aktendeckel mit den Manuskripten übernommen und sie unten in einem der Redaktionszimmer in dem Koffer verstaut. Er fuhr nicht gleich damit nach Rjasan, da er noch einiges in Moskau zu erledigen hatte. Den Koffer mit den Manuskripten brachte Solschenizyn in die Wohnung seines Freundes W. L. Teusch. Solschenizyn hatte Teusch in Rjasan kennengelernt, wo dieser Ende der fünfziger Jahre an einem Institut Mathematik unterrichtete. Teusch war einer der ersten Leser von Solschenizyns Werken. Später war er in Pension gegangen und nach Moskau gezogen.

Am 11. September, drei Tage nach Solschenizyns Besuch, erschienen bei Teusch einige Mitarbeiter des KGB mit einem Hausdurchsuchungsbefehl, um nach antisowjetischer Literatur zu suchen. Die Durchsuchung war nicht übermäßig gründlich, die Wände wurden nicht abgeklopft, man suchte nicht nach geheimen Verstecken. Es wurden eine Reihe Samisdatmanuskripte, einige Bücher und weitere schriftliche Unterlagen beschlagnahmt. Man war bereits dabei zu gehen, als einer der KGB-Leute unter dem Bett den Koffer sah und ihn öffnen ließ. Als man dort die Typoskripte des Romans *Der erste Kreis der Hölle* erblickte, beschloß man, auch diese mitzunehmen. Teusch versuchte zu protestieren, indem er sagte, dieses Material gehöre *Nowy mir*, es gäbe darüber einen Vertrag, Solschenizyn habe es mit Einverständnis der Redaktion nur für kurze Zeit zurückgenommen usw. Doch sein Protest wurde nicht beachtet.

Solschenizyn war also nicht ganz davon überzeugt, daß man es bei der Durchsuchung ausgerechnet auf seinen Roman abgesehen hatte. Daher hatte er unmittelbar, nachdem ihm die Einzelheiten bekanntgeworden waren, einen Brief an den Vorsitzenden der Ideologischen Kommission des ZK der KPdSU, P. Demitschew, geschrieben und ihn gebeten, sich in die Angelegenheit einzuschalten und für eine Rückgabe der Manuskripte an den Autor oder an die Redaktion Sorge zu tragen. Vorsitzender des KGB war damals Semitschastny. An ihn wollte sich Solschenizyn nicht wenden. In Schriftstellerkreisen hatte Semitschastny noch aus seiner Zeit als Erster Sekretär des ZK des Komsomol (bis 1959) einen äußerst schlechten Ruf. Es war nämlich Semitschastny, der im Herbst 1958 in einer seiner Reden Boris Pasternak, dem kurz vorher der Nobelpreis verliehen worden war, besonders grob beleidigte.

Semitschastny sagte von Pasternak, er sei ein »Schwein«, vielleicht noch etwas Schlimmeres (»Nicht einmal ein Schwein besudelt die Stelle, wo es frißt«), und forderte seine Ausweisung aus der UdSSR. (Die Ausweisungsandrohung hatte Pasternak gezwungen, auf den Nobelpreis zu verzichten.) Einige Tage später schrieb Solschenizyn auch an Breschnew, Suslow und Andropow. Er bat mich, diese Briefe in Moskau aufzugeben. Juri W. Andropow war damals Sekretär des ZK der KPdSU für die Beziehungen zu den sozialistischen Staaten. Er hatte mit literarischen Fragen unmittelbar nichts zu tun, aber man hielt ihn in Kreisen der Intelligenz für den gebildetsten und forschrittlichsten Parteifunktionär. Das hing damit zusammen, daß Andropow die Auseinandersetzung mit den chinesischen Führern in der Hand hatte. Seine Beiträge, die von Zeit zu Zeit in der sowjetischen Presse publiziert wurden, fanden große Zustimmung. Die Materialien und Erklärungen des ZK der KPdSU in der Diskussion mit den chinesischen Parteiführern waren im Geiste des Kampfes gegen den Mißbrauch des Personenkults, gegen Willkür, Ungesetzlichkeit und Dogmatik gehalten.

Auf keinen Brief erhielt Solschenizyn eine Antwort. Ebensowenig wurde ihm der beschlagnahmte Roman zurückgegeben, obwohl man zu dieser Zeit beim KGB zweifellos bei Bedarf beliebig viele Fotokopien hätte herstellen können. Teusch wurde mehrfach zum KGB vorgeladen. Solschenizyn und seine Frau blieben in der Datscha und hatten für den Fall weiterer Beschlagnahmungen, den niemand ausschloß, ihre schriftlichen Unterlagen durchgesehen. Damals meldeten ausländische Rundfunksender, in der UdSSR seien zwei Schriftsteller, Andrei Sinjawski und Juli Daniel, wegen der Veröffentlichung von Werken im Ausland verhaftet worden. Die Situation war äußerst besorgniserregend. Ausländische Rundfunkstationen berichteten auch über die Beschlagnahmung von Solschenizyns Roman, doch enthielten diese Nachrichten viele Irrtümer. Es war zum Beispiel von einer Durchsuchung in Rjasan die Rede, die in Wirklichkeit nicht stattgefunden hatte.

Ende September wurde es kälter, und Solschenizyn beschloß, nach Rjasan zurückzukehren. Die Hoffnung, nach Obninsk übersiedeln zu können, schwand immer mehr, und Frau Reschetowskaja mußte beantragen, ihre Arbeit am Lehrstuhl für organische Chemie des Landwirtschaftlichen Instituts in Rjasan wieder aufnehmen zu können. Die beiden richteten den Garten und die Datscha für den Winter, beluden das Auto mit ihrem Gepäck und brachen nach Rjasan auf. In der Nähe von Obninsk verläuft der Moskauer Umgehungsring, über den man bis zur Rjasaner Chaussee kommen kann, ohne Moskau zu berühren. Von der Datscha bis Rjasan sind es ungefähr zweihundertdreißig Kilometer, ein Weg durch die schönsten Gebiete Mittelrußlands. Auf den Nebenstraßen gibt es in dieser Entfernung von Moskau fast keinen Verkehr. – Ringsum waren Friede und Stille.

Bekannte und unbekannte Begleitumstände der Beschlagnahmung

Mit der Durchsuchung von Teuschs Wohnung und der dortigen Beschlagnahmung von Solschenizyns Manuskripten begann ein offener Konflikt zwischen den Behörden und dem Schriftsteller, der damals bereits internationales Ansehen genoß. Dieser Konflikt erwies sich im folgenden als äußerst kompliziert und langwierig und wurde ein wichtiges Ereignis im intellektuellen Leben der UdSSR. Die Überzeugung von der Notwendigkeit der schöpferischen Freiheit, der Gedankenfreiheit und der Freiheit zur Analyse der Wirklichkeit stand hier im Kampf mit dem Bestreben einiger Institutionen, alle Äußerungsformen der gesellschaftlichen und persönlichen schöpferischen Aktivität unter staatliche und ideologische Kontrolle zu stellen. Solschenizyn hat in den folgenden Jahren mehrfach dagegen protestiert, daß die beschlagnahmten Materialien und Romanmanuskripte mißbraucht wurden, um auf ihn Druck auszuüben und seinen Namen zu diffamieren. In verschiedenen Reden und in einer Reihe von Veröffentlichungen offiziellen Charakters versuchten die Behörden, diese Beschlagnahmung auf mancherlei Weise zu rechtfertigen und gaben dabei verschiedene Gründe für die Durchsuchung der Wohnung Teuschs an. Es ist daher notwendig, die Umstände dieser Angelegenheit im einzelnen zu betrachten.

Im September 1965 wußte weder ich noch anscheinend Solschenizyn selbst, daß bei Teusch nicht nur der Roman *Der erste Kreis der Hölle,* sondern auch das alte literarische Archiv des Schriftstellers beschlagnahmt worden war, das er bei Teusch aufbewahrte, da er es nicht bei sich zu Hause in Rjasan lassen wollte. Zu Teusch hatte Solschenizyn volles Vertrauen. In diesem Archiv befanden sich einige Werke aus der Zeit zwischen 1950 und 1956, als Solschenizyn sich im Lager und in der Verbannung befunden hatte. Diese Arbeiten waren natürlich nicht zur Veröffentlichung bestimmt, doch hatte Solschenizyn keinen Grund, sie zu vernichten, da in ihnen gewisse Stufen seines schweren Lebens als Mensch und als Schriftsteller erhalten waren. In seinem Brief an den 4. Schriftstellerkongreß der UdSSR, den er am 16. Mai

1967 absandte, gab Solschenizyn folgende Erklärung zu der Beschlagnahmung des Archivs ab:

Zusammen mit dem Roman wurde mein literarisches Archiv mit fünfzehn bis zwanzig Jahre zurückliegenden Unterlagen beschlagnahmt, Dinge, die nicht zur Veröffentlichung bestimmt waren. Tendenziöse Auszüge aus diesem Archiv sind jetzt geheim gedruckt und in einem bestimmten Kreis verbreitet worden. Das Drama *Das Festmahl der Sieger,* das ich in Versen im Lager verfaßt und auswendig gelernt hatte, als ich statt eines Namens nur eine Nummer trug (als wir zum Hungertod Verdammten von der Gesellschaft vergessen waren und außerhalb der Lager NIEMAND gegen die Unterdrückung aufstand), dies Drama liegt weit hinter mir, nun aber wird es als meine neueste Arbeit ausgegeben.

Am 26. Juni 1968 erschien in der *Literaturnaja gaseta* ein redaktioneller Artikel, *Ideologischer Kampf und die Verantwortung des Schriftstellers,* in dem folgende offizielle Version der Durchsuchung bei Teusch gegeben wurde:

Der bourgeoisen Propaganda kamen die Behauptungen Solschenizyns sehr gelegen, Organe des Staatssicherheitsdienstes hätten ihm Archivmaterial und Manuskripte weggenommen. Indessen hat die Staatsanwaltschaft der UdSSR auf eine Anfrage des Sekretariats der Leitung des Schriftstellerverbandes mitgeteilt, daß in der Wohnung des A. Solschenizyn, der in Rjasan lebt, keinerlei Durchsuchungen zu irgendeinem Zeitpunkt stattgefunden haben und ihm keinerlei Manuskripte und Archivmaterialien weggenommen worden sind. Maschinengeschriebene Kopien einiger Manuskripte Solschenizyns ohne Verfasserangabe wurden bei der Durchsuchung eines gewissen Teusch in Moskau aufgefunden und zusammen mit anderem kompromittierenden Material beschlagnahmt. Auf Teusch hat die Spur im Laufe einer Untersuchung geführt, die von den zuständigen Institutionen deshalb eingeleitet worden war, weil bei einem ausländischen Touristen bei der Zollkontrolle handschriftliche verleumderische Auslassungen über das Leben im Sowjetland entdeckt worden waren.

Um die Handlungen der Sicherheitsorgane zu rechtfertigen, die gegen Solschenizyns kategorischen Protest *Das Festmahl der Sieger* »nur für den Dienstgebrauch« vervielfältigt hatten, argumentierte die *Literaturnaja gaseta* folgendermaßen:

Wie kann Solschenizyn so tun, als ob es ein solches Stück nicht gäbe, wenn er seine Werke einem Zulieferer antisowjetischen Materials fürs Ausland übergibt und somit darüber, also auch über dieses Stück, jegliche Kontrolle verliert?

Ob der Fall mit dem beim Zoll gefundenen antisowjetischen Material Teuschs in den Händen eines ausländischen Touristen den Tatsachen entsprach oder nicht, ist außerordentlich schwierig zu prüfen. Ich persönlich zweifle daran. Bereits nach der Durchsuchung wurde aufgrund von Teuschs eigenen Archiven festgestellt, daß er der Verfasser einer anonymen Samisdatrezension von *Ein Tag im Leben des Iwan Denissowitsch* von 1964 war. Das war eine sehr interessante, doch auch recht umstrittene Rezension. In weiteren Kreisen wurde sie erst nach der Durchsuchung bekannt, ich selbst habe sie z. B. erst 1966 gelesen. Diese Rezension, deren Zusammenhang mit Teusch erst nach der Durchsuchung bekannt wurde, diente zur Grundlage für ein strafgerichtliches Ermittlungsverfahren gegen Teusch. Die Untersuchung wurde aber bald eingestellt. Teusch wurde nicht mehr erwähnt und nie ernsthaft beschuldigt, antisowjetische Werke ins Ausland geschickt zu haben.

Teuschs Rezension des Romans *Ein Tag im Leben des Iwan Denissowitsch* enthielt sicher einige scharfe Bemerkungen, doch zirkulierten im Samisdat damals viele erheblich härtere und ausführlichere nicht anonyme Originalwerke, die Verbrechen aus der Zeit des Personenkults bloßlegten, die Lebensbedingungen in Gefängnissen und Lagern beschrieben, auf die geistigen Folgen des Stalinismus eingingen usw. (die Arbeiten von Je. Ginsburg, W. Schalamow, G. Pomeranz, M. Jakubowitsch u. a.). Einige dieser Werke sind tatsächlich ins Ausland gelangt und dort veröffentlicht worden. Haussuchungen aber hat es in diesem Zusammenhang nicht gegeben. Das Verfahren gegen Sinjawski und Daniel, das 1965 eingeleitet wurde, war etwas völlig anderes. Der Einsatz des KGB in der Wohnung Teuschs und die »zufällige« Entdeckung von Solschenizyns Roman und Archiv hätten im Zusammenhang mit einer großangelegten Kampagne gegen den Samisdat und zahlreichen gleichzeitigen Hausdurchsuchungen bei verschiedenen Schriftstellern stehen können. Nach einer ersten Hypothese, die anfangs von einigen meiner Freunde geteilt wurde, war der Sicherheitsdienst dadurch beunruhigt, daß Solschenizyn das Manuskript des Romans aus der Redaktion des

Nowy mir geholt hatte. Man vermutete, der Autor wolle das Werk der Willkür des Samisdat übergeben. Da der Roman schon angekündigt war und sich auf Vertragsgrundlage in der Redaktion befand, konnte sein Inhalt in den für die Literatur verantwortlichen Abteilungen des Partei- und KGB-Apparats bekannt sein. Glawlit kann jederzeit von einer Redaktion ein zum Druck vorgesehenes Manuskript zur Durchsicht anfordern, und kein Redakteur hat das Recht, eine solche Bitte abzulehnen, zumal jede Arbeit vor dem Druck im Umbruch von Glawlit gelesen wird. Das Romanmanuskript hatte fast ein Jahr in der Redaktion gelegen und war von den Mitarbeitern des Redaktionskollegiums gelesen worden. Solschenizyn nahm an, jemand aus der Redaktion – der in jeder Institution unvermeidliche Informant – habe es weitergemeldet, als er die Manuskripte abholte. Durch Beschattung hätte man dann feststellen können, daß der Koffer mit den Manuskripten zu Teusch gebracht wurde. Danach wären zwei bis drei Tage nötig gewesen, um die Aktion der Hausdurchsuchung mit den verschiedenen Instanzen abzustimmen.

Wäre diese Hypothese richtig gewesen, so hätte der KGB Solschenizyns Archiv tatsächlich nur zufällig entdeckt. Sie mußte aber bald aufgegeben werden. Eine zufällige Entdeckung war der Roman, die Durchsuchung der Wohnung Teuschs war lediglich eine Ergänzung zu einer anderen gleichzeitigen Durchsuchung, bei der Solschenizyns Archiv beschlagnahmt worden war. Dieses Archiv hatte sich nämlich nicht in Teuschs Wohnung befunden, sondern in der seines jungen Freundes S., den Solschenizyn nicht kannte. Teusch hatte, ohne das Einverständnis Solschenizyns einzuholen, dessen Archiv an S. zur Verwahrung weitergegeben. Solschenizyn wußte davon nichts. Die Männer des KGB erschienen gleichzeitig in der Wohnung Teuschs und in der Wohnung von S., obwohl Teusch soeben von einem längeren Urlaub zurückgekehrt war und S. noch nicht aufgesucht hatte. Das spricht dafür, daß man über S. beim KGB seit langem informiert war und daß das Hauptziel der Durchsuchung Solschenizyns Archiv und nicht Teuschs eigenes Material war. Als das »Verfahren gegen Teusch« eingestellt wurde, erhielt er einen Teil der bei ihm beschlagnahmten Bücher und Unterlagen zurück. Solschenizyn aber wurde bis heute nichts zurückgegeben, obwohl keinerlei »Verfahren« gegen Solschenizyn selbst eingeleitet worden ist.

Von der zweiten gleichzeitigen Wohnungsdurchsuchung erfuhr Solschenizyn einige Tage, nachdem ihm von der Aktion bei Teusch berichtet worden war*). Er lebte weiter in seiner Datscha und schloß nicht aus, daß nach seiner Rückkehr nach Rjasan auch dort eine Durchsuchung stattfinden könne. Das war aber nicht der Fall. Im Oktober gab es Anzeichen, daß die Durchsuchungen keine allzu ernsten Folgen haben würden. Die *Nowy mir*-Redaktion machte Solschenizyn den Vorschlag, irgendein »annehmbares« Werk zur Publikation einzureichen. Solschenizyn nutzte die Gelegenheit und gab Twardowski vier Erzählungen, von denen die Redaktion jedoch nur eine annahm, *Sachar mit der großen Tasche.* Sie erschien im Januar-Heft 1966. Es war eine sehr gute und patriotische Erzählung. Eine andere dieser vier Erzählungen, *Die rechte Hand,* wurde später im Samisdat verbreitet.

---

*) Teusch starb 1971 im Alter von 73 Jahren. S. emigrierte 1971 nach England. Aufgrund der ersten Auflage dieses Buches wandte sich S. im Juli 1973 an mich und berichtete mir bei einer Begegnung ausführlich von den Ereignissen des Jahres 1965. Teusch habe das Archiv von Solschenizyn mit der Bitte erhalten, es niemandem zu zeigen. Er habe aber S., der ihn damals häufig besuchte, gestattet, einige Manuskripte zu lesen. In der Annahme, daß man seine Wohnung ständig beschatte, beschloß Teusch im Sommer 1965, das Archiv S. zu übergeben. S. wiederum nahm an, Solschenizyn sei informiert, hat aber mit Solschenizyn persönlich nie darüber gesprochen. Die Durchsuchung war lange vor dem 11. September geplant und hatte keinerlei Zusammenhang mit dem Roman *Der erste Kreis der Hölle.* Die Durchsuchung konnte nur deshalb nicht vor dem 11. September durchgeführt werden, weil S. verreist war. Seine Wohnung wurde jedoch beschattet, und als S. aus dem Urlaub zurückkehrte, erschien der KGB sofort. Man beschlagnahmte Solschenizyns Archiv und viel anderes Material. Im Verfahren gegen Teusch, das einige Monate dauerte, wurde deutlich, daß nicht nur die Telefongespräche, sondern offenbar auch die Gespräche in der Wohnung Teuschs den Untersuchungsrichtern bekannt waren. S. ist der Auffassung, daß die Existenz von Solschenizyns Archiv in Teuschs Wohnung durch abgehörte Gespräche bekanntgeworden ist, was man 1965 nicht hatte vermuten können.

Alexander Solschenizyn und Pjotr Kapiza

Mitte Oktober 1965 übermittelte man mir, Akademiemitglied Pjotr Leonidowitsch Kapiza wolle einige Fragen über die Situation Nikolai W. Timofejew-Ressowskis in unserem Institut klären. Man hatte sich an Kapiza mit der Bitte gewandt, diesen für die Wahl als ordentliches Mitglied der Akademie der Wissenschaften der UdSSR für das Fach Biophysik aufzustellen, und Kapiza benötigte nun Unterlagen über die laufende Arbeit Timofejew-Ressowskis. Außerdem wollte Kapiza sich mit den organisatorischen Veränderungen in der Genetik nach der Ausschaltung Lyssenkos unterrichten. Deshalb bat mich Kapiza um einen Besuch in das von ihm geleitete Institut für physikalische Probleme der Akademie der Wissenschaften der UdSSR. Ich fuhr selbstverständlich sofort hin. Es war meine zweite Begegnung mit Pjotr Kapiza. Beim Bericht über Timofejew-Ressowski, über Obninsk und unser Institut konnte ich mich nicht enthalten, ihm von dem mißglückten Versuch der Übersiedlung Solschenizyns nach Obninsk zu erzählen. Ich berichtete auch von der Beschlagnahmung der Typoskripte des neuen Romans durch den KGB. Kapiza, der nichts davon gewußt hatte, war höchst verwundert. Er fragte mich, ob ich ihn mit Solschenizyn persönlich bekannt machen könne, was ich ihm gern zu versuchen versprach. So lud Kapiza Solschenizyn durch mich ein, er möchte ihn doch besuchen, wenn er wieder einmal in Moskau sei.

Solschenizyn nahm die Einladung an, und wir beide fuhren am 28. Oktober zu Kapiza in sein Institut, das an der Ecke Lenin-Prospekt und Worobjowskoje Chaussee liegt. Hinter dem Institut befindet sich ein großer Garten, der bis zur Moskwa hin abfällt. In diesem Garten steht ein zweistöckiges, im englischen Stil erbautes Haus, wo die Familie Kapiza wohnt. Das Institutsgelände und der Garten befinden sich unter gewisser Bewachung. Diese Bewachung der Institute kann nur als Anachronismus, und zwar sehr teurer, bezeichnet werden. Sie ist hier nicht so streng wie bei andern. (Das riesige Territorium des Physikalisch-Energetischen Instituts in Obninsk wird zum Beispiel bis jetzt von einer gewaltigen Zahl Soldaten bewacht, ist mit doppeltem Zaun, einem besonderen, umgepflügten Sicherheitsstreifen wie an der

Staatsgrenze, einem System von Elektrozäunen und Wachmannschaften mit Hunden gesichert.) Im Institut für physikalische Probleme hat alles einen weniger auffälligen und zivilisierteren Charakter. Auf dem Weg zum Hause von Kapiza ist ein System von Fotoelementen installiert, und der Besucher durchschreitet einen unsichtbaren Lichtstrahl. Doch auch dieses System ist offenbar ein Relikt früherer Zeiten, denn weder als wir das Institutsgelände betraten noch als wir durch das System der Fotoelemente schritten, hielt uns jemand an, um nach unserm Ziel zu fragen.

Die Begegnung zwischen Solschenizyn und Kapiza war sehr herzlich. Ich zog es vor zu schweigen und hatte eine große Freude daran, das Gespräch dieser beiden ungewöhnlichen Menschen zu beobachten. Es überraschte mich nicht, daß Solschenizyn, der ja Physik und Mathematik studiert und einige Jahre als Gefangener in einem physikalisch-technischen Institut wissenschaftlich gearbeitet hat, sich in vielen speziellen physikalischen und kybernetischen Problemen als recht erfahren erwies. Die selbständigen, literarisch-kritischen Erkenntnisse Kapizas aber, seine Informiertheit über die Situation der Sowjetliteratur und seine Belesenheit in der ausländischen Gegenwartsliteratur waren für Solschenizyn und mich wirklich unerwartet.

Kapiza las uns den Text seines Aufsatzes vor, den er kurz zuvor an die *Prawda* geschickt hatte. Darin behandelt er die Frage der wechselseitigen Beziehungen zwischen Partei und schöpferischer Intelligenz, insbesondere den Schriftstellern. Dieser Artikel war eine Reaktion auf den dort kurz vorher erschienenen Aufsatz des Chefredakteurs der *Prawda*, Rumjanzew, *Die Partei und die Intelligenz*. Kapiza polemisierte interessant und eindeutig gegen einige Thesen Rumjanzews und lobte Solschenizyns Werke sehr. (Dieser Artikel Kapizas wurde weder in der *Prawda* noch an irgendeiner anderen Stelle publiziert.) Später kam Kapiza auf den Schaden zu sprechen, den die stalinschen Repressalien der sowjetischen Physik zugefügt hatten, sowie auf die Verhaftung und Freilassung des hervorragenden Physikers Lew Landau im Jahre 1937, der im Institut für physikalische Probleme gearbeitet hatte. Landau war nach einem äußerst scharfen Brief Kapizas an Stalin freigelassen worden, nachdem man ihn bereits als »Volksfeind« und »ausländischen Agenten« verurteilt hatte. Er wurde daher nicht einfach aus der Haft entlassen, sondern sein Fall wurde revidiert, wobei Kapiza etliche Auseinandersetzungen mit der Staatsanwaltschaft der UdSSR hinsichtlich der Anklage hatte.

Selbstverständlich berührte das Gespräch auch den Streit zwischen Kapiza und Berija wegen Kapizas Weigerung, an der Herstellung der Atombombe mitzuarbeiten, womit man in der UdSSR 1945 begonnen hatte. (Die Weigerung war mit humanitären, nicht mit politischen Erwägungen begründet.) Berija hatte von Stalin Kapizas Verhaftung gefordert, doch Stalin konnte sich nicht dazu entschließen, weil er wußte, daß ein solcher Akt eine weitreichende internationale Reaktion auslösen und das Vertrauensverhältnis mit den Verbündeten, besonders mit England, verschlechtern würde, das 1945 nicht sehr gut war. Eine Verhaftung Kapizas hätte wohl auch eine demoralisierende Wirkung auf viele sowjetische Physiker ausgeübt; denn das wissenschaftliche Ansehen Kapizas war sehr hoch. Stalin hatte Berija versprochen: »Ich werfe ihn raus, doch rühr' ihn mir nicht an.« Kapiza wurde aus seiner Stellung entlassen und konnte fast ein halbes Jahr keine neue finden. Ende 1946 nahm ihn das Institut für Kristallographie der Akademie der Wissenschaften der UdSSR als Oberassistent auf. In das vor dem Kriege von ihm geschaffene Institut für physikalische Probleme konnte Kapiza erst nach Stalins Tod zurückkehren.

Die Unterhaltung verlief inoffiziell und freundschaftlich. Keiner hatte dem anderen gegenüber eine Bitte geäußert; dennoch verließ ich Kapiza in der Überzeugung, er werde aus eigener Initiative alles in seiner Kraft Stehende tun, um Solschenizyn in seiner schweren Lage zu helfen. Einen Menschen mit einer so großen moralischen und intellektuellen Kraft, die jeder im Gespräch mit ihm spürt, braucht man nicht um irgend etwas zu bitten; er weiß selbst, was er tun kann und muß. Kapiza bat Solschenizyn, ihm gelegentlich den Roman *Der erste Kreis der Hölle* zu lesen zu geben.

Das Institut für physikalische Probleme befindet sich in der Nähe des früheren Kaluga-Stadttors, dem heutigen Gagarin-Platz. Wir gingen vom Institut nach links den Lenin-Prospekt entlang. Etwa zweihundert Meter hatten wir in Gedanken versunken hinter uns gebracht, als Solschenizyn plötzlich innehielt und aufblickte. Wir standen vor einem halbrunden hohen Eckhaus mit Türmchen in dem typischen pompösen Stil der letzten

Jahre des Stalinregimes. »Hier ist es, jenes Haus«, sagte Solschenizyn. Der Rest war klar. Wir standen vor dem Haus, das Solschenizyn zusammen mit Hunderten Gefangener 1945/46 gebaut hatte. Solschenizyn war bei diesem Bau zunächst als Hilfsarbeiter, später als Maurer und Parkettleger eingesetzt. Neben dem Haus war vom Gelände des Gorki-Kulturparks mit Stacheldraht auch das Lager abgeteilt gewesen. In diesem Lager, dem ersten nach der Verurteilung, hatte Solschenizyn mehr als ein Jahr verbracht. Das Haus mit den Türmchen ist im Roman *Der erste Kreis der Hölle* genau beschrieben. Zwei Romanfiguren besaßen in diesem Haus geräumige Wohnungen: der Staatsanwalt und der Ingenieur im Majorsrang, Leiter eines Laboratoriums im Geheiminstitut des MWD.

Auf der gegenüberliegenden Seite des Lenin-Prospekts steht ein Pendant dieses Hauses. 1946 hatte man diesen Architekturkomplex als Symbol für das »Tor Moskaus« auf dem Weg vom Flughafen Wnukowo errichtet.

In den folgenden Jahren hatte man den Lenin-Prospekt immer weiter geführt, näher auf die neuen Gebäudekomplexe der Moskauer Universität zu. Auch die Universität, den »Palast der Wissenschaft«, hatten 1948 bis 1952 zum großen Teil Gefangene errichtet.

Was soll mit ungehorsamen Talenten geschehen?

Ab Anfang 1966 wurde Solschenizyns Name in Aufsätzen über die Sowjetliteratur nicht mehr genannt. Jede Erwähnung von *Ein Tag im Leben des Iwan Denissowitsch* in sowjetischen Zeitschriften hörte auf. Das war keine Folge elementarer Vorsicht der sowjetischen Kritiker, sondern Redakteure oder Zensur hatten jede positive Nennung des Romans aus den Beiträgen von Schriftstellern, Kritikern und Literaturwissenschaftlern gestrichen, wie diese Solschenizyn, Twardowski oder der *Nowy-mir*-Redaktion schrieben. Es sickerte durch, daß es eine geheime Anweisung über Solschenizyn gab, die insbesondere auf einer Analyse seines alten Archivs basierte.

In dieser Situation, als man begann, das Schaffen Solschenizyns totzuschweigen, veröffentlichte *Nowy mir* in seiner Jubiläumsnummer (1966, Nr. 8), der 500. Nummer seit der Gründung der Zeitschrift im Jahre 1924, die Anfang September ausgeliefert wurde, die Fortsetzung des umstrittenen Aufsatzes von W. Ja. Lakschin, *Schriftsteller, Leser, Kritiker*, S. 216–256, der Solschenizyns Erzählung *Matrjonas Hof* ausführlich analysiert und die mangelhafte Argumentation jener Kritiker aufzeigt, die sich zu Handlung und Thematik der Erzählung negativ geäußert haben.

Ich glaube, Solschenizyns künstlerische Kraft liegt insbesondere darin, daß er ohne Nachteil für die nüchterne Wahrheit des Dargestellten menschlich sympathische, positive Gestalten schildern kann. Er liebt die Menschen, liebt seine Figuren, und der Leser reagiert auf dieses lebendige Gefühl. Doch die eigene Meinung des Autors über das Leben, seine Idealvorstellung, kommt nicht in einer bestimmten Gestalt zum Ausdruck oder in einer moralischen Sentenz, sondern in der gesamten Struktur der Erzählung, in der Personenkonstellation, in der Art, wie er die Personen beleuchtet, und in zahllosen künstlerischen Verkettungen.

In diesem Sinne kann man auch in *Matrjonas Hof* den Erzähler selbst nicht außer acht lassen, die Welt seiner Gedanken und Gefühle – in ihrer Weite und Menschlichkeit, in ihrer natürlichen Feindschaft gegen das Spießertum, ihrer Liebe zu russischer Lebensart und Sprache und in ihrem Optimismus, der aus Leid erwachsen ist. Das ist uns an dieser Erzählung am wertvollsten.

Lakschin zitiert in seinem Artikel Auszüge aus vielen Leserbriefen, die einmütig die künstlerischen und moralischen Vorzüge der Erzählung herausstellen.

1966 unternahm die neue Führung des ideologischen und kulturellen Lebens der sowjetischen Gesellschaft ernsthaftere Versuche, das Elementare des künstlerischen Schaffens in den strengen und gewohnten Rahmen einzupassen, der mit dem Begriff »partijnost« bezeichnet wird und eine Bindung an den jeweiligen Standpunkt der Partei meint. Eigentlich hatte das auch Chruschtschow getan, aber unter ihm maß man dem Begriff »partijnost« einen anderen Sinn bei. Unter Chruschtschow war der Begriff »partijnost« recht widersprüchlich und umfaßte in gewissen Phasen auch den Kampf gegen Übergriffe und Verbrechen in der Periode des Personenkults. Die Popularität Chruschtschows in Kreisen der sowjetischen Intelligenz und der internationalen öffentlichen Meinung hängt im Grunde mit diesen politischen Tendenzen zusammen. Leider schlug Chruschtschow den traditionellen Weg ein, seine Popularität zur Festigung der persönlichen Macht in allen Bereichen zu nutzen. Die Ablösung Chruschtschows war die Folge einer kollektiven Initiative und diente als Grundlage zur Bildung einer wirklichen kollektiven Führung des Landes. Später äußerten einige ausländische Beobachter, der Personenkult sei durch einen »Unpersonenkult« abgelöst worden; in Wirklichkeit aber war es nicht so. Es war eine Aufteilung der Macht erfolgt, wobei die Selbständigkeit, die Verantwortung und die Möglichkeiten der einzelnen Personen in leitenden Stellungen sich erhöht hatten. Das war für das Land insgesamt gesehen eine sehr positive Erscheinung, die dazu beitrug, daß über wichtige wirtschaftliche und politische Probleme durchdachter und vorsichtiger entschieden wurde. In dieser neuen Situation hatte beispielsweise der Landwirtschaftsminister größere Möglichkeiten für selbständige Entscheidungen, mußte nicht fürchten, daß man ihn zwang, Mais in den Gebieten von Leningrad und Archangelsk »erfolgreich« anzubauen; und der Außenminister hatte bessere Voraussetzungen, sich um internationales Gleichgewicht zu bemühen, ohne Sorge haben zu müssen, daß der Regierungschef unerwartet zur UNO reist und bei der Sitzung der Vollversammlung mit seinem Schuh auf den Tisch trommelt. Gleichzeitig aber bekamen auch die konservativen Funktionäre des kulturellen, ideologischen und wissenschaftlichen Bereichs größere Selbständigkeit und Unabhängigkeit in ihren Entscheidungen, während sie in der Chruschtschow-Zeit gezwungen gewesen waren, sich seinem neuen Kurs anzupassen. Für sie waren die Demokratisierung der Gesellschaft und die Erweiterung der schöpferischen Freiheit und der Pressefreiheit unerwünschte Erscheinungen. Für sie bestand das Ideal darin, daß schöpferische Menschen gehorsam die Anweisungen von oben ausführten. In der Kunst warf diese Rückkehr zu direktiven Führungsmethoden erhebliche Probleme auf. Im Roman *Ein Tag im Leben des Iwan Denissowitsch* kommt eine derartige Situation in den grausameren Zeiten Stalins vor. Zwei Lagerinsassen diskutieren den Film *Iwan der Schreckliche:*

»Reine Fälschung«, äußerte wütend Ch–123, während er einen Augenblick mit dem Löffel vor seinem Mund innehielt. »So viel Kunst, daß es schon keine Kunst mehr ist. Pfeffer und Mohn statt des täglichen Brotes! Und dann diese niederträchtige politische Idee – die Rechtfertigung der Alleinherrschaft, der Tyrannei. Hier werden drei Generationen der russischen Intelligenz verhöhnt . . .«

»Welche Fassung hätte man denn sonst durchgelassen?«

»Was heißt hier ›durchgelassen‹? Dann sprechen Sie auch nicht von einem Genie! Sprechen Sie von einem Kriecher, der einen hündischen Befehl ausgeführt hat. Ein Genie richtet sich nicht nach dem Geschmack der Tyrannen!«

Anfang 1966 entbrannten in der Philosophie, in der Geschichtswissenschaft und in der Literatur heftige Debatten, da sich einige der leitenden Funktionäre bemühten, Stalin und die stalinsche Politik der Unterdrückung wenigstens teilweise zu rehabilitieren. In der Presse fanden sich offene stalinistische Erklärungen (zum Beispiel der Artikel Je. Schukows, W. Truchanowskis und W. Schunkows, *Die hohe Verantwortung der Historiker,* in der *Prawda* vom 30. Januar 1966). Noch häufiger wurden derartige Meinungen bei Versammlungen auf höherer Ebene geäußert, zum Beispiel in der Rede des Stellvertretenden Leiters der Abteilung für Wissenschaft und Hochschulwesen des ZK der KPdSU, Trapesnikow, der Rede des Sekretärs des ZK der KP der Georgischen SSR, Sturua, u. a. Diese Reden stießen bei vielen Angehörigen der sowjetischen Intelligenz auf erheblichen Widerstand. Weite Verbreitung fanden der Brief des Publizisten E. Genri (S. N. Rostowzew) an Ilja Ehrenburg, das glänzende Pamphlet von Grigorij Pomeranz, *Das moralische Image der historischen Persönlichkeit*, das Stenogramm der Diskussion über das Buch von A. M. Nekritsch, *Juni 1941*, das die schweren Fehler Stalins vor dem Krieg und während des ersten Kriegsmonats offen behandelte, und andere Dokumente. Eine große Gruppe bedeutender Vertreter der sowjetischen Wissenschaft und Kultur (die Akademiemitglieder L. A. Arzimowitsch, P. L. Kapiza, M. A. Leontowitsch, I. Je. Tamm, A. D. Sacharow, S. D. Skaskin, I. L. Knunjanz, A. Kolmogorow, P. Sdrodowski u. a., die hoch angesehenen Künstler A. A. Popow, M. M. Plissezkaja, G. A. Towstonogow u. a., die Schriftsteller W. F. Tendrjakow, K. G. Paustowski, K. I. Tschukowski und viele andere) wandte sich an das ZK der KPdSU mit einem eindringlichen Schreiben, in dem sie gegen die Versuche protestierte, Stalin direkt oder indirekt zu rehabilitieren, und warnte, dies könne nur Enttäuschung über die ideologische Politik der Partei hervorrufen. Viele alte Bolschewiken schrieben an das ZK der KPdSU. Diese Proteste hatten sicher den Erfolg, daß sich die Stalinisten in ihren Äußerungen zurückhielten, doch in verhüllter Form trat die Absicht, die demokratischen Errungenschaften im Bereich des schöpferischen Lebens aufzuheben, deutlich genug zutage. Die Redakteure der Periodika erhielten den strikten Befehl, die Veröffentlichung von Werken zum Thema der Unterdrückungen und Ungesetzlichkeiten während der Periode des Personenkults einzustellen. Twardowski, der mir das erzählte, hatte dafür absolut kein Verständnis: »Was soll das? Literatur ist doch die menschlichste Form der Abrechnung . . .«

Im Februar begann der schmähliche Prozeß gegen die Schriftsteller Andrei Sinjawski und Juli Daniel, die ihre Werke im Ausland publiziert hatten. Dieser Prozeß rief eine Protestwelle in der UdSSR und in der ganzen Welt hervor. Die Anklage war höchst ungekonnt fabriziert und basierte auf der törichten Identifizierung der Äußerungen literarischer Figuren mit dem Standpunkt der Autoren. Ungeachtet der Proteste und der juristischen Beweise für die Unhaltbarkeit der Beschuldigungen wurden Sinjawski und Daniel zu sehr hohen Strafen verurteilt (sieben bzw. fünf Jahre Freiheitsentzug).

Bei ideologischen Konferenzen im Jahre 1966 wurden die Zeitschriften *Junost* und *Nowy mir* scharf kritisiert. Seit 1965 waren alle Abonnementsbeschränkungen für Zeitschriften und Zeitungen aufgehoben, und nun spiegelte die Auflagenhöhe das Verhältnis der Leser zu einer Zeitschrift. (Das bezieht sich nicht auf viele politische Zeitschriften, die häufig zwangsweise verteilt werden.) Die Auflage der Zeitschriften setzt sich aus den privaten Abonnements, denen der Bibliotheken und Behörden, sowie dem Einzelverkauf zusammen. Der Auflagenanteil, der für den Einzelverkauf bestimmt ist, wird vom Pressekomitee zusammen mit der Presseabteilung des ZK der KPdSU festgelegt. Ein echter Index für die Nachfrage ist nur die Zahl der Privatabonnements. Unter den sogenannten »dicken« literarisch-gesellschaftlichen Zeitschriften, die in Moskau herausgegeben werden *(Oktjabr, Moskwa, Snamja, Nowy mir)* nahm *Nowy mir* nach der Zahl der Privatabonnements 1966 den ersten Platz ein, und seine Auflage wuchs von 128 000 1965 auf 141 000 1966, obwohl *Nowy mir* teurer ist als die anderen Literaturzeitschriften. Der Chefredakteur von *Oktjabr*, W. Kotschetow, bemühte sich hartnäckig darum, die Zahl der zum freien Verkauf bestimmten Exemplare zu erhöhen, um den Rückgang der privaten Abonnements zu vertuschen. Angesichts dieser Situation beschloß man, *Nowy mir* gegenüber wirksame Maßnahmen zu ergreifen. Boris Moschajews Erzählung *Aus dem Leben des Fjodor Kuskin*, die 1966 in Heft 7 von *Nowy mir* veröffentlicht worden war und das schwere Schicksal des Dorfes veranschaulichte, erregte »oben« heftigen Unwillen. In Heft 8 erschien dann die relativ einfache Erzählung *Zu Hause* von Alexandr Makarow, der als äußere Handlung der Heimaturlaub eines Soldaten dient. Die Erzählung stellt ziemlich offen die Geißel des Dorfes – die Trunksucht – dar. Die politische Verwaltung der Sowjetarmee machte diese Erzählung zum Gegenstand einer speziellen Untersuchung. Der Chef der politischen Verwaltung der Sowjetarmee erklärte, die Erzählung diskreditiere das Ansehen der ruhmreichen Sowjetsoldaten und gab den Befehl, die Abonnements auf *Nowy mir* durch Bibliotheken und Offiziere der Armee zu verbieten. (Dieser Befehl wurde erst 1970 aufgehoben, nachdem Twardowski als Chefredakteur der Zeitschrift abgesetzt worden war.)

Solschenizyns Schicksal entwickelte sich in dieser Zeit folgendermaßen: Bei geschlossenen Versammlungen wurden über ihn mannigfaltige Verleumdungen verbreitet, aus der Luft gegriffene Episoden seines Lebenslaufs berichtet, vom Leben in Gefangenschaft bis zum Dienst bei der deutschen Polizei im besetzten Gebiet. Ab und an wurde auch der »antisowjetische« Inhalt des Dramas *Das Festmahl der Sieger* wiedergegeben. Solschenizyn sandte an einige Zeitschriften und Zeitungen einen Brief mit der Widerlegung dieser Verleumdungen und einem scharfen Protest gegen die ungesetzliche Veröffentlichung von Materialien aus seinem alten, vom KGB beschlagnahmten Archiv in einer »geschlossenen« Publikation; doch dieser Brief wurde nirgends publiziert.

In wissenschaftlichen und literarischen Kreisen verging kein Gespräch ohne die Frage, wie es um Solschenizyn stünde, ob wenigstens ein einziges Exemplar des beschlagnahmten Romans gerettet worden sei, wie man helfen könne. Anfang 1966 richteten Pjotr Kapiza, Dmitri Schostakowitsch und die Schriftsteller Kornei Tschukowski, Sergei S. Smirnow und Konstantin Paustowski ein Schreiben an das ZK der KPdSU, in dem sie normale Arbeitsbedingungen für Solschenizyn forderten, unter anderm die schlechten Wohnbedingungen des Schriftstellers in Rjasan erwähnten und die Bitte äußerten, Solschenizyn die Übersiedlung nach Moskau zu gestatten und ihm dort eine Wohnung zur Verfügung zu stellen.

Wider Erwarten hatte dieser Brief einen gewissen Erfolg. Die Genehmigung zur Übersiedlung nach Moskau erhielt Solschenizyn natürlich nicht, aber der Stadtsowjet von Rjasan bekam aus Moskau die Weisung, Solschenizyn eine andere Wohnung zuzuweisen. Solschenizyn wurde vorgeladen und konnte zwischen vier Wohnungen wählen. Neubauwohnungen im Zentrum lehnte Solschenizyn ab, weil er den Lärm in der Stadt fürchtete. Er wählte eine relativ geräumige Drei-Zimmer-Wohnung im Erdgeschoß eines alten, aber soliden Hauses im Projesd Jablotschkowa. Besonders erfreulich war eine Garage im Hof.

Im Frühjahr fuhr Solschenizyn auf die Datscha, um den Sommer dort zu verbringen. Er liebte diesen stillen Flecken sehr. Dort ließ es sich auch besser arbeiten. Solschenizyn schrieb die *Krebsstation*. Twardowski, der einige Auszüge gelesen und sich über das Ganze informiert hatte, hoffte, sie in *Nowy mir* drukken zu können.

In Moskau verbreitete sich in dieser Zeit das Gerücht, Solschenizyn sei in ernsthafte finanzielle Schwierigkeiten geraten. Auf Initiative der Mitarbeiter eines militärischen Forschungsinstituts wurde unter den Wissenschaftlern ein Geldbetrag als Geschenk zum Einzug in die neue Wohnung gesammelt. Ich machte einige der Beteiligten darauf aufmerksam, daß Solschenizyn solche Hilfe ablehnen würde, doch ließen sie ihren Plan nicht fallen. Sie überredeten einen von Solschenizyns Bekannten, ihm den Umschlag mit dem Geld auszuhändigen, doch kehrte dieser bald zurück und berichtete, Solschenizyn habe kategorisch abgelehnt, obwohl er ihn darauf hingewiesen habe, daß man das Geld nicht mehr zurückgeben könne, da einige der Beiträge anonym seien und es keinerlei »Aufstellung« gebe. (Man muß in diesem Zusammenhang wissen, daß Geldsammlungen zur Unterstützung von Familien aus politischen Gründen Verurteilter oder von ihrer Arbeitsstelle Entlassener unter sowjetischen Wissenschaftlern und Künstlern recht häufig sind.) Die Finanzlage Solschenizyns war wirklich nicht glänzend, doch hatte er auch immer sehr bescheidene Ansprüche; er kaufte stets Kleidung und Schuhe, die jahrelang hielten. Zum Frühstück und zum Abendbrot aß er, besonders auf der Datscha, gern nur Brot mit Milch. Täglich holte er aus dem Nachbardorf eine Kanne kuhwarme Milch. Vier Jahre Wehrdienst und zwölf Jahre Lager und Verbannung hatten ihn von den üblichen Vorstellungen des »materiellen Wohlstandes« entwöhnt, der für die sogenannte Verbrauchergesellschaft charakteristisch ist.

Der neue Kurs im Bereich der Literatur brachte nicht nur für Solschenizyn erhebliche Schwierigkeiten. Vielen Schriftstellern, die in ihren Werken Ereignisse der Vergangenheit dargestellt hatten, wurden die Manuskripte zurückgegeben, auch wenn sie schon zum Druck freigegeben oder sogar gesetzt waren. Das betraf solche, die unmittelbar über die Repressalien geschrieben hatten (W. Schalamow, Je. Ginsburg, L. Tschukowskaja, G. Serebrjakowa, S. Gasarjan, A. Kosterin), aber auch jene, die wahrheitsgetreu die bürokratischen Methoden, die Willkür, die schwere Lage im Dorf und viele andere Aspekte des Lebens der Gesellschaft dargestellt hatten. Alexandr Beks Roman *Die Ernennung* wurde während des Setzens angehalten. Die *Kriegstagebücher* Konstantin Simonows, die *Nowy mir* angenommen und die Zensur genehmigt hatte, wurden verboten, als die Auflage der Zeitschrift schon fast ausgedruckt war. Wegen dieser Tagebücher, die wahrheitsgemäß und dokumentarisch die ersten Kriegsmonate darstellen, mußten 80 000 Exemplare der Zeitschrift makuliert werden, und zwar noch in der Druckerei. (Verbotene Ausgaben gehen gleich in der Druckerei in den Zerreißwolf, damit auf dem Wege von der Druckerei zur Papierfabrik keine Exemplare abhanden kommen.)

Viele andere Werke wurden im Stadium der redaktionellen Bearbeitung zurückgehalten oder von den Verlagen ohne Prüfung abgelehnt.

All das schuf in literarischen Kreisen eine sehr gespannte Lage, die sogar in Parteiversammlungen der Schriftsteller, besonders in Moskau und Leningrad, zum Ausdruck kam. Unter diesen Bedingungen konnte sich die Leitung des Schriftstellerverbandes der UdSSR nicht entschließen, den 4. Schriftstellerkongreß einzuberufen, für den die Delegierten bereits 1965 gewählt worden waren. Man beschloß, den Kongreß auf 1967 zu verschieben und ihn als Jubiläumskongreß zum 50. Jahrestag der Oktoberrevolution durchzuführen. Der Jubiläumscharakter bot bessere Möglichkeiten zur Unterdrückung kritischer Äußerungen.

Solschenizyn verbrachte den ganzen Sommer 1966 in der Datscha und arbeitete täglich zwölf bis vierzehn Stunden. Ich sah ihn in dieser Zeit nur zweimal sehr kurz. Wenn Solschenizyn arbeitet, reißt er sich auch für ein kurzes Gespräch nicht gern los. Den gesellschaftlichen Teil des Lebens verbindet er mit den Perioden, in denen er Material sammelt.

Ich interessierte mich für das Schicksal des Romans *Der erste Kreis der Hölle* und regte an, den Roman einem größeren Freundeskreis zu lesen zu geben. Doch Solschenizyn wollte den Roman vorläufig nicht dem Samisdat überlassen; er hatte Sorge vor Raubdrucken im Ausland. Die damit verbundenen Komplikationen würden ihm die Möglichkeit nehmen, in Ruhe die geplanten Themen zu bearbeiten. »Ich habe Material für zehn Jahre gesammelt«, sagte er. Solschenizyn wollte einen offenen Konflikt vermeiden. Wie schon 1965, als er nach Obninsk zu übersiedeln hoffte, hatte er die Absicht, sich für einige Jahre zurückzuziehen, um die bereits durchdachten Werke abzuschließen.

Zu Beginn des Sommers 1966 schloß Solschenizyn den ersten Teil der *Krebsstation* ab und brachte sie Ende Juli zu *Nowy mir*. Um *Nowy mir* die redaktionelle Entscheidung über das Manuskript zu erleichtern, beschloß Solschenizyn, das Werk in der Prosasektion der Moskauer Abteilung des Schriftstellerverbandes diskutieren zu lassen. Erstaunlicherweise genehmigte die Leitung der Moskauer Abteilung des Schriftstellerverbandes eine offene Diskussion. Man bestellte etwa zwanzig Kopien des Manuskripts, die an führende Moskauer Schriftsteller und Kritiker verteilt werden sollten. Vorerst kehrte Solschenizyn nach Rjasan zurück.

Bei der Abreise für den Sommeraufenthalt in der Datscha hatte Solschenizyn sein Arbeitszimmer abgeschlossen. Bei der Rückkehr fiel ihm sogleich auf, daß am Fußboden, genau in der Mitte des Zimmers, etwas von der Decke gefallener Putz lag. Die Decke zeigte an dieser Stelle keine Risse, aber eine kleine Vertiefung. Es stellte sich heraus, daß die Bewohner der darüberliegenden Wohnung für einen Monat ins Sanatorium gefahren waren. Somit bestand die Möglichkeit, daß innerhalb dieser Zeit ein Abhörmikrofon eingebaut worden war. Der herabgefallene Putz und die Vertiefung konnten eine Folge der Durchbohrung des Fußbodens von der oberen Wohnung aus sein. Das war nur eine Vermutung, doch war Solschenizyn durch die Arbeit in dem Institut, das er im *Ersten Kreis der Hölle* beschreibt, mit Abhörtechnik vertraut. Ein Ausbau des Mikrofons wäre sinnlos gewesen, da man es dann an einer anderen Stelle wieder eingebaut hätte.

Das Jahresende verbrachte Solschenizyn meist in Moskau. Die Diskussion des ersten Teils der *Krebsstation* war für den 16. November geplant. Ein detaillierter Bericht einiger Teilnehmer dieser Konferenz ist später durch den Samisdat verbreitet worden und erschien auch ein Jahr danach im Ausland. Die Diskussion verlief recht erfreulich, und ohne Ausnahme sprachen sich alle wärmstens für den Roman aus. Die Moskauer Sektion des Schriftstellerverbandes traf einen Beschluß, der die Publikation des Romans empfahl. Die Sitzung der Sektion hatte im überfüllten Saal stattgefunden. Das Auditorium nahm die Reden zur Unterstützung des Romans (von W. Kawerin, A. Borschtschagowski, L. Slawin, B. Sarnow, Ju. Karjakin, Je. Tager und vielen anderen) mit Beifall auf. Solschenizyn selbst wurde herzlich von den Schriftstellern begrüßt.

Die Sitzung der Prosasektion des Schriftstellerverbandes hatte noch eine weitere wichtige Folge. Das Manuskript des ersten Teiles der *Krebsstation*, das für die Veranstaltung in etwa zwanzig Exemplaren vervielfältigt worden war, verbreitete sich nun weiter. Die »kritische Masse« war erreicht, und es begann die Kettenreaktion des Samisdat. Bereits bis Ende Dezember 1966 konnten Tausende den ersten Teil des Romans kennenlernen.

Die erfreuliche Diskussion der *Krebsstation* in der Prosasektion der Moskauer Abteilung des Schriftstellerverbandes konnte vor Solschenizyn nicht die höchst alarmierenden Ereignisse verbergen, über die er während seines Aufenthalts in Moskau von seinen Freunden unterrichtet worden war. Tendenziöse Auszüge aus dem 1965 vom KGB beschlagnahmten Archiv waren vom KGB vervielfältigt und Funktionären zugänglich gemacht worden. Das war eine grobe und ungesetzliche Aktion, die erheblich an Erpressung erinnerte. Nach dem Gesetz hat der KGB das Recht, im Rahmen eines Ermittlungsverfahrens Untersuchungen durchzuführen und die Unterlagen dem Gericht zu übergeben. Damit enden seine juristischen Vollmachten. Nach der Beschlagnahmung von 1965 hätte der KGB das Recht gehabt, ein Ermittlungsverfahren gegen Solschenizyn zu eröffnen, wenn man in dem beschlagnahmten Material einen strafbaren Tatbestand als gegeben angesehen hätte. Andernfalls hätten alle beschlagnahmten Unterlagen zurückgegeben werden müssen; denn, wenn kein Verfahren eröffnet wird, haben die staatlichen Organe keine juristische Handhabe, sich fremde Manuskripte anzueignen. Es gab keinen Grund, irgendeinen »strafbaren Tatbestand« in dem Roman zu erblicken, über den bereits ein Vertrag geschlossen war, ebensowenig in den früheren Fassungen, die offensichtlich Archivcharakter trugen und keinerlei Verbreitung gefunden hatten. Die Veröffentlichung dieser Notizen, sogar in einer geschlossenen Auflage, war angesichts der kategorischen Ablehnung seitens des Autors juristisch irrelevant. Jemand hatte beschlossen, *Das Festmahl der Sieger* sei ein antisowjetisches Werk. Doch solange dieses Werk in einem Exemplar im Archiv lag, bildete es keinen kriminellen Tatbestand. Ein Gefangener hatte es auswendig verfaßt, ein zu ewiger Verbannung Verurteilter hatte es zu Papier gebracht. Wer zu lebenslänglichem Freiheitsentzug verurteilt ist, der hat das Recht, zu denken und für sich zu schreiben, was er will; er steht außerhalb des Gesetzes. Strafbar kann unter diesen Bedingungen nur die Vervielfältigung und Verbreitung eines solchen Werkes sein. Damit aber hatte sich ausgerechnet der KGB befaßt, um später die Last dieser Handlung auf die Schultern des Autors abzuwälzen. Unter diesen Umständen konnte Solschenizyn nicht auf ein ruhiges Leben rechnen, er konnte aber auch nicht schweigen.

Zu jener Zeit, Ende November 1966, luden Wissenschaftler des Kurtschatow-Instituts für Atomenergie Solschenizyn in ihren Klub zu einer Dichterlesung ein. Er kam und wurde sehr herzlich begrüßt. Zunächst las er Auszüge aus seinen neuen Werken *Der erste Kreis der Hölle* und *Krebsstation*. Dann antwortete er auf Fragen und widerlegte die weitverbreiteten Verleumdungen. Am nächsten Tag wurde der Parteisekretär des Instituts beim Bezirkskomitee der KPdSU vorgeladen, wo man ihm einen strengen Verweis erteilte. Einige Tage später erhielt Solschenizyn eine analoge Einladung in das Akademieinstitut für Orientalistik. Wieder wurde er sehr freundschaftlich und herzlich aufgenommen. Er las zwei Kapitel aus *Krebsstation* und einige Abschnitte aus *Der erste Kreis der Hölle*. Die Fragen der Zuhörer und Solschenizyns Antworten wurden mitstenografiert und im Samisdat verbreitet. Auf die Frage beispielsweise, warum er seinem Prinzip untreu geworden sei, nicht öffentlich aufzutreten und keine Interviews zu geben, antwortete Solschenizyn:

Wenn die Werke eines Schriftstellers regelmäßig gedruckt werden, fühlt er durch Kritik und Briefe der Leser Kontakt mit seinem Auditorium ... doch in den letzten Jahren sind meine Sachen nicht gedruckt worden, und ich mußte lernen, daß ich nicht das Recht habe, vollständig auf öffentliches Auftreten zu verzichten. Ich bin durch die Umstände zu solchen Begegnungen mit den Lesern gezwungen. Drei Gründe haben mich dazu veranlaßt: Ich muß die Reaktion der Leser spüren. Ich muß mein Autorenrecht schützen. Ich muß meinen Namen gegen Verleumdungen schützen.

Mein Roman *Der erste Kreis der Hölle* ist in den Besitz einer Organisation geraten, die nicht dazu berufen ist, künstlerische Literatur zu betreuen. Dinge, die ich niemals hatte veröffentlichen wollen, sind in geschlossener, geheimer Auflage publiziert worden und werden jetzt in einem bestimmten Personenkreis verteilt, insbesondere unter den führenden Funktionären der Schriftstellerverbände. Diese Leute lesen und kommentieren Manuskripte aus meinem Archiv – Leute wie Chrennikow, Kotschetow und Surkow.

Was soll ich tun? Hätte man mir meine Sachen einfach weggenommen, hätte ich geschwiegen. Ich habe mich beim Zentralkomitee beschwert, meine Bitten hatten aber keinen Erfolg . . .
Auf der Sitzung des Leninpreis-Komitees hat jemand gesagt,
Solschenizyn sei ein Verbrecher. Diese Erklärung wurde an
Ort und Stelle durch Dokumente widerlegt, doch ungeachtet
dessen haben Redner bei offiziellen Veranstaltungen behauptet, Solschenizyn habe bei der deutschen Polizei gedient und
sei in Kriegsgefangenschaft gewesen. In Nowossibirsk wurde
bei einer Aussprache zwischen *Nowy mir* und Lesern gefragt:
»Stimmt es, daß Solschenizyn Mitarbeiter der Gestapo war?«
Diese beiden öffentlichen Auftritte Solschenizyns waren nicht
nur für die Moskauer Intelligenz ein aufregendes Ereignis, sondern auch für gewisse andere Instanzen. Der Sekretär des Par-
teibüros des Instituts für Orientalistik erhielt einen Verweis im
Bezirkskomitee der Partei. Alle Parteiorganisationen Moskaus
und anscheinend auch anderer Städte erhielten strenge Anweisungen. Daraufhin wurden einige für den Dezember bereits festgelegte Dichterlesungen Solschenizyns in Moskau und der näheren Umgebung abgesagt. Es ereignete sich Seltsames. Zu Solschenizyn kamen Vertreter von Institutionen, hauptsächlich wissenschaftlicher Institute, und sprachen offizielle Einladungen zu
Dichterlesungen aus. Nachdem Tag und Stunde festgelegt waren,
rüstete sich Solschenizyn zu der Veranstaltung. Doch einen Tag
vorher, bisweilen auch nur einige Stunden vor der geplanten
Lesung, trafen die Veranstalter verwirrt bei ihm ein oder riefen
einfach an, um ihm mitzuteilen, das Gebiets- oder Institutskomi-
tee der Partei habe die Veranstaltung unterbunden. In einem
biologischen Institut der Akademie der Wissenschaften hatten
die Veranstalter die geplante Lesung geheimgehalten, hatten auf
jegliche Anschläge verzichtet und die Mitarbeiter etwa drei Stunden vor der geplanten Veranstaltung mündlich über den Besuch
des Schriftstellers unterrichtet. Doch eine Stunde vor Solschenizyns Ankunft erhielt der Direktor des Instituts einen Anruf aus
dem Bezirkskomitee der KPdSU, in dem ihm ein Auftritt Solschenizyns kategorisch verboten wurde. Nach zwölf Mißerfol-
gen dieser Art nahm Solschenizyn keine Einladungen mehr an.
Man hatte offenbar »oben« beschlossen, daß Solschenizyn zu
schweigen habe.

Wenn der 4. Kongreß des Schriftstellerverbandes der UdSSR mir und vielen anderen Freunden der Literatur im Gedächtnis geblieben ist, so nur wegen Solschenizyns Brief an seine Teilnehmer. Man hatte ihn zu diesem Kongreß nicht einmal als Gast eingeladen.

Von Solschenizyns Absicht, sich mit einem Schreiben an den Schriftstellerkongreß zu wenden, erfuhr ich zwei Tage vor der Eröffnung. In den ersten Maitagen kam Solschenizyn, der bereits in seiner Datscha wohnte, unangemeldet nach Obninsk, begab sich zu Timofejew-Ressowski und las ihm den Entwurf des Briefes vor. Ich war an diesem Tage leider in Moskau und erfuhr vom Inhalt des Schreibens erst am nächsten Tag. Den Text des Briefes erhielt ich erst, als Solschenizyn ihn mit der Post versandte. Der Kongreß wurde am 22. Mai 1967 eröffnet, der Brief wurde am 15. und 16. Mai abgeschickt. Solschenizyn hatte mit Hilfe von Freunden und Helfern über zweihundertfünfzig maschinenschriftliche Exemplare hergestellt und jedes eigenhändig unterschrieben. Der Absender war auf allen Umschlägen angegeben. Da die Möglichkeit nicht ausgeschlossen war, daß der Brief abgefangen wurde, sandte ihn Solschenizyn aus verschiedenen Bezirken Moskaus und zu verschiedenen Zeiten ab. Ein großer Teil war an das Präsidium des Kongresses und an die Delegierten gerichtet. Etwa siebzig Exemplare sandte er an Schriftsteller, die nicht in den Teilnehmerlisten aufgeführt waren, und etwa dreißig Kopien waren an die Redaktionen verschiedener Zeitungen und Zeitschriften adressiert. Am Eröffnungstag war der Brief praktisch allen Delegierten bekannt.

In wenigen Tagen vervielfältigte Samisdat den Brief in vielen tausend Exemplaren. Einige Tage nach dem Kongreß wurde er auch in führenden Zeitungen und vielen Wochenschriften im Ausland publiziert und mehrere Tage lang in ausländischen Rundfunksendern verlesen. Es ist daher nicht nötig, seinen Inhalt hier wiederzugeben; er ist bei uns und im Ausland zur Genüge bekannt.

Obwohl für die Organisatoren des Kongresses der Appell Solschenizyns in dieser Form offensichtlich unerwartet kam, hatte

man die Möglichkeit schärferer Reden über den allzusehr lasten-
den Druck der Zensur nicht ausgeschlossen. Besonders fürchtete
die Kongreßleitung Äußerungen zur Verteidigung der kurz zuvor verurteilten Schriftsteller Sinjawski und Daniel, zumal die
von vielen hundert Schriftstellern, Wissenschaftlern und anderen
Vertretern des kulturellen Lebens – darunter vielen Parteimit-
gliedern – unterzeichneten Protestbriefe wegen des schmählichen
Gerichtsverfahrens und des harten Urteils das Ausmaß der Opposition gegen den harten Kurs ziemlich klar zeigten.

Andererseits handelte es sich um den Jubiläumskongreß, der
der 50-Jahr-Feier der Sowjetmacht gewidmet war. Die Leitung
des Schriftstellerverbandes und die Ideologische Kommission des
Zentralkomitees hatten die Absicht, die völlige Einigkeit der
Schriftsteller und eine nie dagewesene Blüte der Sowjetliteratur
zu demonstrieren. So hatte man den Kongreß ungewöhnlich sorgfältig vorbereitet. Die Rednerlisten für die Diskussionsbeiträge
der Schriftsteller nach den Hauptvorträgen wurden im voraus
überprüft, die Texte dieser Diskussionsbeiträge noch vor Eröffnung des Kongresses zur Bestätigung vorgelegt. Deshalb erhielten die Redner auch die Hauptvorträge im voraus. Die Sonderkommission, die für diese vorgeschaltete Überprüfung aller
Diskussionsbeiträge eingesetzt war, warnte die Redner, sie hätten nicht das Recht, von den bestätigten Texten abzuweichen. So
bemühte die Zensur sich, die lebendige mündliche Rede abzutöten
und echte Rhetorik sogar auf der Versammlung der Schriftsteller
im Keim zu ersticken.

Im allgemeinen werden zur Eröffnung der Kongresse der
Schriftsteller, Maler und Komponisten viele Gäste eingeladen.
Diesmal aber wurde auch gegen diese Regel verstoßen. Der Kongreß wurde im Kongreßpalast des Kreml eröffnet, in einem Saal,
der mehrere tausend Menschen faßt. Die Zahl der Delegierten
belief sich auf etwa eintausend. Dennoch gab es keine Eintritts-
karten für Gäste, nicht einmal für Mitglieder des Schriftstellerverbandes; es gab nur Sondereinladungen. Die Balkons des Großen Saales, auf denen im allgemeinen über tausend Menschen
Platz finden, waren diesmal überhaupt geschlossen. Eine Gruppe
alter Bolschewiken, die sich zehn Tage vor dem Kongreß mit der
Bitte an den Schriftstellerverband gewandt hatte, am Kongreß
teilnehmen zu dürfen, erhielt eine Absage.

Angesichts dieser Situation fand Solschenizyns Brief an den

Schriftstellerkongreß schnell glühende Anhänger. In den ersten zwei, drei Tagen des Kongresses kreiste die Mehrzahl der Gespräche hinter den Kulissen um diesen Appell. Viele vertraten die Auffassung, man solle ihn öffentlich diskutieren.

In den Tagen des Kongresses hatte ein populärer Lyriker eine größere Gruppe Schriftsteller zu sich nach Hause eingeladen. Das Gespräch bei Tisch kam unvermeidlich auf das Schicksal Solschenizyns und auf seinen Brief an den Kongreß. Nach einigen Gläsern wuchs der Mut der Anwesenden. Der Lyriker, der ein bißchen über den Durst getrunken hatte, wandte sich an einen Schriftsteller aus einer der nichtrussischen Republiken, einen aktiven Funktionär des Weltfriedensrates, der für seine liberale Haltung bekannt war:

Morgen früh wirst Du doch den Vorsitz führen. Erteile mir dann das Wort! Ich gehe auf die Rednertribüne und verlese Solschenizyns Brief, das wird ein historischer Augenblick!

Am Tisch gab es von allen Seiten lebhafte Zustimmung. Jener nichtrussische Schriftsteller gab, vom Mut gepackt, seine Einwilligung und fand laute Zustimmung. Jemand zweifelte daran, daß er sein Wort halten werde: »Nein, du darfst das hier nicht einfach so versprechen, sondern du mußt uns hier mit orientalischem Eid schwören, daß du ihm das Wort erteilen wirst.« Der Vorsitzende des folgenden Kongreßtages erhob sich und sprach den orientalischen Eid.

Damit wurde die Sache ernst; bei dem Volk, zu dem er gehörte, bedeutete der Bruch dieses Eides den Verlust der Ehre. Alle Anwesenden warteten voll Ungeduld auf die Vormittagssitzung des Kongresses.

Am nächsten Morgen, als der Kongreß routinemäßig fortgesetzt wurde, hatte den Platz des Vorsitzenden ein anderer Schriftsteller inne. Man gab bekannt, daß der im Programm vorgesehene Vorsitzende der Sitzung plötzlich erkrankt sei.

Dennoch wurde Solschenizyns Name auf der Rednertribüne genannt, und zwar in der Rede der Schriftstellerin Wera Ketlinskaja. Sie äußerte nur einige Worte zur Unterstützung Solschenizyns (die Zeitung ließ sie bei der Wiedergabe der Rede aus), doch die im Kongreßpalast des Kreml anwesenden Schriftsteller begrüßten diese Worte mit Beifall. Noch vor Kongreßschluß traf beim Präsidium ein von achtzig Schriftstellern unterzeichneter Antrag ein, in dem sie auf einer Diskussion von Solschenizyns Brief bestanden. (Unter den Unterzeichnern waren: K. Paustowski, W. Kawerin, W. Tendrjakow, Ju. Trifonow, M. Popowski, W. Maximow, B. Moschajew, F. Iskander, W. Axjonow, A. Rybakow, W. Bykow und andere bekannte Schriftsteller.) Einige Kongreßteilnehmer wandten sich an das Präsidium mit eigenen eindeutigen Briefen zur Unterstützung von Solschenizyns Forderungen. Nach dem Kongreß wurden diese Briefe vom Samisdat verbreitet und im Ausland gedruckt. Am bekanntesten wurden die Briefe der Schriftsteller G. Wladimow, W. Konezki, P. Antokolski, S. Antonow und W. Kawerin. Ohne Zweifel hätte Solschenizyns Brief offen verlesen werden können, wenn diese Schriftsteller die Gelegenheit gehabt hätten, eine Rede zu halten oder zeitweilig den Vorsitz zu führen.

Nach dem ersten Teil des Romans *Krebsstation,* der im Samisdat Verbreitung gefunden hatte, wurde Ende Mai und Anfang Juni 1967 auch der zweite Teil in weiten Kreisen bekannt. Gleichzeitig hörte man, daß auch der Roman *Der erste Kreis der Hölle* zirkuliere. Nach Obninsk kamen diese Werke durch den jungen Physiker Waleri Pawlintschuk, einen glühenden Anhänger Solschenizyns. Pawlintschuk war beteiligt an der Organisation der bei uns sehr populären wöchentlichen Veranstaltungen im Klub der Physiker »Tag des Wissenschaftlers«. Schriftsteller, Kritiker, Schauspieler, Publizisten, Lyriker und Wissenschaftler aus anderen Städten wurden zu Darbietungen eingeladen. Ungeachtet seiner schweren und unheilbaren Krankheit (chronische Nierenentzündung), entwickelte Waleri Pawlintschuk eine unermüdliche Aktivität in allen Bereichen des gesellschaftlichen Lebens der Stadt und wurde von allen, die ihn kannten, geliebt und geachtet. Ende des Sommers waren es in Obninsk schon Hunderte, die Solschenizyns Romane gelesen hatten. In Moskau dürften es Zehntausende gewesen sein. Waleri Pawlintschuk bemühte sich auch, eine Einladung Solschenizyns zu einem der Programme des »Tages des Wissenschaftlers« zu verwirklichen, doch gelang es ihm nicht. (Als man in Obninsk Ende 1967 eine anonyme soziologische Umfrage durchführte, stand in der Spalte mit der Frage »Welchen sowjetischen Schriftsteller lieben Sie am meisten?« Solschenizyn an erster Stelle.)

Solschenizyn kam erst gegen Ende des Sommers, am 2. September, nach Obninsk. Er machte einen Besuch bei Timofejew-Ressowski und dann bei mir, wobei er sich sehr dafür interessierte, was wir über die Verbreitung der Romane *Krebsstation* und *Der erste Kreis der Hölle* wußten. Kurz zuvor hatten ausländische Rundfunkanstalten die Nachricht verbreitet, Solschenizyns Lage habe sich wesentlich verbessert, ihm sei eine Wohnung in Moskau zur Verfügung gestellt, das Archiv zurückgegeben und das Erscheinen der *Krebsstation* zugesichert worden. Später stellte sich heraus, daß es sich um eine Fehlinformation handelte, die man einem allzu leichtgläubigen ausländischen Korrespondenten zugespielt hatte. Die Frage der Veröffentlichung von *Krebssta-*

tion war aber tatsächlich im Herbst 1967 erneut gründlich diskutiert worden. Am 22. September hatte eine Sondersitzung des Sekretariats der Leitung des Schriftstellerverbandes der UdSSR stattgefunden, auf der Solschenizyns Brief an den 4. Schriftstellerkongreß und das Schicksal seiner Werke zur Diskussion standen. Solschenizyn, der an dieser Sitzung teilgenommen hatte, verfaßte später ein Kurzprotokoll über die Diskussion. Dieses Protokoll zirkulierte auch im Samisdat und wurde 1968 in einigen ausländischen Zeitschriften veröffentlicht.

Über die *Krebsstation* hatten sich ein paar Mitglieder der Leitung des Schriftstellerverbandes positiv geäußert, doch hatten auch sie einfließen lassen, der Roman müsse vor einer Publikation unbedingt überarbeitet werden. Der Roman *Der erste Kreis der Hölle* war fast allen bei der Sitzung Anwesenden von jener Quelle zum Lesen zur Verfügung gestellt worden, die 1965 die Beschlagnahmung seines Manuskripts veranlaßt hatte. Hierbei waren den Lesern offenbar auch entsprechende Instruktionen erteilt worden. Somit stand die Leitung des Schriftstellerverbandes dem Roman scharf ablehnend gegenüber. Der KGB hatte aber die leitenden Funktionäre des Schriftstellerverbandes nicht nur mit dem Roman vertraut gemacht, sondern ihnen auch beschlagnahmtes Archivmaterial, insbesondere das Stück *Das Festmahl der Sieger,* zu lesen gegeben. Das bewies, daß die grobe Verletzung des Autorenrechts, gegen die Solschenizyn in seinem Schreiben an den 4. Schriftstellerkongreß so scharf protestiert hatte, weiter andauerte und das Ausmaß einer Erpressung erreichte. Das Ziel dieses Erpressungsversuches war klar; die Gegner des Schriftstellers wollten seine vollständige Isolierung erreichen.

Solschenizyn lebte im Herbst 1967 in einem Dorf in der Nähe von Rjasan. Er arbeitete nicht gern im Lärm einer Stadt. Wenn er in Moskau war, blieb er am liebsten in Peredjelkino in der Datscha von Kornei Tschukowski. Der alte Schriftsteller mochte Solschenizyn sehr gern und bemühte sich, ihm annehmbare Arbeitsbedingungen zu verschaffen.

Peredjelkino liegt etwa zwanzig Kilometer von Moskau entfernt, und das erleichterte Solschenizyn die Materialsammlung für eine neue Arbeit. Er fuhr häufig in die Historische Bibliothek und in Archive und hatte Gespräche mit alten Leuten, die sich an den Ersten Weltkrieg erinnerten.

Unerwartet kam Klarheit in die Problematik um den Druck der *Krebsstation*. Twardowski hatte sich im Sekretariat des Schriftstellerverbandes mit großer Aktivität für eine Druckgenehmigung in *Nowy mir* eingesetzt. Im Oktober 1967 gab das Sekretariat des Schriftstellerverbandes der UdSSR die Genehmigung zum Vertragsschluß mit Solschenizyn. Bald darauf gestattete Woronkow, der Sekretär des Verbandes, Twardowski das Manuskript in Satz zu geben. (Alle diese »Genehmigungen« erfolgten telefonisch.) Der erste Teil des Romans sollte in der Dezembernummer erscheinen.

Ich persönlich glaubte nicht recht an die Veröffentlichung der *Krebsstation*. Die Genehmigung Woronkows war hierfür offensichtlich unzureichend. In diesem Falle konnte die Frage einer Veröffentlichung nur auf der Ebene des Politbüros oder des Sekretariats des ZK der KPdSU entschieden werden. Doch Twardowski war 1967 schon nicht mehr Mitglied des Zentralkomitees und hatte auch keine Beziehungen mehr, die es ihm ermöglicht hätten, das Experiment von 1962 zu wiederholen. Die Gegner des Schriftstellers intensivierten in jener Zeit die verleumderische Kampagne, wobei sie sich vor allem der Propaganda bei Vorträgen bedienten. Im »Pressehaus« in Leningrad trat im Oktober 1967 der stellvertretende Chefredakteur der *Prawda*, M. W. Simjanin, mit einem großen ideologischen Vortrag auf. Nach der von einigen Anwesenden angefertigten Mitschrift sagte Simjanin zur Literatur u. a. folgendes:

In letzter Zeit werden in der westlichen Presse die Namen einiger unserer Schriftsteller auffällig oft genannt, deren Äußerungen Wasser auf die Mühlen unserer Feinde gießen. Die Pressekampagne der westlichen Länder für Tarsis endete erst, als sie ihn in den Westen bekommen hatten und sich selbst überzeugten, daß er wahnsinnig ist.

Einen wichtigen Platz in der Propaganda der westlichen Länder nimmt gegenwärtig Solschenizyn ein. Auch er ist ein psychisch nicht normaler Mensch, ein Schizophrener. Er war in Gefangenschaft, danach war er begründeten oder unbegründeten Repressalien ausgesetzt. In seinen Werken macht er seinem Ärger über die Staatsmacht Luft. Das Lagerthema ist das einzige in seinem Schaffen. Er ist nicht in der Lage, darüber hinauszukommen. Dies Thema ist seine fixe Idee. Solschenizyns Werke sind gegen das Sowjetsystem gerichtet, in dem er nur nach Geschwüren und Krebsgeschwülsten sucht. Etwas Positives kann er in unserer Gesellschaft nicht erkennen.

Meine Funktion bringt es mit sich, daß ich auch unpublizierte Werke lesen muß. So las ich Solschenizyns Drama *Das Festmahl der Sieger*. In diesem Stück geht es um Repressalien gegen Menschen, die von der Front zurückkehrten. Es ist ein absolut antisowjetisches Werk. Dafür wäre man in früheren Zeiten eingesperrt worden. Selbstverständlich können wir es nicht drucken. Wenn er etwas schreibt, das den Interessen unserer Gesellschaft entspricht, dann wird man ihn auch drucken. Keiner nimmt ihm sein tägliches Brot. Solschenizyn ist Physiklehrer. Soll er doch unterrichten gehen . . .

Ende 1967 wurde in dem Raum des Physikalisch-energetischen Instituts in Obninsk, wo Waleri Pawlintschuk arbeitete, plötzlich eine Durchsuchung vorgenommen. Es wurde Samisdatliteratur gefunden und beschlagnahmt, darunter auch die *Krebsstation*. Das Stadtkomitee der KPdSU führte Untersuchungen unter den Mitgliedern der Kommunistischen Partei durch, die wie Waleri Pawlintschuk zur Theoretischen Abteilung des Instituts gehörten. Er selbst wurde aus der Partei ausgeschlossen und aus dem Institut entlassen. Bei der Untersuchung figurierte die *Krebsstation* als »antisowjetisches Werk«. Gleichzeitig aber las der Autor den Umbruch des Romans, der in der Druckerei der *Iswestija* für Heft 12 von *Nowy mir* gesetzt worden war.

Ende Dezember 1967 wurde ein Umbruchexemplar der laufenden Nummer von *Nowy mir* ins Zentralkomitee der KPdSU gesandt. Eine gemeinschaftliche Besprechung der Frage, ob die *Krebsstation* veröffentlicht werden könne, war im ZK schon nicht mehr möglich. Es war eine Weisung erteilt worden, die endgültige Entscheidung über das Schicksal des Romans solle vom Sekretariat des Schriftstellerverbandes gefällt werden. Im Sekretariat des Schriftstellerverbandes fand die Diskussion in Abwesenheit des Autors statt. Twardowski setzte sich leidenschaftlich für den sofortigen Druck ein. Konstantin Simonow schwankte, war aber eigentlich auch für die Veröffentlichung. Doch der führende Kern des Sekretariats, K. Fedin, M. Scholochow, L. Leonow, N. Tichonow, A. Surkow und S. Michalkow, waren entschieden dagegen. Mitte Januar händigte Twardowski dem Vorsitzenden des Schriftstellerverbandes Konstantin Fedin einen ausführlichen Brief aus, in dem er seine Meinung über Solschenizyns Schaffen als Ganzes zum Ausdruck gebracht hatte. Twardowski erinnerte daran, wie Solschenizyn in die Literatur gekommen war, gab eine ernsthafte Analyse seines Schaffens und stellte auf diesem Hintergrund den Wert des Romans *Krebsstation* heraus. »Es wäre ein Verbrechen, dieses Werk den Lesern vorzuenthalten«, schrieb Twardowski. »Die ersten acht Kapitel sind bereits umbrochen und könnten in der Januarnummer von *Nowy mir* veröffentlicht werden ... alles hängt jetzt von Ihnen ab ...« Fedin indessen weigerte sich, seine Entscheidung zu revidieren, die er bei der Sitzung des Büros des Sekretariats gefällt hatte. Er beantwortete den Brief Twardowskis telefonisch und bestätigte die Weisung, die *Krebsstation* aus dem Umbruch herauszunehmen. Da *Nowy mir* ein »Organ des Schriftstellerverbandes der UdSSR« ist, hatte Twardowski sich zu beugen. Twardowskis Brief an Fedin blieb lange unbekannt. Ab Sommer 1968 zirkulierte er im Samisdat, nachdem die *Literaturnaja gaseta* sich scharf gegen Solschenizyn geäußert hatte. Im Herbst 1968 erschienen Auszüge im Ausland. Der vollständige Text erschien auf Englisch im Oktober 1968 in Nr. 69 der Zeitschrift *Survey*. Gegen das Publikationsverbot der *Krebsstation* gab es nur wenige Proteste. Der bekannteste, der *Offene Brief W. Kawerins an Konstantin Fedin,* fand große Verbreitung. Er erschien später auch in der ausländischen Presse und wurde mehrfach von ausländischen Rundfunkstationen verlesen. Breitere Kreise der Schriftsteller reagierten kaum auf das Publikationsverbot der *Krebsstation.* Hier zeigte sich die Auswirkung der Verfolgungen (Ablehnung von Publikationen, von Genehmigungen für touristische Auslandsreisen und Parteimaßregelungen) gegenüber denen, die Solschenizyns Brief an den 4. Schriftstellerkongreß unterstützt hatten.

Anfang April 1968 erhielt Twardowski in der *Nowy mir-*Redaktion folgendes Telegramm aus Frankfurt am Main:

Informieren Sie, daß Komitee für Staatssicherheit durch Victor Louis ein weiteres Exemplar der *Krebsstation* in den Westen übersandt hat, um damit seine Veröffentlichung in *Nowy mir* zu verhindern. Wir haben daher beschlossen, dieses Werk sofort zu veröffentlichen.

Redaktion der Zeitschrift *Grani*

Grani ist, wie bereits erwähnt, eine literarisch-publizistische Zeitschrift, die in der Bundesrepublik Deutschland vom Verlag Possev veröffentlicht wird. In der Sowjetunion wird sie als verbotene Publikation angesehen. Twardowski informierte Solschenizyn über das Telegramm, der daraufhin sofort einen Brief an das Sekretariat des Schriftstellerverbandes der UdSSR und an die Redaktionen einer Reihe von Zeitschriften sandte. Solschenizyn gab den Text des Telegramms wieder und teilte mit:

Ich würde gern gegen die Veröffentlichung in *Grani* und gegen die Handlungsweise von V. Louis protestieren, doch der unklare und provokatorische Charakter des Telegramms fordert vorher folgende Klärungen:

1. Ist das Telegramm tatsächlich von der Redaktion der Zeitschrift *Grani* aufgegeben worden oder von einer fiktiven Person (das könnte man über das internationale Telegrafenamt durch eine Anfrage in Frankfurt feststellen)?

2. Wer ist Victor Louis, was ist das für eine Persönlichkeit, was für eine Staatsangehörigkeit hat er? Hat er tatsächlich ein Exemplar der *Krebsstation* aus der Sowjetunion ausgeführt, und wem hat er es übergeben? Wo noch droht die Veröffentlichung? Wie verhält sich hierzu das Komitee für Staatssicherheit?

Wenn das Sekretariat des Schriftstellerverbandes interessiert ist, die Wahrheit herauszufinden und die drohenden Publikationen der *Krebsstation* in russischer Sprache im Ausland zu unterbinden, dann, glaube ich, kann es sich schnell Antwort auf diese Fragen verschaffen. Diese Episode läßt einen über die seltsamen und dunklen Wege nachdenken, auf denen Manuskripte sowjetischer Schriftsteller in den Westen gelangen können. Sie erinnert uns auch nachdrücklich daran, daß man Literatur nicht in eine solche Situation bringen darf, in der literarische Werke eine günstige Ware für einen beliebigen Geschäftsmann werden, der im Besitze eines Visums ist. Werke unserer Schriftsteller müssen zum Druck in ihrer Heimat zugelassen und nicht ausländischen Verlagen als Beute überlassen werden.

Wie zu erwarten, erfolgte auf diesen Brief keine Antwort, auch keine Erklärung, wer Victor Louis sei. Solschenizyns Brief wurde etwa einen Monat später in einer linken italienischen Zeitung gedruckt, danach auch in einigen anderen westlichen Zeitungen. Es gab offensichtlich Menschen, die erkannt hatten, daß eine Veröffentlichung dieses Romans im Ausland unvermeidlich war und die daraufhin Maßnahmen ergriffen hatten, daß der erste Ort der Veröffentlichung eine Emigrantenzeitschrift würde. Ohnehin ist diese Zeitschrift innerhalb der UdSSR überhaupt nicht verbreitet, und der Umstand, daß sie das Copyright erhalten würde, gab die Möglichkeit, den Autor später zu beschuldigen, er arbeite mit Organisationen zusammen, die nach den sowjetischen Gesetzen als verbrecherisch angesehen werden.

Victor Louis kam unerwartet selbst in die Sommerdatscha Solschenizyns, um eine Erklärung abzugeben. 1968 wußten nur wenige, wo sich diese Datscha befand, und keiner von ihnen kannte Victor Louis. Daraus geht hervor, daß Victor Louis die Möglichkeit hatte, seine Informationen von der Organisation zu erhalten, die seit 1965 zunehmendes Interesse am Leben des Schriftstellers gezeigt hatte. Louis war der erste ungebetene Gast in Solschenizyns Sommerdatscha, und er zerstörte die schon früher ins Wanken gebrachte Überzeugung Solschenizyns, diese Datscha könne ihm als eine Art Zuflucht zu ruhiger Arbeit dienen. Louis fand Solschenizyn in der Garage unter dem Auto, und nachdem er hervorgekrochen war, kam es zu einem kurzen Gespräch.

Louis versuchte glaubhaft zu machen, daß nicht er die *Krebs-station* ins Ausland gebracht habe und daß das Telegramm von *Grani* eine Provokation sei. Solschenizyn brach das Gespräch bald ab und weigerte sich, derartige Erklärungen anzuhören. Louis, ein »ausländischer Korrespondent« mit einem sowjetischen Diplomatenpaß, flößte kein Vertrauen ein. Louis machte indessen einige Aufnahmen aus größerer Entfernung mit einem Tele-objektiv. Diese Fotografien wurden später in der westdeutschen Illustrierten *Stern* und in anderen westlichen Publikationen ge-druckt. Victor Louis gab sich damit noch nicht zufrieden; er schrieb einen Artikel über seinen Besuch bei Solschenizyn und ihr angebliches Gespräch. Da es zu einem wirklichen Gespräch nicht gekommen war, bestand der Artikel von Victor Louis im wesent-lichen aus verschiedenen Überlegungen und Eindrücken. Aus-gehend von dem Interesse an der Persönlichkeit des Schriftstellers, setzte Victor Louis voraus, daß auch unfreundliche, die Wahrheit entstellende Mitteilungen über diese Begegnung im Westen wür-den gedruckt werden können. Louis bot seinen Artikel über »die Begegnung« mit Solschenizyn mehrere Monate nach seinem Be-such in der Datscha des Schriftstellers gleichzeitig mehreren west-lichen Zeitschriften und Zeitungen an. Der Grund für die Ver-zögerung bleibt unklar. Offenbar war es gerade zu jenem Zeit-punkt angebracht, einen Schatten auf die Persönlichkeit Solsche-nizyns zu werfen. Mir sind zwei Abdrucke des Artikels bekannt: in der Zeitung *International Herald Tribune* vom 17. März 1969 und in der Zeitschrift *Survey* Nr. 70/71 von 1969. In beiden Fäl-len erschien der Artikel mit einem Vorspann, in dem den Lesern erklärt wurde, wer Victor Louis sei und warum er so unfreund-lich über Solschenizyn schreibe. Der Autor dieses Kommentars im *Herald Tribune* war der Moskauer Korrespondent der *Wa-shington Post* Anatole Shub; der Kommentar im *Survey* stamm-te von dem Redakteur Leopold Labedz. Shub schrieb:

Victor Louis ist sowjetischer Staatsangehöriger und Korre-spondent der Londoner Zeitung *Evening News*. Er war der erste, der im Westen über solche Kreml-internen Manöver be-richtete, wie den Sturz Nikita Chruschtschows. Er reist häufi-ger ins Ausland als die meisten sowjetischen Funktionäre und wurde im Sommer 1967 berühmt, als er Kopien von Swetlana Allilujewas *Zwanzig Briefe an einen Freund* und Familien-fotos Stalins in den Westen brachte.

Labedz, der die Geschichte wiederholt, Louis habe dem Westen den Sturz Chruschtschows gemeldet, erwähnt noch andere »Leistungen«:

> ... kürzlich, im November 1968, erzählte Victor Louis bei einem Drink in Phnom Peng, er sei der erste sowjetische Staatsangehörige gewesen, der in den letzten neunzehn Jahren Tschang-Kai-Tscheks Bastion auf Formosa besucht habe.

Der Artikel von Victor Louis war ein sehr unbeholfener Versuch, Solschenizyn in schlechtes Licht zu setzen. Er braucht hier nicht vollständig zitiert zu werden, doch einige Passagen seien angeführt, um das Niveau dieser Publikation zu verdeutlichen, das zweifellos von denen gebilligt worden ist, die die Arbeit von Victor Louis leiten. Ich übersetze die Zitate aus dem im *Survey* abgedruckten Text, da der Artikel in der *International Herald Tribune* gekürzt wiedergegeben wurde.

Die Unbescheidenheit Solschenizyns zeigt sich schon darin, wie er seine Briefe unterschreibt – nur mit dem Nachnamen und ohne die Initialen A. I. bzw. den Vornamen. Das war auch die Manier vieler großer Männer der Vergangenheit, und dieser Meister des Worts mit seinem Gespür für Nuancen handelt offensichtlich nicht zufällig so. Natürlich ist es für jeden Menschen schwer, standhaft zu bleiben, wenn ihm alle ringsum weismachen wollen, er sei ein Genie ...

Bis jetzt allerdings ist Solschenizyn kein Tolstoi, aber er scheint allmählich einer zu werden, wenn auch nur in Miniatur-Format. »Ich bin ein Mann vom Land, ein Dorfbewohner. Ich lebe von reiner Luft«, verkündet er. Er sieht sehr gut dabei aus, und er hat sich einen Bart wachsen lassen, aber der ist noch nichts, wenn man ihn mit dem von Tolstoi vergleicht ...

Danach beschreibt Victor Louis Solschenizyns kleine Sommerdatscha und versucht, sie so darzustellen, als handele es sich gleichsam um ein Miniatur-Landhaus à la Tolstoi. Auch in seinem Spannungsverhältnis zu den Behörden sei Solschenizyn bemüht, Tolstoi nachzuahmen:

> ... Doch wenn er, wie Tolstoi, mit dem Regime nicht einverstanden ist, sagt er es nicht offen. Er nutzt seine schwer erworbene Kenntnis der Gesetze, damit niemand ihm etwas vorwerfen kann. Es ist schwierig, ihn zu beschuldigen, er schicke seine Romane ins Ausland, aber er ist keineswegs erstaunt, daß sie dorthin geraten ... Er weiß, wie wertvoll es ist, ein Alibi zu

haben ... Als die russische Emigrantenzeitschrift *Grani,* die schon früher ausgewählte Werke Solschenizyns gedruckt hat und das Copyright für einige von diesen beansprucht, von Solschenizyns »Protest gegen die Veröffentlichung« erfuhr, gab sie ihre Publikationspläne verständlicherweise nicht auf und schickte darüber hinaus ein »provokatorisches« Telegramm mit der Nachricht, Victor Louis habe ein zweites Exemplar der *Krebsstation* in den Westen gebracht ... Und schließlich, wenn man mir den Vorwurf macht, ein Exemplar übermittelt zu haben, wer hat dann die andern auf den Weg gebracht? Warum teilen sie nicht den Vorwurf?

... Niemand in Westdeutschland unterstützt Romane über die Schrecken der nazistischen Konzentrationslager oder in den Vereinigten Staaten über die Morde an den Führern der Nation ... Warum sollte in der Sowjetunion, wo das Druckwesen in staatlichen Händen liegt, diese Sorte Literatur gefördert, gedruckt und verbreitet werden? Warum sollten die Zeitschriften Salz in offene Wunden streuen? Aber die Zeit, die Solschenizyn im Lager und in der Verbannung verbrachte, hat ihm einen derartigen Schock versetzt, daß dieses Thema für ihn zur fixen Idee wurde und er sich in seinem Werk kaum davon lösen kann. Wahrscheinlich ist dies einer der Gründe, warum seine Werke zur Zeit nicht in russischen Zeitschriften erscheinen ... Russen lieben Märtyrer, und Solschenizyn findet Gefallen an dieser Rolle.

Die Geschichte des Manuskripts von Stalins Tochter Swetlana ist bekannt. Als nach Swetlanas Flucht ins Ausland bekannt wurde, daß sie ein Buch über ihren Vater zu veröffentlichen gedachte, ergriff der KGB Gegenmaßnahmen. Das Scheitern der übereilten Versuche, Allilujewa in die Sowjetunion zurückzubringen, war einer der Gründe für die Absetzung Semitschastnys als Vorsitzender des Staatssicherheitskomitees. (Semitschastny wurde zum Stellvertretenden Vorsitzenden des Ministerrats der Ukrainischen SSR ernannt.) Frau Allilujewa übersiedelte in die USA, und die Presse teilte mit, ihr Buch über Stalin würde im November 1967 in mehreren Sprachen erscheinen, also gleichzeitig mit dem 50. Jahrestag der Sowjetmacht. Frau Allilujewa erhielt ein Vorschußhonorar in der beträchtlichen Höhe von einer Million Dollar. Da die Veröffentlichung ihres Buches unvermeidlich war, beschlossen gewisse Instanzen in der UdSSR, die Sensation vorzuverlegen, damit sie nicht mit dem Jubiläum zusammenfiele. Gleichzeitig hoffte man, den Verlagen, die den Vertrag mit Frau Allilujewa geschlossen hatten, einen finanziellen Verlust beizubringen. In Moskau fand man ein Exemplar des Manuskripts, das sie jemandem überlassen hatte, und aus den Archiven Stalins wurden seltene Familienfotos Stalins, seiner Freunde und Verwandten zusammengestellt. Dieses Material brachte Victor Louis ins Ausland und verkaufte es *Flegon Press* in England und der Illustrierten *Stern* in der Bundesrepublik Deutschland. Die russische Ausgabe *Zwanzig Briefe an einen Freund* wurde in England im Juli oder August 1967 ausgeliefert, gleichzeitig begann die Veröffentlichung der Briefe im *Stern*. Swetlana Allilujewa konnte diese Raubdrucke nur nachträglich auf dem Rechtswege stoppen, diejenigen aber, von denen Victor Louis in den Westen geschickt worden war, hatten ihr Ziel erreicht: Die Sensation um das Stalinbuch entstand einige Monate vor der Jubiläumsfeier. Zahlreiche recht kritische Rezensionen über das Buch erschienen lange vor der offiziellen Veröffentlichung in mehreren Sprachen, was das Interesse an dem Buch minderte. Außerdem konnte Swetlana Allilujewa keine wesentlichen Veränderungen am ursprünglichen Text mehr vornehmen, der schwerwiegende Mängel hatte. Die Verlage, mit denen Frau Allilujewa ihre Verträge geschlossen hatte, erlitten anscheinend tatsächlich Verluste und waren enttäuscht.

Über Victor Louis gibt es im Westen einige Spezialliteratur, die seine ungewöhnliche Tätigkeit analysiert. Er kann tatsächlich frei ins Ausland reisen, führt halboffizielle Verhandlungen mit einflußreichen Personen in verschiedenen Ländern und berichtet als erster der ausländischen Presse die sensationellsten Ereignisse aus dem Leben der UdSSR (zum Beispiel die Absetzung Chruschtschows, den Tod Chruschtschows, den Grund für die Katastrophe der drei Kosmonauten u. a.). Dabei ist Victor Louis sowjetischer Staatsangehöriger und war niemals Ausländer. Es gibt sogar Informationen, er sei in der Stalinzeit in Haft gewesen.

Wie aber konnte das Manuskript der *Krebsstation* in die Zeitschrift *Grani* geraten? Ich weiß, daß diese Zeitschrift 1967 ihre Agenten nach Moskau geschickt hat, um das Manuskript aufzuspüren. Ein höchst vertrauenswürdiger Mensch erzählte folgende interessante Geschichte: Ende 1967 klingelte es eines Abends bei ihm, und er öffnete einem Mann die Tür, der offensichtlich

Ausländer war und nicht Russisch sprach. Mit Zeichen gab er zu verstehen, er habe ein Anliegen an den Hausherrn. Dieser, nennen wir ihn X., bat den Ausländer hereinzukommen und fragte ihn, ebenfalls in Zeichensprache, was er wolle. Der Ausländer zog einen Brief aus der Tasche. Der Brief war auf Russisch geschrieben und an X. persönlich unter Verwendung seiner Privatanschrift adressiert. Der Inhalt des Briefes war etwa folgender:

Sehr geehrter Herr . . .!

Die Redaktion der Zeitschrift *Grani* ist über die Schwierigkeiten informiert, die einer Veröffentlichung des Romans von A. Solschenizyn, *Krebsstation*, im Wege stehen. Angesichts der Bedeutung dieses Werkes für die Entwicklung der russischen Literatur möchte die Zeitschrift *Grani* diesen Roman in russischer Sprache veröffentlichen. Wir haben Grund anzunehmen, daß Sie uns behilflich sein könnten, ein Exemplar des Manuskriptes dieses Werkes zu erhalten. Der Übermittler dieses Briefes ist ein ausländischer Student. Er wird, wenn er ein Exemplar von *Krebsstation* erhält, dies der Redaktion der Zeitschrift *Grani* überbringen.

Mit vorzüglicher Hochachtung . . .

Der Brief war von einem der Redakteure der Zeitschrift *Grani* unterzeichnet.

Herr X. begann dem Studenten klarzumachen, daß seine Bitte nicht erfüllt werden könne, doch der Student begriff nicht, worum es ging. Daraufhin begab sich X. zum Telefon, um einen in der Nähe wohnenden Freund zu sich zu bitten, der Französisch sprach. Der Besucher sprang entsetzt auf, als er X. am Telefon sah und wollte fortgehen in der Annahme, X. werde ihn dem KGB ausliefern. X. aber hielt ihn zurück und machte ihm mit Mühe klar, daß er einen »Komrad« zum Übersetzen hole. Als der Französisch sprechende Bekannte gekommen war, sagten sie dem Ausländer, daß von der Übergabe eines Manuskriptes an *Grani* keine Rede sein könne und daß für eine derartige Handlung nicht nur die Menschen, zu denen er gekommen sei, sondern auch er nach den sowjetischen Gesetzen verurteilt werden könne, vor allem, weil die Angelegenheit mit der Redaktion der Zeitschrift *Grani* zusammenhänge. Man empfahl dem Studenten, so schnell wie möglich nach Hause zu reisen. Der Student, der nun sicher war, daß man ihn nicht dem KGB übergeben werde, wurde etwas aufgeschlossener und sagte, er brauche einen Beweis, daß er wirklich bei X. gewesen sei, aber eine Ablehnung erhalten habe, sonst werde man in der Redaktion nicht glauben, daß er den Auftrag erfüllt habe. Daher bat er X., seine Antwort aufzuschreiben. Diese Bitte ließ X. sofort aufhorchen. Warum eine schriftliche Antwort? Schon die Existenz des an ihn gerichteten Briefes konnte für ihn höchst unangenehm werden; denn man hätte ja bei der Einreise des Ausländers in die UdSSR den Brief bei der Zollkontrolle finden können, und das könnte zu Verhören über seine eventuellen Verbindungen mit dem NTS führen. Jetzt wollte der Ausländer den Brief wieder mitnehmen, noch dazu mit einer schriftlichen Antwort: Würde er in die Hände des Zolls fallen, so wäre der Kontakt von X. mit *Grani* erwiesen. X. nahm den Brief, zerriß ihn in kleine Fetzen und bat *Grani* zu übermitteln, die Zeitschrift möge sich nie wieder mit so provokatorischen Bitten an Sowjetbürger wenden.

Das Telegramm an *Nowy mir* war, wie sich später herausstellte, tatsächlich von der Zeitschrift *Grani* abgesandt worden. Die Hinweise auf Victor Louis und irgendwelche Versuche, die Veröffentlichung der *Krebsstation* in der UdSSR zu stoppen, waren lächerlich. Das Publikationsverbot für die *Krebsstation* war bereits im Januar auf einfachere Weise erfolgt, ohne Victor Louis ins Ausland zu entsenden. Im April, als *Grani* das Telegramm an Twardowski schickte, mußten die Mitarbeiter dieser westdeutschen Zeitschrift wissen, daß *Nowy mir* den Satz schon lange eingeschmolzen hatte. Darüber waren Mitteilungen in vielen westlichen Zeitungen abgedruckt und kommentiert worden. Wozu brauchte man dann noch das Telegramm?

Vielleicht lag *Grani* daran, mit Hilfe des Telegramms so schnell wie möglich seine Rechte als Verlag der Erstausgabe zu deklarieren. Da die UdSSR dem Welturheberrechts-Abkommen nicht beigetreten war, hatte Solschenizyns Protest gegen den Raubdruck in dieser Zeitschrift keine Rechtskraft. Als Verlag der Erstausgabe hingegen erhielt *Grani* gleichsam die Autorenrechte und konnte anderen Verlagen die Übersetzungsrechte verkaufen. In dieser Hinsicht fürchtete *Grani* tatsächlich die Konkurrenz und beeilte sich daher, seine Absicht telegrafisch zu deklarieren. Wäre jemand *Grani* zuvorgekommen und hätte auch nur ein- bis zweihundert Exemplare durch photomechanische Wiedergabe des Manuskripts gedruckt, einen Verkaufspreis festgesetzt und die erforderlichen Pflichtexemplare in den entsprechenden Bibliotheken hinterlegt, so wären dem Organisator dieser Aktion die Rechte als Verlag der Erstausgabe und alle damit verbundenen wirtschaftlichen Vorteile zugefallen. Ein energischer Verlag in der Art von Flegon Press hätte das innerhalb einer Woche bewerkstelligen können. Das panische Telegramm von *Grani* mit dem Hinweis auf das Ränkespiel des KGB sollte eine eventuelle parallele russische Veröffentlichung stoppen. Als Ende 1968 Übersetzungen der *Krebsstation* in verschiedenen Sprachen erschienen, veröffentlichten mehrere Verleger Erklärungen, sie hätten das Manuskript des Romans ohne Vermittlung von Victor Louis und dem KGB erhalten.

Menschen, die wie Victor Louis handeln, gibt es in unserem Lande anscheinend gar nicht so wenige. Auch solche Organisationen wie »Meschdunarodnaja kniga« (Das Internationale Buch) und die Presseagentur »Nowosti« (APN) verkaufen Manuskripte, die in der Sowjetunion nicht erschienen sind, in den Westen. Auf diese Weise werden die vollständigen Fassungen von Büchern, die in der UdSSR gekürzt veröffentlicht worden sind, verkauft (zum Beispiel *Der Meister und Margarita* von Michail Bulgakow, die *Memoiren* des Marschalls G. K. Schukow u. a.). Auch Informationen werden durch »ausländische« Korrespondenten in der Art von Victor Louis verkauft.

Die meisten Länder der Welt sind an internationalen Abkommen über den Schutz der Autorenrechte beteiligt. Am bekanntesten sind die Berner Konvention und das Genfer Welturheberrechts-Abkommen, die auf Initiative und unter der Schirmherrschaft der UNESCO angenommen worden sind. (Die Texte dieser Konventionen und einer Reihe regionaler Abkommen sind in dem Buch D. Sidjanskis und S. Castanos *Droit d'Auteur ou Copyright,* Lausanne 1954, enthalten, das 1958 auch in russischer Sprache erschien. In dem umfangreichen Vorwort zur russischen Übersetzung ist jedoch nicht angegeben, warum die UdSSR den Beitritt zu diesen Konventionen abgelehnt hat. Der Redakteur der Übersetzung, der auch das Vorwort geschrieben hat, stellt fest, daß die Konventionen das kapitalistische Verhältnis zum Autorenrecht widerspiegeln. In der UdSSR besteht seiner Meinung nach »eine sowjetische Konzeption des Autorenrechts«, die auch die Rechte der Organisationen schützt, die die Autorenrechte nutzen. Es muß darauf hingewiesen werden, daß der Redakteur unter diesen »Organisationen« nicht die Verlage meint, die die Werke herausbringen, sondern gerade die Organisationen, die die Werke nutzen.)

Veröffentlicht nun aber ein Autor, dessen Land nicht den internationalen Konventionen beigetreten ist, sein Werk erstmals in einem Lande, das Mitglied dieser Konventionen ist, so erstrecken sich auf sein Werk alle Bestimmungen über den internationalen Schutz der Autorenrechte. Der Erstveröffentlicher erwirbt dann das Copyright, also die volle rechtliche Kontrolle über das Schicksal seines Werkes. Es liegt im berechtigten Interesse des Autors, wenn er das Copyright selbst nutzen kann, damit er der Gefahr sozialer Ausbeutung entgeht. Doch sehr viel häufiger werden die Möglichkeiten einer Verwendung des Werks von den speziellen Abteilungen der Agentur »Nowosti« oder von anderen Stellen ausgenutzt.

Mitarbeiter der Presseagentur »Nowosti« und »Meschdunarodnaja kniga« arbeiten die Publikationspläne der Verlage und Zeitschriften-Redaktionen für wissenschaftliche, sozialpolitische und künstlerische Literatur durch, um zu klären, welche von der Zensur gebilligten Werke vor ihrer Publikation in der UdSSR an westliche Verlage verkauft werden können. Dann verkaufen sie Manuskripte, Umbruchexemplare, manchmal auch schon publizierte Bücher, doch mit Zufügungen.

Bei diesem Handel haben nicht nur wissenschaftliche und künstlerische Werke einen kommerziellen Wert. Ausländische Zeitungen und Nachrichtenagenturen kaufen auch einfach Informationen, vor allem sensationelle, die dann in der ganzen Welt veröffentlicht werden. Doch derartige Neuigkeiten können nur gegen Devisen verkauft werden, bevor sie von TASS oder vom sowjetischen Radio verbreitet worden sind. Dieser Konsumwert gewisser Informationen bildet die kommerzielle Grundlage für die Tätigkeit sowjetischer Korrespondenten ausländischer Zeitungen in der Art von Victor Louis. Viele wichtige Ereignisse unseres innenpolitischen Lebens erfährt die Welt nicht aus Mitteilungen der TASS oder des sowjetischen Rundfunks, die sie im allgemeinen »mit Verspätung« melden, sondern von Victor Louis und seinesgleichen. Für seine sensationellen Mitteilungen erhält Victor Louis wohl beträchtliche Honorare, von denen er anscheinend einen Teil auch selbst behalten darf. Ausländische Korrespondenten, die Victor Louis in Moskau besuchten, schrieben in westlichen Zeitungen von dem ungewöhnlichen Luxus seines großen Appartements aus zwei zusammengelegten Drei-Zimmer-Wohnungen. Noch luxuriöser ist seine Residenz außerhalb der Stadt. Ich entnehme dies einem Artikel von Jay Axelbank, dem Leiter des Moskauer Büros der amerikanischen Zeitschrift *Newsweek* (dort 12. Juli 1971, S. 12). Axelbank beschreibt seinen Eindruck von einem Besuch auf Victor Louis' Datscha:

Sein kindlich glattes Gesicht verbirgt, daß er zweiundvierzig Jahre alt ist, von denen er, wie er sagt, acht in Stalins Arbeitslagern verbracht hat. Seine blauen Augen sind hinter der goldgeränderten Brille listig zusammengekniffen. Er raucht eine riesige kubanische Zigarre und streckt über Berge von

Papier auf seinem antiken Nußbaumtisch den Arm nach einem der drei Telefone aus, die in verschiedenen Pastellfarben getönt sind. Er ergreift den Hörer des klingelnden Telefons und sagt gelassen: »*London Evening News?* Sehr schön, ich diktiere Einzelheiten der Tragödie im Kosmos.«

Das ist Victor Louis, Korrespondent der Londoner *Evening News,* ein höchst seltsamer sowjetischer Lebemann, der, wie viele glauben, Agent des KGB ist. Keiner ist in der Sowjetunion für seinen Hang zu materiellem Wohlleben so bekannt wie er. Fünfundzwanzig Kilometer von Moskau entfernt besitzt Louis eine Villa, in der er Journalisten, Diplomaten und ausgewählte VIP's mit seiner Gastfreundschaft verblüfft. Während die meisten normalen Russen glücklich sind, in einer Zwei-Zimmer-Wohnung zu leben, verfügt Louis über sechs oder sieben Räume. Er gilt als Millionär, besitzt Swimmingpool, Tennisplatz, Garage mit zahlreichen Autos und einen Eisschrank mit ganzen Batterien von Coca-Cola.

Louis, der mich in einem schwarz-seidenen japanischen Kimono empfing, strahlt Stolz auf seinen Reichtum aus. Er weist auf die Florentiner Fliesen hin, die den Boden im Eßzimmer bedecken, auf die holzgeschnitzten Ikonen und auf die schweren, muschelförmigen Verandamöbel (die gleichen, sagt er, stünden bei Helena Rubinstein). Stolz zeigt er seinen elektrischen Grill und einen Hambacher-Schlemmer-Siphon mit einem metallenen Eichhörnchen an der Spitze, ein neues Tonbandgerät mit Plattenspieler für achthundert Dollar. »Das habe ich gerade aus Israel mitgebracht«, erklärt er sachlich . . .

Als ich ihn fragte, was er von den Russen hält, die ihn als »Kapitalisten« bezeichnen, antwortete Louis: »Ich arbeite mehr als andere Russen. Daher besitze ich diese Dinge.«

Beim Abschied weist Louis mit Genugtuung auf eine Weltkarte hin, auf der rote Nadeln die Stellen angeben, die er besucht hat. »Ha!«, sagt er, »die Leute sagen, ich sei ein Agent der Regierung und würde von dort bezahlt. Das ist lächerlich. Meine Frau ist Engländerin, und sie ist reich. Und außerdem, würde die Sowjetunion irgend jemanden an Orte wie Tahiti senden?«

Zu dem Artikel ist ein Photo von Louis mit dem Telefonhörer am Ohr abgedruckt. Die Unterschrift lautet »Louis in seinem Arbeitszimmer: Sechs Räume plus Fichtenholz-Sauna.«

Leute wie Louis verkaufen mit vollem Einverständnis der Presseagentur »Nowosti«, von »Meschdunarodnaja kniga« und anderen staatlichen Organisationen Informationsware verschiedener Art in viele Länder. Bei bekannten Wissenschaftlern bestellen sie Artikel über Themen, über die schwerlich etwas in der UdSSR gedruckt werden kann, und dann wird eine Sammlung von Manuskripten unter dem Titel *Der wissenschaftliche Gedanke* Zeitschriften aller Länder von Portugal bis Japan angeboten. Ausländischen Zeitungen wurde das Recht für ein Interview mit Chruschtschow in jener Zeit sehr teuer verkauft, als er einsam und in Ungnade gefallen auf seiner Datscha in der Nähe von Moskau lebte. Während des Prozesses gegen Sinjawski und Daniel kauften westdeutsche Zeitschriften über die Presseagentur »Nowosti« oder Victor Louis Aufnahmen aus dem Gerichtssaal und Auszüge aus dem Gerichtsprotokoll. Verkauft wurde auch ein Album mit Stalins Familienfotos. Bisweilen handeln »unbekannte« Menschen auch mit Fälschungen auf dem Schwarzen Markt. Mein Bruder Roi A. Medwedjew mußte einmal eine Erklärung veröffentlichen, daß ein provokativer Artikel *Die Wahrheit über die Gegenwart,* der in der Zeitschrift *Possev* (1970 Heft 1) abgedruckt und mit R. Medwedjew unterzeichnet war, eine Fälschung darstellt. Auch das Akademiemitglied A. D. Sacharow wies einmal auf eine solche Fälschung hin; in seinem Namen hatte jemand einen antisowjetischen Brief verfaßt und westlichen Zeitungen übergeben. Gelegentlich kann man auf dem »Schwarzen Markt« nicht nur etwas verkaufen, sondern auch eine Information kaufen und sie später in sowjetischen Zeitungen als die Spiegelung der »öffentlichen Meinung« in anderen Ländern abdrucken. Auf diese Weise wurden später über den »Schwarzen Markt« Aufsätze bestellt, die Solschenizyns Werke kritisieren.

Der Beginn der offenen Kampagne gegen Solschenizyn

Am 25. April 1968 sandte Alexander Solschenizyn an die *Literaturnaja gaseta*, sowie an die Zeitungen *Le Monde* und *L'Unità*, einen Protest gegen die auszugsweisen Veröffentlichungen aus dem Roman *Krebsstation* in westlichen Ländern und gegen die für Ende 1968 angekündigten vollständigen Ausgaben des Romans. Solschenizyn bat die *Literaturnaja gaseta* und die anderen Presseorgane, diesen Protest sofort abzudrucken. »... Hiermit erkläre ich«, schrieb Solschenizyn, »daß kein ausländischer Verleger von mir das Manuskript des Romans oder eine Vollmacht, ihn zu drucken, erhalten hat. Daher erkenne ich keine bisherige oder künftige ohne meine Genehmigung zustande gekommene Publikation an, noch irgendwelche Behauptungen, daß jemand über die Verlagsrechte verfüge ... Ich habe bereits die Erfahrung gemacht, daß alle Übersetzungen von *Ein Tag im Leben des Iwan Denissowitsch* aus Übereilung entstellt sind. Offensichtlich erwartet die *Krebsstation* dasselbe. Doch außer Geld gibt es auch Literatur.«

Dem Protest waren verschiedene Unterlagen beigefügt, aus denen der Ablauf der Diskussion im Schriftstellerverband um die Frage der Veröffentlichung der *Krebsstation* hervorging, sowie eine Darstellung der Diskussionen auf der Sitzung des Sekretariats des Schriftstellerverbandes der UdSSR vom 22. September 1967 über die *Analyse der Briefe des Schriftstellers Solschenizyn*.

Im Westen wurde Solschenizyns Protest Ende Mai von der Zeitung *L'Unità*, dem Organ der italienischen kommunistischen Partei, veröffentlicht. Die *Literaturnaja gaseta* beantwortete den Brief Solschenizyns lange nicht, doch veröffentlichte sie ihn schließlich zwei Monate später am 26. Juni 1968, allerdings mit einem umfangreichen redaktionellen Begleitartikel *Ideologischer Kampf. Die Verantwortung des Schriftstellers.*

Der Artikel in der *Literaturnaja gaseta* war in grobem demagogischem Stil abgefaßt und enthielt primitive Überlegungen und Analogien. Nach allgemeinen dogmatischen Sätzen beschrieb der anonyme Verfasser Fälle von Verrat und Käuflichkeit.

»Irgendeinen Nichtsnutz und Schwarzhändler hat man mit Nylonfähnchen verführt oder in Devisenschiebereien verwikkelt ...« »... Irgendein Zirkusakrobat ist von einem ausländischen Gastspiel nicht in die Heimat zurückgekehrt ...« »... Schnell wird so ein schizophrener Graphoman wie W. Tarsis zum Schriftsteller ernannt, der massenweise unbegabtes, dafür offen antisowjetisches Geschreibsel produziert«, »... Swetlana Allilujewa wird mit ihren *Memoiren* auf den Schild gehoben« usw.

Und dann, nach all diesem »Einschießen der Artillerie«, wird in dem Artikel erwähnt, daß die *Literaturnaja gaseta* einen Brief A. Solschenizyns veröffentlicht. In diesem Zusammenhang wird über die Handlungsweise Solschenizyns diskutiert, obwohl die Zeitung vernünftigerweise den Protest des Schriftstellers hätte unterstützen müssen. Dann hätte der Protest irgendeine Wirkung haben können. Statt eines solchen sinnvollen Vorgehens erklärte die *Literaturnaja gaseta*, daß der Name Solschenizyns angeblich »... in das Arsenal der westlichen Propaganda aufgenommen wurde und in breitem Umfang für provokatorische, antisowjetische Zwecke verwendet wird«.

Elementarer Anständigkeit zum Trotz setzte sich die Zeitung über Solschenizyns mehrfach ausgesprochene Erklärung hinweg, *Das Festmahl der Sieger* dürfe in keiner Form publiziert oder sonstwie genutzt werden. Die *Literaturnaja gaseta* gab den Inhalt des Stücks mit einigen Zitaten tendenziös wieder und machte sich dabei auch noch zynisch über das Verbot des Autors lustig. Was habe Solschenizyn denn für ein Recht, Veröffentlichung und Analyse eines Stückes zu verbieten, wenn er es einem so unzuverlässigen Menschen wie Teusch zur Aufbewahrung anvertraut hatte. In ähnlichem Plauderton gab die *Literaturnaja gaseta* auch die Geschichte mit der *Krebsstation* wieder. Über den Roman *Der erste Kreis der Hölle* hieß es nur, »er enthalte eine bösartige Verleumdung unserer Gesellschaftsordnung«.

Die Art, in der die *Literaturnaja gaseta* Materialien aus dem persönlichen Archiv des Schriftstellers nach dessen kategorischem Verbot verwendete, war nicht nur ein Verstoß gegen moralische Normen, sondern auch eine grobe Verletzung der sowjetischen Urheberrechtsgesetze. Artikel 475 des Zivilkodex der RSFSR bestimmt, daß das Urheberrecht sich nicht nur auf erschienene, sondern auch auf unpublizierte Werke erstreckt. Artikel 479 dieses Kodex konstatiert, daß dem Autor das Recht »der Unverletzlichkeit eines Werkes« zusteht. Artikel 480 über den »Schutz der Unverletzlichkeit der Werke und des Namens des Autors zu seinen Lebzeiten« stellt eindeutig fest, daß die Unverletzlichkeit eines Werkes das Verbot beinhaltet, das Werk »ohne Einverständnis des Autors« in jedweder anderen Art und Form zu veröffentlichen, die von der Art und Form abweicht, welche der Autor selbst für seine Publikationen gewählt hatte. In diesem Artikel heißt es, daß

> es ebenfalls verboten ist, ohne Einverständnis des Autors ein Werk bei seiner Veröffentlichung mit Vorworten, Nachworten, Kommentaren und irgendwelchen Erklärungen, welcher Art immer, zu versehen.

Noch klarer ist das Prinzip der »Unverletzlichkeit eines Werkes« in Artikel 6 b der Internationalen Berner Konvention festgelegt:

> ... der Autor behält Zeit seines Lebens das Recht, sich gegen jede Entstellung, Verfälschung oder sonstige Veränderung seines Werkes zu verwahren, ferner gegen jede beliebige andere gegen das Werk gerichtete Handlungsweise, die geeignet sein könnte, der Ehre eines Autors oder seinem Ansehen Schaden zuzufügen.

Genau das war es, was die *Literaturnaja gaseta* tat. Durch die gegen Wunsch und Willen des Autors erfolgte teilweise, das heißt entstellte Veröffentlichung des Dramas *Das Festmahl der Sieger* und die tendenziösen Kommentare zu dieser Publikation demonstrierte die *Literaturnaja gaseta* nicht nur die Mißachtung des Gesetzes seitens der sowjetischen Presse, sondern auch die Verletzung des Gesetzes durch die Organe des Staatssicherheitsdienstes.

Das einzige Exemplar von *Das Festmahl der Sieger* war bei der Durchsuchung der Wohnung von Teusch beschlagnahmt worden. Nach den Bestimmungen der Strafprozeßordnung der RSFSR hätte alles, was nicht zum Ermittlungsverfahren gehörte, nach Einstellung des Verfahrens zurückgegeben werden müssen. Eine Ausnahme hätten nur solche Gegenstände und Materialien bilden dürfen, deren »Umlauf im Verkehr nicht erlaubt ist«. Der Begriff »nicht für den Warenverkehr erlaubt« ist weit gefaßt und betrifft zum Beispiel Waffen, Falschgeld und offensichtlich auch unerwünschte Bücher und Manuskripte. Zu dieser Kategorie waren anscheinend auch alle Archivmaterialien Solschenizyns einschließlich der Manuskripte des Romans *Der erste Kreis der Hölle* gezählt worden. Anders läßt sich nicht erklären, warum sie nach Einstellung des Ermittlungsverfahrens gegen Teusch nicht zurückgegeben worden sind. Indessen, die gleiche Strafprozeßordnung der RSFSR und der amtliche Kommentar dazu begrenzen klar genug den Kreis der Personen, die sich im Zuge des Ermittlungsverfahrens mit derartigen Materialien vertraut machen dürfen. Materialien, die bei einer Untersuchung oder bei einer »Entnahme« im Wege der Durchmusterung der Privatkorrespondenz beschlagnahmt werden, dürfen nur einem Untersuchungsführer, dem Staatsanwalt, einem Gutachter im Ermittlungsverfahren, einem Rechtsanwalt oder einem Richter zur Kenntnisnahme vorgelegt werden. In keinem Falle aber dürfen sie Personen zur Kenntnis gegeben werden, die mit dem Ermittlungsverfahren oder dem Gericht gar nichts zu tun haben. Hinzu kommt im konkreten Falle, daß aufgrund dieser Materialien ein Strafverfahren nicht eingeleitet worden war. Somit bedeutete die Überlassung der beschlagnahmten persönlichen Archivunterlagen des Schriftstellers an Mitglieder des Sekretariats des Schriftstellerverbandes der UdSSR und an Organe der Masseninformation durch den Staatssicherheitsdienst eine grobe Verletzung der von der Strafprozeßordnung für die Durchführung von Ermittlungsverfahren vorgesehenen Bestimmungen.

Der Artikel *Ideologischer Kampf – die Verantwortung des Schriftstellers* rief eine scharfe Reaktion vieler Vertreter der sowjetischen Intelligenz hervor, die der offensichtlich von den anonymen Autoren erwarteten entgegengesetzt war. Die Zeitung erhielt Dutzende von Briefen, deren Verfasser ein anderes Verhältnis zu Solschenizyns Werk hatten, *Krebsstation* und *Der erste Kreis der Hölle* hochschätzten und die Haltung unterstützten, die Solschenizyn in seinem Brief an den 4. Schriftstellerkongreß zum Ausdruck gebracht hatte. Die *Literaturnaja gaseta* konnte nicht einen Brief abdrucken, der ihre eigenen Behauptungen gestützt hätte. Selbstverständlich druckte sie auch keinen Brief ab, der den Schriftsteller verteidigte. Viele solche Briefe gerieten in kurzer Zeit in den Samisdat, also in die nicht zensurierte Publizistik. Einige davon, zum Beispiel der brillante Brief von Lidija Tschukowskaja, *Die Verantwortung des Schriftstellers und die Verantwortungslosigkeit der Literaturnaja gaseta,* wurden auch in ausländischen Zeitungen abgedruckt. Ich habe zehn Kopien von Briefen an die *Literaturnaja gaseta,* die auf den Artikel reagieren, in meinem Archiv. Aus allen diesen Briefen spricht die Verärgerung über das niedrige moralische Niveau der Polemik, über die Entstellung von Solschenizyns Biografie, über die Wiedergabe des Inhalts von *Das Festmahl der Sieger,* die nach einem Erpressungsversuch aussah, und über die negative Beurteilung der Romane *Krebsstation* und *Der erste Kreis der Hölle* ohne irgendeine Analyse der Werke. Die meisten Briefe stammten von Wissenschaftlern und Schriftstellern. Es soll hier kein Überblick über diese Briefe gegeben werden, sie behandeln im wesentlichen dieselben Fragen wie der von Lidija Tschukowskaja. Ich führe nur einen Auszug aus dem Brief von W. F. Turtschin, Doktor der physikalisch-mathematischen Wissenschaften, an den Chefredakteur der *Literaturnaja gaseta,* A. Tschakowski, an:

... Seit einiger Zeit stehe ich in Verbindung mit der *Literaturnaja gaseta,* mein Name erschien bisweilen auf ihren Seiten. Jetzt muß ich mich dessen schämen. Ich erkläre, daß ich, solange Sie Chefredakteur der *Literaturnaja gaseta* bleiben, es ablehne, in irgendeiner Weise mit ihr zusammenzuarbeiten, ich lehne es auch ab, die Zeitung zu abonnieren und zu kaufen. Ich glaube, für jeden Menschen, der meinen Standpunkt zu dem Artikel über Solschenizyn teilt, ist dies die einzig mögliche Reaktion.

Waleri Pawlintschuk, der 1968 seinen letzten Sommer erlebte (er starb Ende Juli an Urämie und Lungenentzündung), berichtete, daß in Obninsk etwa zehn Wissenschaftler diesem Aufruf folgten und, nachdem sie bei der Post das Abonnement auf die *Literaturnaja gaseta* gelöscht hatten, Tschakowski die Quittungen und die bereits erhaltenen Exemplare von Anfang Juli übersandten.

Die Veröffentlichung der Romane »Krebsstation« und »Der erste Kreis der Hölle« im Ausland im Herbst 1968

Von Mai bis Ende Oktober 1968 lebte Solschenizyn in seiner kleinen Datscha. Hier auf dem Lande ertrug er leichter die schwierige Situation, die sich durch die unvermeidbare und unkontrollierte Veröffentlichung nicht autorisierter und übereilter Übersetzungen seiner beiden wichtigsten Bücher im Ausland ergab. Wie und wo sie veröffentlicht würden, wurde in widersprüchlichen Rundfunksendungen in russischer Sprache aus dem Ausland berichtet. Allein in den USA waren Ende 1962 und Anfang 1963 verschiedene voneinander unabhängige Übersetzungen von *Ein Tag im Leben des Iwan Denissowitsch* erschienen, die alle überhastet und zum Teil recht schlecht waren. Es hieß, in einem Verlag habe der Übersetzer, fast ohne das Gebäude des Verlages zu verlassen, gearbeitet, und die Seiten seien sofort in Satz gegeben worden. Das Buch war in zwei Wochen fertig. Der Autor hatte in *Ein Tag im Leben des Iwan Denissowitsch* der Sprache außerordentliche Aufmerksamkeit gewidmet und durch das »sprachliche Relief« das Gefühl für die Ungewöhnlichkeit der Lebensbedingungen und den Effekt des unmittelbaren Dabeiseins geschaffen. Dieses »Sprachrelief« wurde durch die übereilten Übersetzungen zerstört. Die Übersetzung hörte auf, ein Kunstwerk zu sein, wie mittelmäßige Kopien der Werke großer Maler keine Kunst mehr sind.

Jetzt wiederholte sich das alles noch einmal. Solschenizyn kannte weder die Verleger noch Namen und Ruf der Übersetzer. Solschenizyns Protest, der am 26. Juni 1968 in der *Literaturnaja gaseta* erschien, war im Westen erheblich früher bekannt geworden und hatte eine lebhafte Diskussion ausgelöst. In der amerikanischen Zeitschrift *Publishers Weekly,* die ich bisweilen im Informationssaal der Leninbibliothek durchsah, stieß ich auf eine Mitteilung, daß in den Vereinigten Staaten unabhängig voneinander vier Verlage eine Veröffentlichung der *Krebsstation* vorbereiten (Dutton, Praeger, Farrar Straus und Dial Press). Sobald im Westen Solschenizyns Protest bekannt wurde, gaben die Verlage Dutton und Praeger ihre Publikationsabsichten auf. Die beiden anderen Verlage teilten mit, sie hätten das Manuskript nicht über den KGB erhalten, sondern besäßen Verträge, die sie mit vom Autor bevollmächtigten Vertretern geschlossen hätten. Diese Vertreter waren natürlich Betrüger. Dem bibliographischen Index *Forthcoming Books,* der Verzeichnisse der im Druck befindlichen Bücher einige Monate vor ihrer Auslieferung enthält, entnahm ich, daß der Roman *Der erste Kreis der Hölle* vom Verlag Harper and Row veröffentlicht werden würde und die Auslieferung für September vorgesehen war.

Am 19. Juni 1968, kurz bevor der Artikel in der *Literaturnaja gaseta* erschien, machte Solschenizyn einen Besuch in Obninsk. Er erzählte, die Veröffentlichung seiner Bücher werde in fünf Ländern angekündigt.

Am 1. September 1968 kam Solschenizyn erneut nach Obninsk, machte erst einen Besuch bei mir, dann gingen wir beide zu Timofejew-Ressowski. Natürlich drehte sich das Gespräch vor allem um die jüngsten Ereignisse in der Tschechoslowakei. Solschenizyn hatte sich früher sehr darüber gefreut, daß man in der Tschechoslowakei die Zensur abgeschafft hatte. In der ČSSR war damals noch Novotny an der Macht. Solschenizyns Brief an den 4. Schriftstellerkongreß wurde beim Kongreß der tschechoslowakischen Schriftsteller im Sommer 1967 verlesen und begeistert aufgenommen. Zwischen Schriftstellern und Vertretern der Parteiführung entstand um seinetwillen ein Konflikt, und ein Parteiführer verließ aus Protest den Sitzungssaal. Der Schriftstellerverband der Tschechoslowakei hatte Solschenizyn mehrfach eingeladen, doch war ihm jedesmal die Ausreisegenehmigung verweigert worden. Nachdem jetzt deutlich wurde, was für eine wichtige Rolle die Abschaffung der Zensur in der ČSSR bei der Auslösung der tragischen Ereignisse gespielt hatte, ging die neue Lage Solschenizyn besonders nahe. Er war bereit, an einem Kollektivprotest mitzuwirken. In diesem Sinn führte Solschenizyn Ende August ein Gespräch mit dem Akademiemitglied A. D. Sacharow. Der Entwurf, der von einer kleinen Wissenschaftlergruppe stammte, erhielt jedoch keine wirkliche Unterstützung von namhaften Vertretern des wissenschaftlichen und kulturellen Lebens, die früher bei vielen wichtigen Erklärungen mitgewirkt hatten. Diese Vorsicht erklärte sich daraus, daß man wußte, es sei nutzlos, gegen das bereits Geschehene zu protestieren.

Am 23. September kam Solschenizyn wieder nach Obninsk.

Der Roman *Der erste Kreis der Hölle* war bereits auf Englisch erschienen. Die Auslieferung hatte am 11. September 1968 begonnen, und der Roman wurde nach Mitteilung von *Publishers Weekly* ein Bestseller.

Am 23. Oktober besuchte ich mit zwei Freunden Solschenizyn in seiner Datscha. Es hatte den ersten Frost gegeben, und Solschenizyn plante die Rückreise nach Rjasan für den nächsten Tag. Wir sprachen etwa eine Stunde miteinander. Solschenizyn erzählte, daß sich seine Datscha unter ständiger Beobachtung befinde. Am 24. September sei Victor Louis erneut unter irgendeinem Vorwand erschienen und habe noch einen Menschen mit Fotoapparat mitgebracht. Sie hätten ihn nicht angetroffen, da er gerade eine halbe Stunde vorher ins Nachbarstädtchen Narofominsk zum Einkaufen gefahren sei. Victor Louis habe sich mit seinen Nachbarn unterhalten und sich dafür interessiert, ob es in der Siedlung keine Datscha zu mieten gebe. Louis' Begleiter habe einige Aufnahmen von der Datscha und ihrer Umgebung gemacht. Nach dem Bericht der Nachbarn hätten zwei Männer in Zivil über den Bach hinweg, der an Solschenizyns Datscha vorbeifließt, den Besuch von Victor Louis beobachtet. Das Ziel dieses Besuches blieb unbekannt. Jedem von uns fiel ein Satz im Gespräch mit Solschenizyn auf.

»Ich habe jetzt die Gegenwart verlassen«, sagte er als Antwort auf irgendeine Frage, »ich arbeite jetzt im historischen Bereich.«

Als wir unserer Befürchtung Ausdruck gaben, es könne aufgrund der Auslandspublikationen von *Krebsstation* und *Der erste Kreis der Hölle* zu gerichtlichen Repressalien kommen, antwortete Solschenizyn überzeugt: »Nein, eine solche Entwicklung halte ich für wenig wahrscheinlich. Mit dieser Tour haben sie sich schon bei Sinjawski, Daniel und anderen erschöpft. Das wird sich nicht wiederholen. Jetzt müssen sie sich etwas anderes einfallen lassen.«

Am 11. Dezember 1968 wurde Solschenizyn 50 Jahre alt. Er erreichte also das Alter, bei dem man nach der Tradition nicht nur einen Geburtstag, sondern ein Jubiläum begeht. Im allgemeinen gratuliert die *Literaturnaja gaseta* den Mitgliedern des Schriftstellerverbandes zu ihren Jubiläen, wobei der Charakter der Gratulation entsprechend der Stellung und dem spezifischen Gewicht der Schriftsteller im Schriftstellerverband streng dosiert ist. Die einen erhalten mehrere Artikel mit großem Portrait, die anderen einen Artikel mit Portrait, die dritten eine kleine Notiz mit kleinem Portrait, die vierten eine kleine Notiz ohne Portrait. Manchmal beschränkt man sich auch auf eine einfache kurze Gratulation. Solschenizyns Jubiläum wurde weder von der *Literaturnaja gaseta* noch von irgendeiner anderen literarischen Zeitung oder Zeitschrift in der UdSSR erwähnt. Doch obwohl dieses Jubiläum dem breiten Publikum unbekannt war und nur wenige die Adresse des Schriftstellers in Rjasan wußten, erhielt Solschenizyn in Rjasan etwa fünfhundert Glückwunschtelegramme und fast hundert Briefe. Etwa hundert Telegramme trafen bei der Redaktion von *Nowy mir* für Solschenizyn ein. Er erhielt auch offizielle Glückwünsche: von der Redaktion des *Nowy mir,* von den Abteilungen des Schriftstellerverbandes Rjasan und Woronesch, von verschiedenen Moskauer Theatern und vom Schriftstellerverband der Tschechoslowakei. Diese Flut von Glückwünschen bezeugte, daß Solschenizyn ungeachtet der manigfaltigen Beschuldigungen in der Presse und auf geschlossenen Instruktionsveranstaltungen eine breite und stabile Unterstützung bei zahlreichen Literaturfreunden und Vertretern der Intelligenz besaß.

Der erste Kreis der Hölle und *Krebsstation* erregten große Aufmerksamkeit bei der Literaturkritik des Auslands. Solschenizyn wurde Ehrenmitglied der American Academy of Arts and Letters in New York und Mitglied der American Academy of Arts and Science in Boston. Anfang 1969 wurde ihm ein Literaturpreis in Frankreich »für das beste übersetzte Werk des Jahres« verliehen. Im März 1969 stand der Roman *Der erste Kreis der Hölle* noch immer auf der von *Publishers Weekly* veröffentlichten Bestsellerliste. Im April verschwand er von der Liste, doch werden sieben Monate in der Bestsellerliste für gebundene Bücher als großer Erfolg angesehen (Taschenbuchausgaben werden in den USA etwa zwei Jahre nach der gebundenen Ausgabe herausgebracht). Das heißt, daß einige hunderttausend Exemplare verkauft worden sind. Folglich konnte die Auflage bei einer späteren Taschenbuchausgabe auf Millionen gehen.

Die literarischen Erfolge und das wachsende internationale Ansehen des Schriftstellers mußten alle, die ihm übel wollten, unvermeidlich reizen. Man überlegte neue Schritte, Solschenizyn gesellschaftlich zu isolieren und sein Ansehen zu schmälern. Das führte zu Anti-Solschenizyn-Aktionen, von denen wir hier nur zwei anführen wollen.

Solschenizyn teilt sich seine Zeit im allgemeinen sehr sorgfältig ein und bemüht sich, allen unvermeidlichen Zeitverlust auf ein hartes Minimum zu reduzieren. Er verzichtet auf viele Einladungen, Begegnungen, Gespräche, schränkt manches Gespräch auf einen minimal kurzen Zeitraum ein. Mit größter Produktivität arbeitet Solschenizyn morgens, daher hält er auch abends eine strenge Zeiteinteilung ein, vermeidet Einladungen zu Diners und Banketten, vor allem in Restaurants. Dieser Lebensstil Solschenizyns ist bekannt, und es ist unter seinen Freunden nicht üblich, ihn mit Besuchen, Gesprächen und Einladungen zu Familienfeiern und ähnlichem zu belasten. Daher stießen Gerüchte, Solschenizyn »treibe sich herum«, auf großes Verwundern. Einige Menschen, sogar Augenzeugen, berichteten, Solschenizyn besuche regelmäßig das Moskauer Restaurant »Slawjanski Basar«, halte dort viele zufällig Anwesende frei und veranstalte luxuriöse Gelage. Von Zeit zu Zeit schicke er Zettel und große Banknoten zum Orchester, um für sich persönlich etwas spielen zu lassen, im allgemeinen alte russische Lieder. Der Dirigent teile bei der Ankündigung des jeweiligen Liedes mit, es werde auf Bestellung von Solschenizyn gespielt, der zugegen sei. Den Gerüchten zufolge benehme sich Solschenizyn im Restaurant hemmungslos, schreie betrunken herum, er sei der berühmteste russische Schriftsteller, das »Salz der Erde«, und belästige Frauen.

Moskauer Freunde von Solschenizyn witterten Übles, um so mehr, als Solschenizyn in dieser Zeit sehr selten in Moskau war. Man befragte Angestellte des Restaurants, und die Gerüchte bestätigten sich. Im Restaurant »Slawjanski Basar« hörten die

Solschenizyn-Bankette auf; aber sie fanden nun bald in dem einen, bald in dem anderen Restaurant statt. Einige Zeit später kam eine Moskauer Schauspielerin zu Solschenizyns Freund Lew Kopelew und erzählte ihm eine interessante Geschichte. Solschenizyn hatte den Oberspielleiter des Theaters, an dem die Schauspielerin tätig war, angerufen. Jener war ein Anhänger von Solschenizyns Werken, hatte ihn aber persönlich nie gesehen. Solschenizyn hatte ihm telefonisch gesagt, er arbeite an einem Theaterstück und wolle aus beruflichen Gründen eine Schauspielerin eines bestimmten Typs kennenlernen. Er hatte die notwendigen Angaben gemacht und den Oberspielleiter gebeten, ihn mit zwei in Frage kommenden Schauspielerinnen bekannt zu machen. Die Zusammenkunft wurde in einem Moskauer Restaurant an einem vereinbarten Tisch verabredet. Während des Gesprächs benahm sich der Gesprächspartner sehr fröhlich und erzählte von seiner literarischen Arbeit. Gegen Ende des Essens traf er die Wahl zwischen den beiden Schauspielerinnen. Er bat sie, am übernächsten Tage ins Restaurant »Bega« zu kommen, er wolle mit ihr über die beruflichen Dinge sprechen. Die Schauspielerin indessen hatte Zweifel an der Echtheit dieses »Solschenizyn« und beschloß, sich an einen guten Bekannten des Schriftstellers zu wenden. Man nannte ihr Kopelew. Am genannten Tage fuhren Kopelew und einige weitere Moskauer Bekannte Solschenizyns ebenfalls zum Ort der Verabredung. Wie zu erwarten war, erwies sich der Verehrer der Schauspielerin als Betrüger. Als er sich eingekreist sah, packte ihn die Angst. Er fürchtete, man werde ihn verprügeln, aber man verschonte ihn und brachte ihn zur Feststellung seiner Personalien zur nächsten Milizstation. Den Papieren zufolge, die der Pseudo-Solschenizyn dort vorwies, hieß er Alexander Fjodrowitsch Schalagin und war ehemaliger stellvertretender Direktor einer Theaterschule. Aus den Narben und Tätowierungen am Arm dieses stellvertretenden Direktors aber war zu schließen, daß er früher auch zu einer Verbrecherbande gehört haben konnte. Schalagin gab bei der Miliz zu, daß er die Gelage im Restaurant »Slawjanski Basar« veranstaltet habe. Zu dem Zeitpunkt, als Schalagin ertappt wurde, hatte er keinen Arbeitsplatz, und es blieb unklar, woher er die großen Geldbeträge für die Bankette hatte. Bei der Miliz wurde ein Protokoll aufgesetzt, danach wurde der Betrüger entlassen. Auch später wurde niemand wegen dieses Zwischenfalles vorge-

laden, und es wurde kein Untersuchungsverfahren eröffnet, obwohl im Verhalten des Betrügers der sogenannte »strafwürdige
Tatbestand« nach den Artikeln 130 und 131 des Strafgesetzbuches der RSFSR (Verleumdung und Beleidigung) gegeben war.

Die zweite Episode war ganz anderer Natur. Ein Lektor für
ideologische Fragen hielt in einem der Moskauer Verlagshäuser
einen Vortrag und kritisierte Solschenizyn, wobei er ihn ständig
»Solschenizer« nannte. Man reichte ihm aus dem Auditorium
einen Zettel, er spreche den Namen des Dichters falsch aus. Der
Vortragende beantwortete die Notiz mit den Worten »... nein,
das ist kein Irrtum, der, den sie als Solschenizyn kennen, heißt in
Wirklichkeit Solschenizer und ist seiner Herkunft nach Jude.«

Analoge Versuche, den Namen Solschenizyns zu entstellen,
wurden, wie sich später ergab, auch an einigen anderen Orten
gemacht.

Der Ausschluß Solschenizyns aus dem Schriftstellerverband der UdSSR

Im Sommer 1969 arbeitete Solschenizyn intensiv an seinem Roman *August Vierzehn*. Als ich ihn gegen Ende des Sommers in seiner Datscha kurz besuchte, fand ich ihn umgeben von vielen Bildbänden über den Ersten Weltkrieg. Die Bände waren im wesentlichen deutscher Herkunft. Die Deutschen hatten mit der ihnen eigenen Gründlichkeit Episoden der Kämpfe und die wichtigen politischen Ereignisse dieser Epoche festgehalten. Solschenizyn sprach seit seiner Jugend Deutsch und Englisch. Seine Mutter, die ein humanistisches Gymnasium besucht hatte, beherrschte fließend Englisch und Französisch. Mir war schon aufgefallen, daß sich Solschenizyn ein Lexikon von Worten und Begriffen der russischen Sprache zusammengestellt hatte, die man 1914, vor allem in der Armee, gebraucht hatte, die aber gegenwärtig nicht mehr üblich waren. Die Personen des Romans sollten in der Sprache ihrer Epoche sprechen und denken. Solschenizyn erzählte, er habe vor sehr langer Zeit – noch in Rostow am Don, vor Anfang des Zweiten Weltkrieges, etwa 1936 – den Plan gefaßt, einen Roman über die Niederlage der russischen Armee in Ostpreußen zu schreiben. Schon damals habe er angefangen, Material für diese Arbeit zu sammeln, obwohl schriftstellerische Tätigkeit noch ein reiner Traum gewesen sei. Als er sich während des Krieges als Hauptmann und Kommandeur einer Artilleriebatterie in Ostpreußen befand, habe er ungeachtet der Kriegssituation »Trophäen« und Fotografien über den Ersten Weltkrieg gesammelt und Beobachtungen ins Tagebuch notiert. Es war in Ostpreußen, wo Solschenizyn im Februar 1945 verhaftet wurde. Anlaß für die Verhaftung waren einige Briefe Solschenizyns an einen alten Freund, der damals an einem anderen Frontabschnitt eingesetzt war. Militärische Briefzensur gab es seit 1941, das war allgemein bekannt. Manche aber glaubten offensichtlich, die Aufgabe der Zensur sei es lediglich, die Verbreitung von Informationen militärischen Charakters zu verhindern und nicht, Gedanken und Ansichten zu kontrollieren. Diese Naivität führte auch zur Verhaftung des Hauptmanns Solschenizyn, obwohl sein Dienst in der Fronttruppe dem Lande wesentlich nützlicher war als der

Aufenthalt des kampferprobten Offiziers in einem Gefängnis des NKWD. Bei seiner Verhaftung wurde auch sein privates Archiv beschlagnahmt, in dem er über dreihundert Fotografien aus verschiedenen erbeuteten Alben hatte, auf denen Ereignisse des Ersten Weltkriegs festgehalten waren. Auf einer Fotografie erkannte der Untersuchungsrichter Trotzki. Obwohl sie aus dem Jahre 1917 stammte und vermutlich mit dem Frieden von Brest in Zusammenhang stand – Trotzki leitete die Delegation der Sowjetrepublik bei den Verhandlungen mit den Deutschen – und obwohl er auf der Fotografie durchaus nicht allein war, machte der Untersuchungsrichter auch diese Fotografie zu einem Anklagepunkt. In der Anklageschrift stand unter verschiedenen anderen belastenden »Handlungen« auch, Solschenizyn habe Fotografien entlarvter Volksfeinde gesammelt und aufbewahrt. (Bei der Vorbereitung zur Hundertjahrfeier von Lenins Geburtstag wurden Hunderte von Schaubildern mit dokumentarischen Fotografien aus Lenins Leben hergestellt und auf Straßen und in Behörden gezeigt. Doch auf vielen Aufnahmen aus der Zeit der Revolution und des Bürgerkrieges war in den Personengruppen um Lenin auch Trotzki zu sehen. Im allgemeinen hatte man Trotzki kunstgerecht entfernt. Doch auf einer Fotografie, die überall gezeigt wurde, »Lenin inspiziert die Abteilungen der Roten Armee auf dem Roten Platz«, war Trotzki erhalten geblieben. Noch lange kam mir diese Fotografie bei vielen Schaubildern über Lenin vor Augen.)

Gerüchte über den möglichen Ausschluß Solschenizyns aus dem Schriftstellerverband der UdSSR hatte es seit längerer Zeit gegeben. Anspielungen enthielt auch der Artikel in der *Literaturnaja gaseta* vom Juni 1968. Solschenizyn berichtete im Mai 1969, ihm sei zu Ohren gekommen, daß ein solches Vorhaben in Führungskreisen des Schriftstellerverbandes diskutiert werde. Einige hielten einen solchen Akt für ausgeschlossen, denn, wie auch immer man sich zu Solschenizyns Schaffen verhalten mochte, daß man es mit einem begabten Schriftsteller zu tun hatte, war allgemein anerkannt. Ich nahm diese Gerüchte durchaus ernst. Der Schriftstellerverband der UdSSR hatte seit langem aufgehört, nur ein Berufsverband zu sein. Er war auch ein politischer Verband, eine Organisation der Vertreter des sogenannten sozialistischen Realismus, das heißt eines Partei-Realismus, einer Literatur, die alle Weisungen von Partei- und Staatsführung streng befolgt. Solschenizyn aber hatte sich klar auf den Weg des klassischen, im engeren Sinne des kritischen Realismus, begeben, sich also der Tradition der besten russischen Schriftsteller angeschlossen von Radischtschew und Puschkin bis zu Tolstoi. Ein Ausschluß aus dem Schriftstellerverband entsprach daher im wesentlichen einem Ausschluß aus der Kommunistischen Partei der Sowjetunion, wie er bekanntlich recht häufig und bei erheblich geringeren Differenzen zwischen einem Parteimitglied und der Parteiführung erfolgt. Außerdem gab es einen Präzedenzfall durch den Ausschluß von Boris Pasternak vom Jahre 1958 wegen der Publikation seines Romans *Doktor Schiwago* im Ausland.

Zweifellos ist über den Ausschluß Solschenizyns in den Führungsgremien des Verbandes oft diskutiert worden. Es ist offensichtlich, daß sich die Führung dieser Organisation der Kompliziertheit einer solchen Aktion und der Notwendigkeit einer sorgfältigen Vorbereitung der Szenerie zur Vermeidung von Aufsehen und Protesten vollständig bewußt war. Nach der Satzung des Schriftstellerverbandes der UdSSR erfolgt der Ausschluß aus dem Verband auf der Sitzung der zuständigen Gebietsorganisation und wird von der Leitung des Schriftstellerverbandes der Republik in Anwesenheit des betroffenen Schriftstellers bestätigt. Aber die Organisation des Schriftstellerverbandes in Rjasan war sehr schwach und bestand insgesamt aus sechs oder sieben Personen. Im Sommer 1969 war offensichtlich auf sehr hoher Ebene endgültig beschlossen worden, Solschenizyn aus dem Schriftstellerverband auszuschließen. Er lebte zu diesem Zeitpunkt in seiner Datscha, und man konnte ihn von dort nicht vorladen, die Häuschen in den Gartenkooperativen haben keine postalische Adresse (die örtlichen Postämter versorgen solche Siedlungen manchmal im Sommer, aber das sind Ausnahmefälle, und sie setzen einen besonderen Vertrag über die Bezahlung durch das Kooperativ voraus).

Ende Oktober starb Kornei Tschukowski im Alter von siebenundachtzig Jahren. Soweit bekannt wurde, hat das Sekretariat des Schriftstellerverbandes der RSFSR unmittelbar nach den Begräbnisfeierlichkeiten des hochbetagten sowjetischen Schriftstellers am 31. Oktober die endgültigen Einzelheiten der Prozedur besprochen, wie Solschenizyn ausgeschlossen werden solle. Sobald Solschenizyn nach Rjasan zurückkehrte, wurde ihm mitgeteilt, daß für den 4. November eine Sitzung der Abteilung Rjasan des Verbandes anberaumt sei. Diese Sitzung war im Gebietskomitee der KPdSU gut vorbereitet worden. Jeder der sechs Mitglieder der Abteilung Rjasan des Verbandes war vorgeladen und bearbeitet worden, manche hatte man auch bedroht, damit es keine Abweichungen von dem geplanten Programm gäbe. Jeder Schriftsteller wurde im Gebietskomitee verpflichtet, für den Ausschluß zu stimmen. Zum Vortrag über Solschenizyns »Benehmen« kam eigens aus Moskau der Sekretär des Vorstands des Schriftstellerverbandes der RFSFR, F. Taurin. Das war notwendig, weil die Schriftsteller von Rjasan natürlich die im Ausland erschienenen Werke Solschenizyns nicht kennen konnten und jemand von »oben« die kritische Beurteilung dieser Werke vornehmen mußte. An der Sitzung nahm auch der Sekretär des Gebietskomitees der Partei von Rjasan für Fragen der Ideologie, A. Koschewnikow, teil. Solschenizyn hat später ein kurzes Protokoll über diese Sitzung verfaßt. Diese Aufzeichnung wurde vom Samisdat verbreitet. Im Ausland wurde sie in der Presse und in Materialsammlungen über Solschenizyn veröffentlicht und vom Rundfunk verlesen. Wie aus diesem Bericht hervorgeht, hat nur einer der Sitzungsteilnehmer, der Lyriker Jewgeni Markin, Zweifel geäußert, ob es zweckmäßig sei, Solschenizyn auszuschließen. Die übrigen gaben nur die stereotypen »verurteilenden« Phrasen von sich und wiesen vor allem auf die Bewertung von Solschenizyns Werken durch die westliche Presse hin. Doch bei der Abstimmung verließ auch Markin der Mut, und er hob die Hand zusammen mit allen übrigen.

(Markin hat später unter seiner Charakterschwäche sehr gelitten. Er kam zu Solschenizyn, um »Buße zu tun«. 1970 schrieb er ein Gedicht *Schwerelosigkeit*, in dem er sinnbildlich vom Ausschluß Solschenizyns erzählt. Dieses Gedicht wurde zufällig, aus Unachtsamkeit der neuen *Nowy mir*-Redaktion, im Oktober 1971 [Nr. 10] gedruckt. Markin beschreibt in dem Gedicht verschiedene Arten der Schwerelosigkeit und nennt auch ein Beispiel der »sozialen Schwerelosigkeit«.

> Doch kenne ich eine andere Schwerelosigkeit:
> da stehst du –
> doch eine unfröhliche Art Mensch
> öffnet das Schloß der Aktenmappe,
> nimmt aus der Tasche ein Dokument.

Eine Anzeige ist es!
Eine Verleumdung des Freundes.
Was läßt du mich hier unterschreiben, Schuft?
Unser ist der Sieg, bricht auch der Freund entzwei!
Wie schade, daß ich jetzt schwerelos bin.
Doch wir werden noch durch lichte Flüsse schwimmen!

. . .

Den ehrlosen Menschen die Kinnladen zerschlagen.

Erst nachdem das Gedicht erschienen war, kam jemand dahinter, daß Markin offensichtlich mit der »unfröhlichen Art Mensch« Taurin gemeint hatte. Ein anderes Gedicht Markins, das in der gleichen Nummer von *Nowy mir* abgedruckt war, *Der Bojenwärter*, enthielt ebenfalls in indirekter Form die Verurteilung der Schriftsteller, die sich von »Issaitsch« abgewandt hatten. Markin hat selbst kaum geleugnet, daß diese Gedichte Solschenizyn gewidmet waren. Als der Vorfall allgemein bekannt wurde, wurde auch Markin zu einer Sitzung der Abteilung Rjasan des Schriftstellerverbandes vorgeladen und ausgeschlossen. Doch während die Diskussion über den Ausschluß Solschenizyns etwa neunzig Minuten gedauert hatte, benötigte man für Markin ein Drittel der Zeit.)

Die Sitzung des Sekretariats des Schriftstellerverbandes der RSFSR zur Bestätigung des Beschlusses der Abteilung Rjasan war auf den 5. November festgesetzt worden. Solschenizyn hatte man zu dieser Sitzung telefonisch eingeladen. Die Einladung ignorierte, daß es für ihn unmöglich war, zur festgesetzten Uhrzeit von Rjasan nach Moskau zu kommen. Außerdem widersprach die Diskussion der Frage am 5. November der strengen sowjetischen Tradition, am Vorabend des bedeutendsten Feiertages des Landes, dem 7. November, dem ruhmreichen Jahrestag der Großen Oktoberrevolution, keinerlei Entlassungen, Ausschlüsse, Gerichtsverfahren und Hinrichtungen durchzuführen. (Nach Informationen von Roi Medwedjew wurden 1937, auf dem Höhepunkt des stalinschen Terrors, vor dem 20. Jahrestag der Oktoberrevolution Todesurteile, die kurz zuvor verhängt worden waren, nicht unverzüglich vollstreckt. Die Erschießungen wurden erst am 17. November wieder aufgenommen.)

Solschenizyn rief im Schriftstellerverband der RSFSR an und sagte, so schnell könne er nicht nach Moskau kommen. Doch die

Organisatoren der Aktion hatten alles so beschleunigt, um zu vermeiden, daß Solschenizyn bei der Sitzung anwesend sein und sprechen könne, und um die Einzelheiten der dortigen Diskussionen vor der Allgemeinheit zu verheimlichen. Außerdem lag ihnen daran, den Beschluß der Abteilung Rjasan so früh wie möglich zu bestätigen, damit es keine Möglichkeit mehr für Proteste gäbe. Dennoch hatten sich bereits am 5. November Informationen über den Ausschluß in Moskau verbreitet und einige westliche Korrespondenten erreicht. Doch auf eine offizielle Anfrage der Korrespondenten beim Vorstand des Schriftstellerverbandes leugnete der zuständige Mitarbeiter des Sekretariats den Ausschluß. Diese Leugnung hatte den Zweck, eventuelle Proteste auf den Zeitpunkt zu verschieben, zu dem das Sekretariat des Schriftstellerverbandes den Ausschluß unwiderruflich gemacht haben würde.

Über den Verlauf der Sitzung des Sekretariats des Schriftstellerverbandes der RSFSR ist wenig bekannt. Es gab nicht eine Stimme gegen den Ausschluß. Doch Daniil Alexandrowitsch Granin, Mitglied des Sekretariats und Sekretär der Leningrader Abteilung des Schriftstellerverbandes der UdSSR, sprach sich dafür aus, daß die Diskussion der Frage unbedingt in Anwesenheit Solschenizyns stattfinden müsse, und enthielt sich bei der Abstimmung über den Vorschlag des Ausschlusses der Stimme. Als Granin nach Leningrad zurückkehrte, wurde er sofort vor das Gebietskomitee der KPdSU geladen, und zwar zum Ersten Sekretär Tolstikow persönlich. Kurz danach wurde Granin der Leitung der Leningrader Abteilung des Schriftstellerverbandes enthoben.

Am 12. November 1969 brachte die *Literaturnaja gaseta* eine Mitteilung über den Ausschluß Solschenizyns aus dem Schriftstellerverband. Solschenizyn reagierte auf den Beschluß des Schriftstellerverbandes der RSFSR sehr scharf und verbreitete eine entsprechende Erklärung. Einige Formulierungen dieser Erklärung wurden von Schriftstellern, die Mitglieder der KPdSU waren und früher Solschenizyn voll unterstützt hatten, kritisch aufgenommen. Sogar Twardowski stand dieser Erklärung zunächst mißbilligend gegenüber:

»... Das hätte er nicht tun dürfen«, sagte er im Gespräch mit mir am 13. oder 14. November, »denn am wenigsten liebt man bei uns Ungehorsame.«

Am 8. oder 9. November, unmittelbar vor der Verbreitung einer Stellungnahme, kehrte Solschenizyn von Rjasan auf die in der Nähe Moskaus gelegene Datscha von Mstislaw Rostropowitsch zurück, bei dem er seit September lebte. Rostropowitsch hatte Solschenizyn schon im Sommer eingeladen, bei ihm auf der Datscha zu wohnen und zu arbeiten. Die beiden hatten sich in Rjasan kennengelernt, als der berühmte Cellist dort ein Konzert gegeben hatte. Nach dem Konzert hatte er Solschenizyn überraschend aufgesucht. Zufällig war Solschenizyn an jenem Tag zu Hause, und der Besuch freute ihn sehr. Der warmherzige und gutmütige Rostropowitsch empfand sofort große Sympathie für Solschenizyn und wollte seine literarische Arbeit unterstützen. Auf Rostropowitschs Datscha bewohnte Solschenizyn einen Anbau von zwei Zimmern.

Der Ausschluß Solschenizyns aus dem Schriftstellerverband rief sehr wenig offene Proteste von sowjetischen Schriftstellern und Wissenschaftlern hervor, erheblich größer war die Zahl der Proteste seitens ausländischer Schriftsteller. Es verbreitete sich das Gerücht, eine Gruppe von Schriftstellern mit Twardowski an der Spitze habe die sofortige Einberufung einer Sondersitzung der Leitung des Schriftstellerverbandes der UdSSR gefordert, die den im Sekretariat des Schriftstellerverbandes der RSFSR getroffenen Beschluß aufheben sollte. Im Ausland wurden Nachrichten veröffentlicht, denen zufolge Dutzende oder sogar Hunderte von Angehörigen der sowjetischen Intelligenz protestiert hatten; es waren jedoch Fehlinformationen. Diese Protestschreiben hat niemand gesehen.

Die relativ zurückhaltende Reaktion, die in keinem Verhältnis steht zu der auf Solschenizyns Brief an den 4. Schriftstellerkongreß oder auf den Artikel in der *Literaturnaja gaseta* vom 26. Juni 1968, kann man unterschiedlich erklären. Viele sehen diese Zurückhaltung in Zusammenhang mit der scharfen Erklärung Solschenizyns oder auch damit, daß nach dem Einmarsch der Truppen des Warschauer Pakts in die Tschechoslowakei im August 1968 die gesellschaftliche Aktivität der Intelligenz für eine Demokratisierung wesentlich nachgelassen hatte. Die Abschaffung der Zensur in der Tschechoslowakei unter Dubček und die weitgehende Demokratisierung der Gesellschaft hatten bis zum August 1968 auch für viele schöpferische Menschen in der UdSSR als anziehendes Modell gedient und ihren Einsatz für Reformen stimuliert. Jetzt wurden diese Reformen zur Utopie, zur Sache einer fernen Zukunft. So gingen viele demokratisch gesinnte Vertreter der sowjetischen Intelligenz von einer aktiven Stellungnahme zu einer vorsichtig abwartenden Haltung über. Außerdem muß man berücksichtigen, daß in einem Lande, dessen Bevölkerung die grausamen und gnadenlosen Repressalien der Vergangenheit noch so stark im Bewußtsein hat, der Ausschluß aus irgendeiner kulturellen Organisation nicht als ernsthafte Tragödie angesehen wird. Der Ausschluß aus der KPdSU, den viele mehr fürchten als die Entlassung von der Arbeitsstelle, ist innerhalb der Intelligenz nichts Ungewöhnliches (1967/68 hat man viele Menschen wegen der Unterzeichnung von Protesten ausgeschlossen) und ruft auch kein merkliches Echo hervor. Der Ausschluß aber aus einem Berufsverband (der Schriftstellerverband ist seiner Satzung nach ein Berufsverband) bleibt überhaupt unbemerkt.

Solschenizyns Ausschluß aus dem Schriftstellerverband aber konnte schon deshalb nicht unbemerkt bleiben, weil er einen Schriftsteller traf, dessen literarisches Talent nicht nur in der UdSSR, sondern in der ganzen Welt anerkannt wurde. Am 26. November 1969 veröffentlichte die *Literaturnaja gaseta* eine Stellungnahme des Sekretariats des Schriftstellerverbandes der RSFSR zum Ausschluß Solschenizyns. Sie war reich an üblichem propagandistischem Unfug.

In seinen Handlungen und Erklärungen hat er (Solschenizyn) sich faktisch mit denen zusammengetan, die gegen die sowjetische Gesellschaftsordnung vorgehen ... Eine Reihe Briefe, Erklärungen, Manuskripte und anderes Material Solschenizyns wurden auf illegalen Kanälen ins Ausland gebracht. ... Dieser Strom von Publikationen wurde von geschickter Hand organisiert und geleitet. Die Feinde unseres Landes beförderten ihn zum »Führer« einer von ihnen erfundenen politischen Opposition in der UdSSR ... Wie die *Times* meldete, werden Solschenizyn für seine Werke Honorare gutgeschrieben und von einigen bourgeoisen Verlagen auch systematisch dem Fonds eines sogenannten Internationalen Hilfskomitees überwiesen, dessen Hauptaufgabe die Organisation feindlicher Handlungen gegen die UdSSR und die Länder der sozialistischen Gemeinschaft ist.

Am Schluß wird deutlich darauf angespielt, daß niemand Solschenizyn zurückhalten würde, sogar nicht, wenn Solschenizyn wünscht, sich dorthin zu begeben, wo jedesmal seine antisowjetischen Werke und Briefe mit solcher Begeisterung aufgenommen werden.

Als Solschenizyn diesen Schlußsatz gelesen hatte, sagte er, wie berichtet wird: »Ich bin hier zu Hause und habe nicht die Absicht, irgendwohin zu fahren. Eher wird es dahin kommen, daß sie selber nach China ausreisen wollen.«

Ende Dezember 1969 machte ich einen Besuch bei *Nowy mir*. Man sagte mir, Twardowski habe sich nach meinen Angelegenheiten erkundigt. Ich selbst wollte auch mit ihm über die Situation von *Nowy mir* nach Solschenizyns Ausschluß aus dem Schriftstellerverband sprechen. Twardowski stand noch ganz unter dem Eindruck dieses Ereignisses und versuchte, das Verhalten der Schriftsteller zu verstehen, die auf offene Proteste anläßlich der Willkür jener Organisation verzichteten, zu deren Mitgliedern sie selber zählten.

»Es gibt zwei Arten von Vögeln«, sagte er nachdenklich, »die einen verteidigen ihre Jungen, wenn ein stärkerer Raubvogel naht, die anderen tun es nicht. Sie fliehen und retten ihr eigenes Leben. Man kann ja immer wieder Junge zeugen. So verhalten sich auch die Schriftsteller, sie retten sich selbst ... Viele haben sich sogar über Solschenizyns Erklärung gefreut. Jetzt braucht man ihn nicht mehr zu verteidigen, da er sich in dieser Weise geäußert hat. Aber urteilen soll man doch nicht aufgrund von Briefen, die in Erregung geschrieben worden sind, sondern aufgrund der literarischen Werke! Wieviele solcher Briefe hat Gorki nach der Oktoberrevolution geschrieben, und nicht nur solche, sondern gepfeffertere, und direkt an Lenin oder an Emigrantenzeitungen. Lenin hat ihm auch ohne besondere Zeremonien geantwortet – diese Briefe Lenins an Gorki sind nie publiziert worden. Man hat sie in einem so tiefen Archiv versteckt, daß auch kein einziger Literaturwissenschaftler Zugang erhält. Doch das spielt alles keine Rolle, Gorki gilt nach wie vor als der Begründer der Sowjetliteratur ...

Solschenizyn aber hat ein ungewöhnliches Talent, vielleicht ein größeres als Gorki. Ich lese gegenwärtig einige Kapitel aus seinem neuen Roman über den Ersten Weltkrieg. Ostpreußen, die Niederlage der Armee Samsonows. Eine erstaunliche Prosa, eine ganz neue Struktur.«

Unter allen Beschuldigungen, die die Stellungnahme des Sekretariats des Schriftstellerverbandes der RSFSR vom 26. November 1969 enthielt, war nur eine ernstzunehmen: Die Überweisung der Honorare an ein gewisses »Internationales Hilfskomitee«, zur »Organisation feindlicher Handlungen gegen die UdSSR und die Länder der sozialistischen Gemeinschaft«. Der *Literaturnaja gaseta* zufolge hatte das die *Times* berichtet, doch war das Datum der Publikation in der *Times* nicht angegeben, und die Zeitung selbst kann ja nur aufgrund besonderer Genehmigungen in Sonderabteilungen einiger Bibliotheken eingesehen werden. In dem allgemein zugänglichen Katalog der Lenin-Bibliothek ist die *Times* nur bis 1936/37 aufgenommen. Sie steht Historikern der Vorkriegsperiode mit Sondergenehmigung zur Verfügung. Daher kostete es mich viel Zeit, in Erfahrung zu bringen, was für eine Meldung in der *Times* erschienen war. Es handelte sich um die Nummer vom 20. November 1969, wo eine kurze Notiz das Schicksal der Honorare Solschenizyns betraf. Aus der Notiz war zu schließen, daß die *Times* eine Reihe von Verlegern befragt hatte, was mit den Autorenhonoraren für Solschenizyns Bücher geschehe. Aufgrund der Antworten war die Notiz verfaßt. Warum die Zeitung dieser Frage nachging, bleibt unklar. Alle Verleger hatten mitgeteilt, daß sie dem Autor das Honorar gern auszahlen würden, es aber bisher nicht getan hätten, da sie es für unmöglich hielten. Ein Verleger hatte mitgeteilt, »der Verlag hat das Honorar, das für das erste Verkaufsjahr des Romans *Ein Tag im Leben des Iwan Denissowitsch* angelaufen ist, dem Internationalen Hilfskomitee überwiesen, das sich früher mit der Organisation von Fluchtmöglichkeiten aus Osteuropa befaßt hat*). Doch seit 1964 wird das Honorar für dieses Buch in New York verwahrt ...«

»... Wir wären die glücklichsten Menschen, wenn wir Solschenizyn das Honorar auszahlen könnten«, sagte der Geschäftsführer des Verlages, »doch da das nicht möglich ist, haben wir

---

*) Diese Formulierung über die Tätigkeit des Komitees, die in der *Times* abgedruckt wurde, ist ungenau. Das Komitee hilft Flüchtlingen, organisiert aber keine Fluchtmöglichkeiten. (Anmerkung des Verlages Macmillan.)

uns bemüht, Solschenizyn und seiner Familie eine notwendige medizinische Hilfe zu erweisen. Wir haben versucht, einen amerikanischen Arzt zu finden, der den Schriftsteller wegen seines Wirbelsäulen-Tumors behandeln könnte, doch hatten wir keinen Erfolg ...«

Diese Erklärung des Verlages gegenüber der *Times* enthält viele Verwechslungen. Tatsächlich ist 1968 ein Versuch unternommen worden, aus eventuellen Honoraren ein besonderes Medikament zu bezahlen, doch nicht zur Behandlung eines Wirbelsäulen-, sondern eines Knochenmark-Tumors, und zwar nicht bei Solschenizyn, sondern bei der Tochter eines Bekannten in Rjasan. Dieser Versuch hatte jedoch keinen Erfolg, weil der Verlag sich zuviel Zeit ließ, seine Bereitschaft zur Bezahlung der Rechnung der Herstellerfirma zu erklären. Die gesamte Korrespondenz mit dem Verlag habe ich auf Bitte von Solschenizyn selbst geführt, und in jener Zeit machte der Verlag auch nicht die geringsten Andeutungen, daß das Honorar, aus dem die Rechnung für das Medikament bezahlt werden sollte, vorher vom Verlag irgendeinem »Hilfskomitee« überwiesen worden sei. Bestseller stehen in den USA einige Monate lang auf der Bestsellerliste, sehr selten ein Jahr lang. Danach ist der Markt gesättigt und die Verkaufszahlen fallen stark. Da sich Honorare im Ausland aus einem prozentualen Anteil am Verkauf ergeben, ist das Honorar im ersten Verkaufsjahr (*Ein Tag im Leben des Iwan Denissowitsch* wurde in den USA im Januar 1963 ausgeliefert) sehr hoch, während die Honorare in den folgenden Jahren keine erheblichen Beträge mehr ausmachen. Nach der Erklärung des Verlagsdirektors versteht man, warum der Verlag so lange zögerte, die Bezahlung des dringend benötigten Medikaments zu übernehmen. Auf dem Honorarkonto stand offensichtlich einfach nicht der erforderliche Betrag. Die Kosten für das Medikament waren recht hoch, und der Verlag konnte sich lange nicht zur Übernahme der Kosten entschließen, jedenfalls solange nicht, bis seine Hilfe sich erübrigte. Im Hinblick auf mögliche Entgegnungen des Verlages halte ich es für erforderlich, hier die Einzelheiten kurz wiederzugeben.

Anfang Juni 1968 wandte sich Solschenizyn an mich mit der Bitte, ich möchte in Erfahrung bringen, ob man aus den USA ein neues Medikament bekommen könne, das amerikanische Ärzte neuerdings bei der Behandlung von akuter Leukämie anwenden. Die Tochter von Freunden Solschenizyns in Rjasan, Alla, ein zehn- oder elfjähriges Mädchen, war an akuter Leukämie erkrankt, und die Ärzte hielten den tödlichen Ausgang der Krankheit für unabwendbar. Die Mutter tat alles, um Informationen über neue Medikamente zu erhalten, las Artikel in Fachzeitschriften über Leukämiebehandlung und die neuesten Medikamente gegen Leukämie und beschaffte den behandelnden Ärzten ausländische Präparate. Auf diese Weise war es gelungen, das Mädchen noch am Leben zu erhalten. Akute Leukämie kann in wenigen Monaten zum Tode führen, da die bösartigen Zellen sich an Medikamente gewöhnen. Das Leben läßt sich nur durch ständigen Wechsel der Medikamente und ihrer Kombinationen verlängern. 1968 wurde über ein prinzipiell neues Medikament gegen Leukämie berichtet, ein aus bestimmten Bakterien abgesondertes Asparaginase-Ferment. In der Zeitschrift *Sa Rubeschom* stand ein Nachdruck aus einer ausländischen Zeitung, daß Asparaginase, systematisch dem Blut zugefügt, nur die Leukämiezellen zerstört und somit ein radikales Mittel gegen Leukämie sein könne. Asparaginase war indessen nur ein experimentelles Präparat, und es war praktisch nicht möglich, es zu bekommen.

Solschenizyn, der wußte, daß ich viele Bekannte in den USA hatte (die Wirkung von Asparaginase war von amerikanischen Biochemikern entdeckt worden), bat mich, Informationen einzuholen, ob sich dieses Präparat beschaffen ließe. Ich schrieb sofort an einige Freunde und konnte Solschenizyn bald mitteilen, daß die kommerzielle Produktion von Asparaginase nur bei einer Firma in den USA angelaufen sei, die das Präparat je nach dem Umfang der Bestellung zu dem außerordentlich hohen Preis von zwanzig bis fünfundsiebzig Dollar für 1000 internationale Einheiten verkaufe (bei größeren Bestellungen senkte sich der Preis, eine im Privathandel übliche Praxis). Ich wußte damals noch nicht, wieviel für die Behandlung notwendig sein würde, doch der Gesamtbetrag konnte tausend Dollar erheblich übersteigen. Bei diesen Kosten konnte man nicht einfach irgend jemanden bitten, das Medikament zu besorgen.

Solschenizyn sagte mir, er sei bereit, das Medikament aus seinem amerikanischen Honorar zu bezahlen. Solschenizyn war früher einmal darüber informiert worden, daß einige Verlage ihm das Honorar für diesen Roman freiwillig gutschrieben. Außer dem Wunsch, Solschenizyns Freunden zu helfen, reizte mich die wissenschaftliche Seite, um so mehr als in dem Institut für medizinische Radiologie, in dem ich damals arbeitete, eine Spezialabteilung für Leukämiekranke existierte und Leukämie oftmals die Folge von Bestrahlung ist. So versuchte ich, so schnell wie möglich in den USA Asparaginase zu kaufen. Einer meiner Freunde in den USA bat einen ihm bekannten Literaturwissenschaftler zu klären, ob Solschenizyn das Honorar für *Ein Tag im Leben des Iwan Denissowitsch* erhalten könne. Der Literaturwissenschaftler wandte sich an einen der Verleger.

Der Brief des Verlagsdirektors vom 2. Juli 1968 an Professor W. war sehr positiv. Er schrieb, der Verlag werde einem Schriftsteller von solchem Format wie Solschenizyn ein Honorar zahlen, auch wenn die UdSSR den internationalen Konventionen nicht beigetreten sei, doch dürfte eine direkte Überweisung des Geldes an Solschenizyn aus den USA für ihn nicht ungefährlich sein. Als Solschenizyn davon erfuhr, beauftragte er mich offiziell, den Kauf der erforderlichen Menge Asparaginase in den USA vorzubereiten. Ich schrieb Briefe an den Verlag über Solschenizyns Absicht, das Medikament zu kaufen, an die Firma, die das Medikament Asparaginase kommerziell herstellte, und an einige Fachleute für seine Anwendung, um die notwendigen Angaben über Behandlungsmethoden, Dosierungen, Fachliteratur zur klinischen Anwendung usw. zu erhalten. Dem Verlag nannte ich auch einige angesehene Personen, die, falls irgendwelche Zweifel auftauchen sollten, Solschenizyns Absicht hätten bestätigen können, das Medikament aus seinem Honorarguthaben zu bezahlen.

Die Antwort des Verlagsdirektors war positiv. Er begrüßte Solschenizyns Absicht und teilte mit, er habe seinen eigenen Arzt gebeten zu klären, wie man Asparaginase kaufen könne. Auch der Direktor des Forschungslaboratoriums, das Asparaginase herstellt (Dr. Jim Boston, Truett Laboratory, Dallas, Texas), antwortete und fügte ein Verzeichnis der Preise für die verschiedenen Mengen bei. Dr. Boston schrieb, das Laboratorium sei bereit, die erforderliche Menge zu übersenden, wenn der Verlag zusichere, die Rechnung zu bezahlen. Aus der Fachliteratur, die wir inzwischen von verschiedenen Wissenschaftlern erhalten hatten, ging hervor, daß für eine medikamentöse Kur von vier Wochen mindestens etwa 200 000 internationale Einheiten benötigt würden, die sechstausend Dollar kosteten. Dies teilte ich dem Verlag mit und fragte, ob er bereit sei, eine solche Rechnung bei Vorlage einer entsprechenden schriftlichen Bestätigung Solschenizyns zu bezahlen. Mit großer Verspätung traf eine Antwort der Sekretärin des Verlegers (Brief vom 4. 11. 1968) ein. Der Brief war sehr liebenswürdig:

Wir haben uns über Ihre Briefe sehr gefreut und bedauern, daß es so lange gedauert hat, den Empfang zu bestätigen. Mr. . . . hat Ihnen nicht geantwortet, da er sich in Mexico City bei den Olympischen Spielen aufhielt und sich unmittelbar nach seiner Rückkehr auf eine weitere kurze Dienstreise begab. Er wird Ihnen sofort nach seiner Rückkehr schreiben.

Ich wartete etwas und schrieb dann noch einen Brief. Doch wieder antwortete nicht der Verlagsdirektor, sondern seine Sekretärin. Diesen Brief vom 26. November 1968 zitiere ich hier vollständig.

Sehr geehrter Herr Dr. Medwedjew,

ich muß Ihnen leider wieder mitteilen, daß Mr. . . . zur Zeit verreist ist. Er hat sich indessen schon um einige Informationen zu Ihren medizinischen Fragen bemüht, doch bisher ohne Erfolg. Gleich nach seiner Rückkehr, etwa am 10. Dezember, beabsichtigt er, seine Bemühungen fortzusetzen. Sobald sich irgend etwas Neues ergibt, wird er Ihnen bestimmt schreiben. Zunächst bitte ich Sie, noch etwas abzuwarten.

Die Korrespondenz mit dem Verlag fortzusetzen hatte keinen Sinn, da das Mädchen im Dezember ins Krankenhaus eingeliefert wurde, nachdem sich ihr Zustand erwartungsgemäß verschlechtert hatte. Auf Empfehlung von Dr. J. D. Broome, der die Antileukämiewirkung des Asparaginase entdeckt hatte, wandte ich mich mit einer Anfrage an Dr. Arnold D. Welch, den Direktor des Squibb Institute for Medical Research, New Brunswick, das Asparaginase nicht für kommerzielle Zwecke, sondern für klinische Versuche im Auftrage des National Cancer Institute herstellt. Dr. Welch beriet sich schnell mit Professor C. G. Zubrod vom National Cancer Institute, und Anfang Januar 1969 wurde mir per Luftpost ein Päckchen mit 150 000 Einheiten Asparaginase übersandt. Das Medikament war kostenlos geliefert worden. Professor Zubrod schloß Allas Fall in das Programm der klinischen Versuche ein und gab eine detaillierte Instruktion für die Anwendung. Die Behandlung mit Asparaginase führte in Moskau der Arzt A. I. Worobjow durch (wobei zum ersten Mal in der UdSSR Asparaginase gegen Leukämie angewandt wurde). Zu diesem Zeitpunkt war bereits bekannt, daß Asparaginase leider kein radikales Heilmittel ist, sondern nur zeitweilige Erleichterung verschafft, nach der die Krankheit ihren Fortgang nimmt. Nach zwei solchen Phasen starb Alla 1970.

Interessant ist die Frage, welche Gründe den Verlag veranlaßten, das Honorar für *Ein Tag im Leben des Iwan Denissowitsch* für 1963 irgendeinem »Hilfskomitee« zu überweisen, und ob die Verleger begriffen, daß eine derartige Aktion für den Autor recht üble Folgen haben konnte. War den Verlagen bewußt, daß eine Veröffentlichung der Aktion von 1964 im Jahre 1969 wirklich nicht nötig war? Um auf diese Fragen zu antworten, sei hier noch ein charakteristisches Beispiel angeführt.

Im Oktober 1968 versuchte ich neben der oben beschriebenen Korrespondenz die gleiche Möglichkeit bei einem anderen amerikanischen Verlag zu klären, der ebenfalls *Ein Tag im Leben des Iwan Denissowitsch* herausgebracht hatte. Einige Jahre vorher hatte mir Akademiemitglied Kapiza eine Taschenbuchausgabe des Romans gezeigt, die 1963 in diesem Verlag erschienen war. Auf buntem Umschlag war Iwan Denissowitsch vor einem Hintergrund von Stacheldraht und Wachtürmen dargestellt, auf der Rückseite des Titelblatts stand eine Erklärung des Verlages. Diese Erklärung war recht provokatorisch. Der Verlag teilte mit, er werde das Honorar zehn Jahre lang für den Autor aufbewahren und ihm aushändigen, wenn er innerhalb dieser Zeit in die USA käme, um das Geld in Empfang zu nehmen. Wenn der Autor aber im Laufe von zehn Jahren nicht in die USA kommen werde, würde das Honorar für antikommunistische Zwecke verwendet werden.

Der Verlag antwortete zunächst sehr vage, und als ich dann konkret mitteilte, worum es ging, erhielt ich keine Antwort mehr. Dreimal wiederholte ich die Bitte, sandte die Briefe per Einschreiben mit Rückschein. Die Rückscheine trafen auch mit dem Stempel des Verlages ein, unterzeichnet wohl von irgendeinem Mitarbeiter, doch beantwortet wurden die Briefe nicht.

1968 war die Zehnjahresfrist noch lange nicht abgelaufen, doch der Verlag verweigerte die Korrespondenz, die für die Gründer antisowjetischer Fonds den Verlust bestimmter Geldbeträge hätte bedeuten können.

Ich nehme an, daß es nicht die Verlage sind, die sich derartige Aktionen ausdenken. Alle diese »Hilfskomitees«, »NTS« und ähnliche Organisationen nutzen die Veröffentlichung sowjetischer

Autoren im Ausland als Einnahmequelle. Im einen Fall mögen das Übersetzungen der Bücher Solschenizyns sein, in anderen Übersetzungen der Bücher Scholochows oder Kotschetows. Im Ausland ist das Aufbringen von Geldmitteln für die Existenz der einen oder anderen Organisation ein wichtiger Teil der Tätigkeit der Organisation. Die Beschaffung der Mittel durch Verlage hat einen doppelten Sinn. Erstens sind es Gelder, die man bekommen kann, ohne Sorge um die juristischen Folgen haben zu müssen, da sowjetische Autoren im Ausland keine Rechte besitzen. Zweitens kann der auf diese Weise bestohlene Autor stets der Teilnehmerschaft beschuldigt werden. Und ich bin nicht überzeugt, daß es in einigen westlichen Organisationen nicht Menschen gibt, die insgeheim daran ebenso interessiert sind wie die *Literaturnaja gaseta*.

Im Kommentar zu jenem Teil der Notiz in der *Times* vom 20. November, der sich auf die Honorare der amerikanischen Verlage bezieht, entschloß sich das Sekretariat des Schriftstellerverbandes der RSFSR nicht zu einer Äußerung über den letzten Passus, in dem es heißt:

Victor Gollancz, der eine (auch bei Pinguin und Dutton in den USA erschienene) Übersetzung von *Ein Tag im Leben des Iwan Denissowitsch* herausbrachte, hat einen offiziellen Vertrag mit Vertretern der sowjetischen Handelsmission in Highgate, West Hill, London unterzeichnet und das Honorar einschließlich eines Vorschusses vollständig dorthin gezahlt. Es besteht indessen keine Veranlassung anzunehmen, daß Solschenizyn in seiner bedauerlichen Situation auch nur einen Penny von diesen Zahlungen erhalten hat.

Diese Gelder, deren Höhe niemand genau kennt, hat »Meschdunarodnaja kniga« erhalten, die Buchaußenhandelsorganisation, die beim Ministerium des Außenhandels der UdSSR besteht. Ich bin dem Schicksal der Gelder nicht nachgegangen. Ich habe aber in meinem Archiv Kopien von Unterlagen zu einem analogen Fall. »Meschdunarodnaja kniga« handelte »im Namen« eines sowjetischen Autors und erhielt über die französische Agentur »Agence Littéraire et Artistique Parisienne« sehr hohe Honorare von sechs europäischen Verlagen. Niemand informierte den Autor über diese Finanztransaktionen. Erst nach neun Jahren erfuhr er zufällig von den Zahlungen. Aufgrund intensiver Nachforschungen, an denen ich durch Unterstützung bei der Korrespondenz beteiligt war, teilte der Direktor der französischen Vermittlungsagentur Georges Soria in einem an mich gerichteten Brief vom 6. Juli 1967 und danach der Vorsitzende von »Meschdunarodnaja kniga« in einem Brief an den Autor folgendes mit: Es waren tatsächlich Autorenhonorare gezahlt worden. Jedoch hatte die französische Agentur aufgrund des Generalvertrages mit »Meschdunarodnaja kniga« eine Kommissionsgebühr von 75 % des Honorars erhalten. Von den verbleibenden 25 % waren etwa die Hälfte für Prozesse gegen Verleger in Italien verwendet worden, die eine Honorarzahlung abgelehnt hatten (die Prozesse wurden verloren). Aus den verbleibenden 12 % hatte »Meschdunarodnaja kniga« 25 % Kommissionsgebühr einbehalten. Vom Restbetrag standen noch 35 % der für Devisengeschäfte zuständigen Behörde »Wneschposyltorg« zu. Was dann übrig blieb (etwa 4 % der ursprünglichen Summe), konnte dem Autor ausgezahlt werden. Wenn man berücksichtigt, daß die von Soria geleitete Agentur eine Institution der französischen KP ist und Soria selbst Mitglied des ZK der französischen KP, dann ergibt sich, daß den Löwenanteil an den Honoraren für *Ein Tag im Leben des Iwan Denissowitsch* nicht jene erhalten haben, die der Menschheit gegen den Kommunismus »helfen«, sondern jene, die sich bemühen, den Kommunismus in allen Ländern der Erde zu verbreiten.

Die Zerschlagung des Redaktionskollegiums von »Nowy mir«

Die offizielle Veröffentlichung von *Ein Tag im Leben des Iwan Denissowitsch* 1962 war kein isoliertes Ereignis. Sie war die Folge jener Tendenzen in der Entwicklung der Sowjetliteratur, die unter dem Einfluß der Politik des 20. und 22. Parteikongresses entstanden waren. Dieser Roman war nicht zufällig in *Nowy mir* gedruckt worden. Diese Zeitschrift vereinigte wirklich die besten literarischen Kräfte unseres Landes und hatte den Mut, brennende Fragen der Literatur und des gesellschaftlichen Lebens zu diskutieren. Genauso war auch der Ausschluß Solschenizyns aus dem Schriftstellerverband kein isoliertes Ereignis. Er war die Folge bestimmter Veränderungen in der Gesamtpolitik, war das Ergebnis der Bemühungen einiger konservativer Kreise, die Möglichkeiten und die Freiheit der Literatur zu beschränken, Literatur und Publizistik strengster ideologischer und politischer Kontrolle zu unterwerfen. Dieser Prozeß begann noch unter Chruschtschow 1963/64 als Gegenreaktion bürokratischer Elemente gegen den allzu breiten Aufschwung der kritischen Literatur. Chruschtschow strebte nach Alleinherrschaft in allen Bereichen und konnte daher keinen Bereich wirklich kompetent und methodisch leiten. Er beging grobe Fehler in den Anweisungen zur Landwirtschaft, Industrie, Außenpolitik, Bildungspolitik, Leitung des Parteiapparats und in der gesamten Wirtschaft des Landes. Das Leben der Gesellschaft verlief sprunghaft, und es gab ständig politische und wirtschaftliche Reorganisationen. Einige davon brachten das Land vorwärts, andere bremsten seine Entwicklung stark. Solche sprunghaften Vorgänge gab es auch in der Literatur. Nach der Verurteilung von W. Dudinzews Roman *Der Mensch lebt nicht vom Brot allein* (1957) und der breit angelegten Kampagne gegen Boris Pasternak und seinen Roman *Doktor Schiwago* setzte in der Literatur eine Periode des Stillstands ein, wobei Chruschtschow in seinen Reden vor den Schriftstellern häufig sowohl Dudinzew als auch Pasternak beschimpfte. Unter diesen Bedingungen kam die Veröffentlichung von *Ein Tag im Leben des Iwan Denissowitsch* höchst unerwartet. 1954 hatte Chruschtschow persönlich den Vorsitz bei der Sitzung des Sekretariats des ZK der KPdSU, in der Twardowski als Chefredakteur der Zeitschrift *Nowy mir* abgesetzt wurde. Twardowski war in erster Linie wegen der satirischen Verserzählung *Tjorkin im Jenseits* abgesetzt worden, die man als antisowjetisch und gegen die Partei gerichtet ansah. (Das betraf die erste Fassung der Verserzählung.) Konstantin Simonow war auf jener Sitzung gegen Twardowski aufgetreten und zum Chefredakteur von *Nowy mir* ernannt worden. 1958 wurde Simonow, im wesentlichen wegen der Veröffentlichung des Romans *Der Mensch lebt nicht vom Brot allein*, abgesetzt und Twardowski wieder eingesetzt. 1963 organisierte Chruschtschows Assistent Lebedjew eine Lesung der neuen Fassung von *Tjorkin im Jenseits* in Chruschtschows Residenz am Schwarzen Meer. Die Dichtung, deren neue Fassung übrigens erheblich schärfer war, gefiel Chruschtschow sehr, und er bat den Chefredakteur der *Iswestija*, Adschubei, sie sofort zu drucken. In solchen Sprüngen zeigte sich die sogenannte Subjektivität Chruschtschows, die später auf Versammlungen oft erwähnt wurde. Nach Chruschtschows Entlassung ging die Leitung der Literatur in die Hände der Spezialisten auf dem Gebiet der Ideologie über und wurde erheblich konsequenter und zielstrebiger.

Nun herrschte die konservative Konsequenz der Beamten und Leiter der Zensur. Sie erstreckte sich auf alle. Scholochow hatte in seinem in vielen Jahren entstandenen Roman *Sie kämpften für die Heimat* ein Kapitel geschrieben, in dem eine der Figuren von den ungesetzlichen Untersuchungsmethoden und von den Lagern der Periode 1937 bis 1940 berichtet. Ihm wurde nahegelegt, das Kapitel zu streichen. Doch es entsprach dem literarischen Sujet, und auch Scholochows Idee war ganz im Geiste der Partei: er wollte zeigen, wie ein Mensch, der Folter und Lager überstanden hat, der Partei und allen Ideen treu geblieben ist, die die Grundlage der sowjetischen Gesellschaft bilden. Doch die Zensur hatte die Anweisung, nichts über die Lager durchzulassen. Scholochow bemühte sich als Mitglied des Präsidiums des ZK der KPdSU um einen Empfang bei Breschnew, erhielt aber eine Ablehnung. Breschnew konnte Scholochow in einer solchen Angelegenheit nicht empfangen, da die Entscheidung darüber nicht zur Kompetenz des Generalsekretärs der Partei gehörte. Scholochow unternahm einige erfolglose Versuche, das Zensurverbot zu umgehen, gab dann aber nach, strich das Kapitel und ersetzte den Bericht über die Foltern in den Lagern durch einen Beitrag über die Methoden des Fischfangs.

Die Differenzierung der Macht stärkte die Möglichkeiten der ideologischen Zensur, doch die Ein- und Absetzung der Chefredakteure überregionaler Zeitschriften gehörte weiterhin zur Funktion des Sekretariats oder des Politbüros des ZK der KPdSU. Obwohl die Tätigkeit Twardowskis und der *Nowy mir*-Redaktion den ideologischen Führungsstellen der Literatur äußerst zuwider lief, gab es nicht Grund genug, dem Sekretariat des ZK der KPdSU eine Diskussion über Twardowski nahezulegen. Unter so schwierigen Bedingungen hatten es *Nowy mir* und seine Autoren vermocht, eine Arbeitsform zu finden, bei der die publizierten Werke von den liberalen demokratischen Schichten unserer Intelligenz begeistert gelesen wurden. Die konservativ bürokratischen Funktionäre an der Spitze sahen dieses Schaffen mit großem Ärger und blockierten im allgemeinen die geplanten späteren Einzelausgaben dieser Werke. Es lassen sich viele solche zweifellos begabte und gleichzeitig scharf sozialkritische Werke nennen, die 1969 in *Nowy mir* erschienen. *Woche für Woche* von Natalja Baranskaja, *Drei Minuten Schweigen* von Georgi Wladimow, *Die Krugljanski-Brücke* von Wassili Bykow, *Begegnungen auf der anderen Seite* von Lew Ginsburg, *Das Dorf-Tagebuch* von Jefim Dorosch, *Der Tausch* von Juri Trifonow, *Pelageja* von Fjodor Abramow u. a. Die Kritik nahm diese Werke negativ auf, doch die Leser waren der Zeitschrift dankbar. Die Zahl der Abonnenten erhöhte sich im September 1969 im Vergleich mit dem Vorjahr um 40 000.

Anfang 1969 gab Twardowski seine neue Verserzählung *Vom Recht auf Erinnerung* in Satz, die für die April-Nummer bestimmt war. Die Zensur strich sie. Twardowski übernahm sie in die Mai-Nummer, doch wieder erfolgte das Verbot durch die Zensur. Twardowski nahm sie in die Juni-Nummer auf und bestellte zwanzig Umbruchexemplare, um den Text auf höherer Ebene diskutieren zu lassen. Die Diskussion auf höherer Ebene wurde abgelehnt, und die Zensur entfernte die Dichtung wieder aus dem Umbruch.

Die Verserzählung *Vom Recht auf Erinnerung* war ein Werk, an dem Twardowski mehrere Jahre lang gearbeitet hatte. 1967 hatte er die erste Fassung abgeschlossen und der Redaktion der Zeitschrift *Junost* übersandt. Dort wurde die Veröffentlichung

Es irrt, wer glaubt, daß das Gedächtnis
nicht vor sich selber Achtung hat,
daß Zeit und Trübung läßt vergessen
jeglichen Schmerz,
jegliche Tat,
daß unablässig fliegt die Erde
und nichts jahraus, jahrein sie hemmt,
daß für den Dichter ohne Folgen,
wenn er aus Angst vor den Verboten
verschweigt, was seine Seele brennt ...
Nein, alles was nicht ausgesprochen,
nun ganz zu sagen, zwingt die Pflicht.

Es bestand kein Zweifel, daß sich Twardowski auch weiter für
die Veröffentlichung dieser Dichtung einsetzen würde. Darüber
hinaus leitete die Verteilung der Umbruchexemplare die Samis-
dat-Verbreitung ein.

Am 26. Juni 1969 veröffentlichten elf Schriftsteller (Michail
Alexejew, Sergei Wikulow, Sergei Woronin u. a.) in der Zeitschrift *Ogonjok* (Nr. 30) eine Erklärung *Wogegen stellt sich
Nowy mir?* Sie war außerordentlich grob formuliert und erinnerte im Stil an Kritiken Ende der vierziger Jahre, als sich die
Angriffe gegen die Leningrader Zeitschriften *Swesda* und *Leningrad* richteten. Die Autoren behaupteten, *Nowy mir* drucke
»Schmähschriften«, »die die heroische Vergangenheit unseres Volkes und der Sowjetarmee anzweifeln«. »In den kritischen Beiträgen, die in *Nowy mir* erscheinen, wird planmäßig und zielbe-
wußt eine Tendenz des Skeptizismus gegenüber den sozial-mora-
lischen Werten der Sowjetgesellschaft, ihren Idealen und Errungenschaften kultiviert.«

Die *Nowy mir*-Redaktion gab auf diesen demagogischen Artikel eine würdige Antwort (*Nowy mir* 1969, Nr. 7, S. 285–286)
und wies darauf hin, daß alle elf Schriftsteller, die die Erklärung
unterzeichnet hatten, zu verschiedenen Zeitpunkten in *Nowy mir*
wegen des schwachen künstlerischen Niveaus ihrer Werke, ihres
schlechten literarischen Geschmacks, ihrer Unselbständigkeit u. ä.
begründet kritisiert worden waren.

Doch diese Entgegnung war nur eine moralische Verteidigung.
Der Tatbestand, daß elf Autoren in einer illustrierten Informa-
tionszeitschrift von zwei Millionen Auflage gemeinsam ein

demagogisches Pamphlet hatten drucken können, bewies, daß eine breit angelegte Kampagne gegen *Nowy mir* im Gange war.

Die Unzufriedenheit der konservativen Kreise mit Twardowskis Haltung beschränkte sich nicht auf den Bereich der Literatur, denn auch die gesellschaftliche Tätigkeit des Dichters nahm einen immer demokratischeren Charakter an. Auf dem 23. Parteikongreß (1966) war er bereits nicht mehr ins Plenum des ZK der KPdSU wiedergewählt worden. Nach dem Einmarsch der Truppen des Warschauer Pakts in die Tschechoslowakei wurden in allen Organisationen offene Parteiversammlungen obligatorisch einberufen, die ihre Übereinstimmung mit dem Vorgehen der Sowjetregierung zum Ausdruck bringen sollten. In *Nowy mir* fand eine solche Versammlung erst nach zwei Warnungen des Gebietskomitees der KPdSU statt. Twardowski erschien nicht. Als die Leitung des Schriftstellerverbandes der UdSSR den Text eines Schreibens an die Schriftsteller der Tschechoslowakei aufgesetzt hatte, lehnte es Twardowski ab, das Schreiben zu unterzeichnen. Deshalb verzögerte sich die Veröffentlichung des Schreibens um eine Woche; denn die Leitung des Schriftstellerverbandes hatte die Unterzeichnung durch alle Mitglieder des Vorstandes gefordert. Man bat Twardowski um eine Erklärung. Twardowski schrieb an den Schriftstellerverband kurz und klar, er wäre bereit gewesen, seinen tschechoslowakischen Kollegen ein Schreiben zu senden, wenn man ihn vor dem Einmarsch der verbündeten Truppen in die ČSSR darum gebeten hätte, nicht aber danach.

Im Herbst 1969 wurde Twardowski vor die zuständige Abteilung einer maßgeblichen Behörde geladen. Man legte ihm das neueste Exemplar der Zeitschrift *Possev* vor, in dem seine letzte Verserzählung *Vom Recht auf Erinnerung* abgedruckt war. Twardowski schrieb sofort einen scharfen Protest, der in der *Literaturnaja gaseta* abgedruckt wurde:

Die Frechheit dieser Handlungsweise, die das Ziel hat, mein Werk zu diskreditieren, entspricht der unverfrorenen Verlogenheit, mit der man der Dichtung den provokatorischen Titel *Über Stalins Asche* gegeben hat.

Twardowski wies auch darauf hin, daß der Text der in *Possev* veröffentlichten Dichtung viele Entstellungen enthielt. Diese Erklärung Twardowskis wurde lange nicht publiziert; sie erschien erst am 11. Februar 1970 (Seite 9) mit verändertem Datum. Am 11. Februar nämlich berichtete die *Literaturnaja gaseta* auch über die Reorganisation der *Nowy mir*-Redaktion, so daß der Leser annehmen konnte, diese beiden Ereignisse stünden in Zusammenhang.

Die Veröffentlichung der Verserzählung in *Possev* kann man nicht mit Samisdat entschuldigen, da in *Possev* die alte Fassung von 1968 abgedruckt war, die sich erheblich von der zweiten unterschied, die erst ab April und Mai 1969 im Samisdat verbreitet wurde. Diese alte Fassung war nicht von Hand zu Hand gegangen. Sie hatte einige Zeit in der Redaktion der *Junost* gelegen und war nur einem kleinen Freundeskreis des Dichters bekannt geworden. Es bleibt ein Rätsel, wie sie zu *Possev* geraten ist.

Ende 1969 begann der Sekretär des Schriftstellerverbandes Woronkow beharrlich auf Twardowski einzureden, er solle aus »Gesundheitsgründen« um seine Entlassung bitten. Twardowski lehnte das ab, obwohl ihm gleichzeitig aufgrund der »Nomenklatur« der höhere Posten eines Sekretärs des Schriftstellerverbandes angeboten wurde*). Aber man spürte, daß über das Los der Zeitschrift im voraus entschieden war. Der Optimismus unter den Mitarbeitern von *Nowy mir* schwand. Autoren, die Ende 1969 die Redaktion besuchten, bekamen auf die Frage »Nun, wie geht's?« die Antwort: »Heute sind wir noch an der Arbeit.«

Trotz allem wurde entschieden, Twardowski nicht durch einen Beschluß des Sekretariats des ZK der KPdSU abzusetzen und auch nicht über die Arbeit der Zeitschrift zu diskutieren. Twardowski hatte selbst zu gehen. Dafür wurde ein besonderer Plan ersonnen. Die Leitung des Schriftstellerverbandes der UdSSR hat nicht die Vollmacht, den Chefredakteur einer überregionalen Zeitschrift von seinem Posten zu entbinden. Aber das Sekretariat der Leitung kann durch eigenen Beschluß Mitglieder der Redaktionskollegien ab- und einsetzen. Im allgemeinen erfolgt das im Einvernehmen mit dem Chefredakteur oder auf seinen Vorschlag. In diesem Falle aber ging man anders vor. In Twardowskis Abwesenheit fand Anfang Februar 1970 eine Sitzung des Büros

---

*) In der Leitung des Schriftstellerverbandes gibt es sehr viele Sekretäre, doch nur ein Teil gehört zu dem »Nomenklatur-Personalbestand« (der vor einer Wahl festgelegt wird) des Sekretariats und erhält ein Gehalt für seine Tätigkeit. Twardowski war zwar Sekretär des Schriftstellerverbandes, doch aufgrund seiner Funktion als Chefredakteur von *Nowy mir*. Für den Fall des Ausscheidens aus der Redaktion hatte man ihm einen ständigen Nomenklatur-Posten des Sekretärs des Schriftstellerverbandes mit entsprechend hohem Gehalt angeboten.

des Sekretariats der Leitung des Schriftstellerverbandes der UdSSR statt, das eine Reorganisation von *Nowy mir* durchführte. Von den Verpflichtungen als Mitglied des Redaktionskollegiums wurden entbunden: der stellvertretende Chefredakteur A. I. Kondratowitsch, W. Ja. Lakschin, I. A. Saz und I. I. Winogradow, also die Leiter der Hauptabteilungen. Für Twardowski wurden sofort zwei Stellvertreter bestimmt, D. G. Bolschow und O. P. Smirnow, und ins Redaktionskollegium der Zeitschrift wurden als neue Mitarbeiter W. A. Kossolapow, A. I. Owtscharenko und A. Je. Rekemtschuk beordert. Mit einem Schreiben an das ZK der KPdSU protestierte Twardowski sofort gegen diese Veränderungen. Doch am 11. Februar 1970 publizierte die *Literaturnaja gaseta* in einer kurzen Notiz unter der Rubrik »Chronik« den Beschluß des Büros des Sekretariats der Leitung des Schriftstellerverbandes. Das hieß, Twardowskis Protest war abgelehnt worden. Natürlich konnte Twardowski mit dem neuen Redaktionskollegium nicht arbeiten, und so beantragte er seinen Rücktritt. Bald danach beantragten auch A. M. Marjamow, Je. Ja. Dorosch und der leitende Sekretär M. N. Chitrow ihr Ausscheiden aus dem Redaktionskollegium. Zum Chefredakteur wurde W. A. Kossolapow ernannt, obwohl er nicht einmal Schriftsteller war und auch nicht zum Schriftstellerverband der UdSSR gehörte. (Bis zu dieser Ernennung hatte Kossolapow als Direktor eines Verlages gearbeitet.) Der erste Stellvertreter des Chefredakteurs D. G. Bolschow gehörte ebenfalls nicht zur Kategorie der Schriftsteller und war auch kein Mitglied des Schriftstellerverbandes. Vor der Ernennung leitete er eine Abteilung des Moskauer Fernsehstudios. Auf diese Weise wurde *Nowy mir* eine literarische Zeitschrift, an deren Spitze weder Schriftsteller noch Literaturkritiker standen, sondern einfach gehorsame Beamte.

Am 18. Februar 1970 erschien in der *Literaturnaja gaseta* die Antwort der Leitung des sowjetischen Schriftstellerverbandes auf ein Schreiben des Generalsekretärs der Europäischen Schriftstellervereinigung, G. Vigorelli, der gegen die Verfolgung Solschenizyns protestiert hatte. Der Schriftstellerverband der UdSSR erklärte in seiner Antwort an Vigorelli: »Ihre Haltung schließt die Möglichkeit weiterer Zusammenarbeit mit Ihnen aus.« In dieser Form gab der Schriftstellerverband seinen Beschluß bekannt, aus der Europäischen Schriftstellervereinigung auszutreten. Außerdem hatte der Verband dem sowjetischen Vizepräsi-

Das Redaktionskollegium von Nowy mir vor dem Rücktritt Alexander Twardowskis

denten der Europäischen Schriftstellervereinigung nahegelegt, zurückzutreten. Das Solschenizyn-Problem diente natürlich nur als Anlaß, um den Schriftstellerverband der UdSSR aus der Europäischen Schriftstellervereinigung herauszulösen, eine kulturelle Zusammenarbeit mit Westeuropa paßte nicht mehr in die Pläne der weiteren Entwicklung des »sozialistischen Realismus«. Außerdem war es Alexander Twardowski, der als Vertreter der UdSSR den Posten des Vizepräsidenten der Europäischen Schriftstellervereinigung innehatte. Früher war er bisweilen zweimal im Jahr ins Ausland gefahren, um an der Arbeit des Rates der Europäischen Schriftstellervereinigung teilzunehmen. Nun mußte das aufhören.

Nach der Amtsübergabe an das neue Redaktionskollegium versammelte sich im März der alte Bestand von *Nowy mir* noch einmal im nunmehr ehemaligen Arbeitszimmer von Twardowski und ließ sich zum Abschied fotografieren. Die *Nowy mir*-Epoche in der Sowjetliteratur war beendet.

Die Zerschlagung des Redaktionskollegiums von *Nowy mir* rief
ein wider Erwarten schwaches Echo der Öffentlichkeit von rechts
und links hervor. Bekannt sind nur zwei schriftliche Proteste
gegen diese Aktion, die unter der literarischen und wissenschaftlichen Intelligenz Verbreitung fanden, doch sogar diese beiden
Proteste waren nicht unterzeichnet. Im Ausland aber fand die
Liquidierung der literarischen Richtung, die *Nowy mir* verkör-
pert hatte, starke Beachtung.

Die Zerstörung der letzten legalen Tribüne einer realistischen
und demokratischen Literatur, welche die aus den politischen
Wandlungen nach dem 20. Parteikongreß der KPdSU erwachse-
nen Stimmungen widerspiegelte, bedeutete eine krasse Wandlung
der Literaturpolitik. Damit hatte sich eine Situation ergeben, in
der nicht nur Solschenizyn, sondern auch viele andere Schriftsteller und Publizisten nicht mehr mit der Veröffentlichung ihrer
Werke in der Heimat rechnen konnten. Auch die Urheber dieser
neuen Beschränkungen der Pressefreiheit begriffen offensichtlich,
daß eine Erweiterung der Samisdattätigkeit und eine Verstär-
kung der Auslandspublikationen die Folge sein konnten. Daher
wurden Maßnahmen eingeleitet, zu denen vor allem die weitere
Diffamierung von Autoren gehörte, die ohne Widerspruch die
zensurfreie Verbreitung ihrer Werke hinnahmen.

Unter solchen Autoren war Solschenizyn der bekannteste. In
literarischen Organisationen übernahm die Rolle des Hauptkriti-
kers an Solschenizyn der Verfasser von Gedichten für Kinder,
Sergei Michalkow. Auf Konferenzen und Sitzungen beschuldigte
er Solschenizyn fast des Vaterlandsverrats und bezeichnete ihn
als »ideologischen Falschmünzer« und »literarischen Wlassow-
kämpfer«. (Vgl. S. Michalkow *Der Standpunkt des Künstlers* in
Komsomolskaja prawda vom 14. 12. 1969.) Diese Äußerungen
Michalkows fanden selbstverständlich auch höheren Orts Beachtung. Im Frühjahr 1970 wurde Michalkow an die Spitze des
Schriftstellerverbandes der RSFSR gestellt und erhielt den Leninpreis für Literatur des Jahres 1970, ein besonders deutlich von
politischen Überlegungen diktierter Akt. Sergei Michalkow ist ein
durchschnittlicher Lyriker, seine Verse sind formal oft sehr pri-

mitiv, ihnen fehlt echtes Kunstempfinden, Musikalität und Originalität.

Zur Grundlage für die planmäßige weitere Diffamierung Solschenizyns war wieder die alte Geschichte mit dem Versdrama *Das Festmahl der Sieger* bestimmt worden. Das Stück konnte jedoch so lange nicht ernsthaft gegen Solschenizyn verwendet werden, als es nicht gedruckt war. Solschenizyn hatte noch in seinem Brief an den 4. Schriftstellerkongreß herausgestellt, daß im Falle einer Veröffentlichung der KGB verantwortlich sein würde, da man ihm das einzige Exemplar abgenommen habe. Eine Veröffentlichung des Stückes im Ausland wäre der Anti-Solschenizyn-Kampagne sehr gelegen gekommen, man hätte dann immer bezweifeln können, ob es wirklich nur ein Exemplar gegeben hatte, und außerdem hätte man das Stück »analysieren« und sich dabei auf die publizierte Quelle und nicht auf die Geheimfonds des KGB beziehen können.

Anfang 1970 wurde bekannt, daß geheimnisvolle Emissäre Versuche unternahmen, *Das Festmahl der Sieger* in irgendeiner westlichen Zeitschrift unterzubringen. Die Schwierigkeit bestand darin, daß jeder Verlag, der das Drama herausbringen würde, damit seinen direkten oder indirekten Kontakt mit dem KGB bewies. Allerdings hatte die Vorabpublikation des Buches von Swetlana Allilujewa, das Victor Louis in den Westen gebracht hatte, bewiesen, daß bei genügendem geschäftlichem Interesse auch diese Schwierigkeit überwunden werden kann. Der Schriftstellerverband Frankreichs, der zuvor dem Schriftstellerverband der UdSSR einen scharfen Protest wegen Solschenizyns Ausschluß aus dem Verband übersandt hatte, erwies auch in diesem Falle unschätzbare Hilfe. Silvester 1969 erschien in *Le Monde* folgende Erklärung des Schriftstellerverbands Frankreichs (die Übersetzung enthält einige Kürzungen):

Wie verlautet, bieten westeuropäische spezielle Organisationen gegenwärtig einigen Verlagen das Manuskript eines Dramas von Solschenizyn *Das Festmahl der Sieger* an. Der Autor hat aber immer erklärt, daß die Veröffentlichung dieses Stückes verboten sei, daß es gegen seinen Willen zirkuliere und willkürlich zu politischen Beschuldigungen verwendet werde. Die Kreise, die an künftigen Veröffentlichungen dieses Werkes interessiert sind – Verleger und Leser –, müssen sich in vollem Umfang bewußt sein, daß seine Veröffentlichung im Westen, unter welchem Vorwand sie auch immer erfolgen mag, in der gegenwärtigen Situation unverzüglich dafür ausgenutzt wird, Anschuldigungen gegen Alexander Solschenizyn zu konstruieren. Sie würde den Absichten des Autors und den Prinzipien des Copyright widersprechen und eine neue Waffe in den Händen jener Menschen werden, die ihn in den Augen der öffentlichen Meinung seines eigenen Landes diskreditieren und vielleicht zwingen wollen, sein Land zu verlassen.

Solschenizyn unternahm auch seinerseits Schritte, um eine derartige Provokation und die willkürliche Ausnutzung seiner Werke zu verhindern. Er schloß einen offiziellen Vertrag mit dem Schweizer Rechtsanwalt Dr. Fritz Heeb und übertrug ihm die Wahrung seiner Autorenrechte im Ausland. In allen wichtigen westlichen Zeitungen erschien eine Erklärung von Dr. Heeb vom 5. März 1970, nach der nichtautorisierte Veröffentlichungen der Werke Solschenizyns untersagt waren. Von nun an konnten Verstöße als Raubdrucke vor Gericht gebracht werden.

Eine Darstellung der Erklärung von Dr. Heeb erschien sogar in der britischen kommunistischen Zeitung *Morning Star* am 9. oder 10. März, doch wurden diese Nummer und einige weitere Nummern kommunistischer Zeitungen mit für sowjetische Leser »unerwünschten« Informationen in der UdSSR von der Zensur beschlagnahmt.

Bei der neuen Lage riskierte ein Verlag, der ein Werk Solschenizyns ohne dessen Einverständnis veröffentlicht hätte, bzw. ohne Einverständnis des Solschenizyns Interessen vertretenden Schweizer Rechtsanwalts, eine hohe Strafe und die Beschlagnahme der gesamten Auflage des Raubdrucks. Die Anwendung solcher gerichtlicher Sanktionen wurde später unvermeidlich und erwies ihre Wirksamkeit. *Grani* brachte im März 1970 das Stück *Kerze im Wind* heraus, doch war das der letzte Fall einer Einmischung der Emigrantenpresse in Solschenizyns Angelegenheiten. Dr. Heebs Vollmachten traten im März 1970 in Kraft.

Anfang Mai 1970 übersiedelte Solschenizyn für den ganzen Sommer in seine Datscha »Borsowka«, um die Arbeit an dem Roman *August Vierzehn* abzuschließen. Ich besuchte ihn dort am 3. Mai. Damals war bekanntgeworden, daß in Norwegen ein Film nach dem Sujet des Romans *Ein Tag im Leben des Iwan Denissowitsch* gedreht wurde.

Ende Mai wurden, anscheinend im Zusammenhang mit irgendeinem Programm der Diffamierung von Samisdatautoren, unerwartet auch gegen mich Maßnahmen ergriffen. Mein Bruder Roi und ich haben die Einzelheiten bereits 1970 in dem Buch *Sie sind ein psychiatrischer Fall, Genosse* (deutsch München 1972) beschrieben. Während ich meiner Freiheit beraubt war, erwiesen mir Twardowski und Solschenizyn mit vielen anderen Freunden und Kollegen große moralische und praktische Hilfe. Als ich am 9. Juni das »Besuchszimmer« in Kaluga betrat, stand vor mir Alexander Trifonowitsch Twardowski, umarmte und küßte mich, und ich mußte alle meine Kraft zusammennehmen, um nicht in Tränen auszubrechen. Solschenizyn war ebenfalls bereit gewesen, sofort nach Kaluga zu kommen, doch meine Frau und mein Bruder hatten ihm abgeraten. Am 2. Juni schrieb Solschenizyn einen scharfen Protest, den er auf Anraten der Freunde in den nächsten Tagen etwas milderte. Doch sogar diese gemilderte Fassung, die am 15. Juni in allen bedeutenden westlichen Zeitungen erschien, wurde von der sowjetischen Öffentlichkeit als der stärkste Protest gegen die Verfolgungen von Andersdenkenden angesehen. Als ich nach neunzehn Tagen ungesetzlichen Freiheitsentzugs schließlich entlassen wurde, fuhr ich zu Solschenizyn in die Datscha, um mich für seine Hilfe zu bedanken. Er sah besser aus als im Frühjahr. Die erste Fassung seines neuen Romans war praktisch abgeschlossen, und das war der Anfang, »der erste Knoten«, einer großen epischen Erzählung über den Ersten Weltkrieg und seine historischen Folgen.

Twardowski traf ich im Juli. Er sah sehr krank aus. Kurz zuvor hatte er seinen 60. Geburtstag begangen. In allen überregionalen Zeitungen waren Aufsätze über Twardowskis Schaffen, oft mit seinem Portrait, erschienen. Doch in diesen äußeren Formen offizieller Anerkennung für einen Dichter, dessen Werke schon viele Jahre ins Lehrprogramm für die Sowjetliteratur in Schulen und Hochschulen aufgenommen waren und in den Lehrbüchern als klassische Werke behandelt wurden, war viel organisierte, auf Anweisungen zurückgehende Ungerechtigkeit enthalten. So gab es eine »Anweisung«, in keinem Aufsatz über Twardowski zu erwähnen, daß er viele Jahre Chefredakteur von *Nowy mir* gewesen war, ferner die Existenz der Verserzählung *Tjorkin im Jenseits* zu verschweigen. Den Zeitungen und Zeitschriften wurde untersagt, sich mit der Bitte an den Dichter zu wenden, ihnen neue Gedichte zur Veröffentlichung zu überlassen oder sich über seine literarischen Pläne zu äußern. Das stand im stärksten Kontrast zu den Umständen, unter denen Twardowski zehn Jahre vorher seinen 50. Geburtstag begangen hatte. Damals hatte er sich der Bitten der Zeitungen und Zeitschriften nicht erwehren können, die nach einem neuen Gedicht oder Ausschnitten aus einem größeren Werk fragten.

Ende des Sommers erlitt Twardowski einen Schlaganfall mit teilweiser Lähmung. In der neurologischen Abteilung des Kreml-Krankenhauses, wohin Twardowski sofort eingeliefert wurde, diagnostizierte man außerdem eine schwere Lungenentzündung. Doch hier lag ein Irrtum des Arztes vor. Dem Patienten wurden Schröpfköpfe und heiße Umschläge verordnet, was für die Behandlung der Krankheit, die der Dichter wirklich hatte, absolut unzulässig war. Erst nach drei Wochen, als man feststellte, daß sich der Zustand der Lungen wesentlich verschlechterte, beschlossen die Ärzte, eine Röntgenaufnahme zu machen. Auf dem Röntgenbild zeichnete sich deutlich eine Krebsgeschwulst ab, die für eine Operation schon zu groß war. Selbst hier mischte sich die Politik ein. Den Ärzten wurde verboten, über den Schlaganfall zu sprechen. In die Krankengeschichte wurde eingetragen, es habe kein Schlaganfall vorgelegen, sondern eine Metastase im Gehirn. Diese Diagnose bestätigte auch ein ärztliches Konsilium. Einer der Literaturfunktionäre unterstrich, als er in seinem Kreis das Schicksal Twardowskis erläuterte, ausdrücklich, daß kein Schlaganfall vorgelegen habe. »Man sollte hier überhaupt nicht von einem Schlaganfall sprechen«, sagte er, »ein Schlaganfall könnte in Zusammenhang mit der Geschichte von *Nowy mir* gesehen werden, eine Krebsgeschwulst aber, die kommt von Gott.«

Hirnmetastasen bedeuteten vollständige Hoffnungslosigkeit und ein baldiges Ende. So sagten es die Ärzte auch Twardowskis Frau und seinen Verwandten. Sie gaben ihm nicht mehr als einen Monat. Doch der Monat verging, das Blutgerinsel wurde aufgesogen, die Lähmung verschwand, Twardowski konnte wieder sprechen. Der Zustand verbesserte sich so, daß Twardowski aus dem Krankenhaus nach Hause entlassen wurde. Er konnte wieder lesen, Freunde empfangen und sich unterhalten. Auf Betreiben von Verwandten und Freunden wurde eine Hilfsgruppe gebildet, die die besten medizinischen Kräfte zur Behandlung von Lungenkrebs mobilisierte. Auch Onkologen aus dem Ausland wurden zur

Beratung hinzugezogen. Die Hoffnungen knüpften sich an neue chemische Mittel, die die Entwicklung von Krebsgeschwülsten hemmen.

Der Nobelpreis für Literatur

Am 8. Oktober 1970 befand ich mich in Moskau, um über einen neuen Arbeitsplatz zu verhandeln. Nach eineinhalb Jahren Arbeitslosigkeit waren gewisse Chancen aufgetaucht. Im Laufe des Tages machte ich einen Besuch bei Weronika Turkina, einer Kusine von Solschenizyns erster Frau. Gegen drei Uhr rief einer unserer gemeinsamen Bekannten bei ihr an und berichtete von einer großartigen Neuigkeit: Solschenizyn sei der Nobelpreis für Literatur verliehen worden. Das war eine große Freude für uns alle. Wir wollten weitere Einzelheiten erfahren, doch wußte unser Bekannter nichts Näheres. Er hatte die Verleihung des Nobelpreises von einem ausländischen Korrespondenten erfahren, der von ihm die Telefonnummer Mstislaw Rostropowitschs wissen wollte, bei dem Solschenizyn damals wohnte. Natürlich bekam sie der Korrespondent nicht, da Solschenizyn ausländischen Korrespondenten keine Interviews gab und nicht gestattete, irgend jemandem die Telefonnummer von Rostropowitschs Datscha mitzuteilen, denn die häufigen Telefonanrufe hätten ihn an ruhiger Arbeit gehindert. Aus Telefonbüchern oder von der Auskunft konnte man Rostropowitschs Nummer nicht erfahren, denn die privaten Telefonanschlüsse der berühmtesten Künstler werden nicht bekanntgegeben. Zwanzig Minuten später rief unser Bekannter erneut an und sagte, er werde ständig von Korrespondenten verschiedener ausländischer Zeitungen angerufen und gebeten, ihnen Kontakt mit Solschenizyn zu verschaffen. Sie beriefen sich darauf, daß sie bei derartigen internationalen Ereignissen das Recht hätten, einige Fragen an den Preisträger zu stellen. Unser Bekannter meinte, die Korrespondenten würden die Telefonnummer schon herausbekommen, auch wenn er die Bitte nicht erfüllte; schließlich war sie einem bestimmten Personenkreis bekannt.

Ich sah ein, daß es offensichtlich darauf hinauslaufen würde, riet ihm aber, allen, außer den Vertretern der schwedischen Presse, einen negativen Bescheid zu geben. Da die Schwedische Akademie die Nobelpreise für Literatur verleiht, hatten die Vertreter der schwedischen Presse unbedingt das Recht, als erste den neuen Preisträger zu informieren und der Presse seine Reaktion zu übermitteln. Hierbei empfahl ich ausdrücklich, Per Egil Hegge den Vorzug zu geben, der in Moskau drei skandinavische Zeitungen vertrat, eine schwedische, eine norwegische und eine dänische. Außerdem sprach Per Egil Hegge ausgezeichnet Russisch und war ein großer Verehrer von Solschenizyns literarischem Talent. Hegge rief tatsächlich bald darauf an und erhielt Solschenizyns Telefonnummer.

Am Abend des 8. Oktober hörte ich im ausländischen Rundfunk, daß Per Hegge der erste und einzige ausländische Journalist war, der Solschenizyn zur Verleihung des Nobelpreises gratuliert und mit ihm ein kurzes telefonisches Interview geführt hatte. Solschenizyn hatte der Schwedischen Akademie für die Ehrung herzlich gedankt und seiner Bereitschaft Ausdruck gegeben, zur traditionellen Zeremonie der Übergabe des Nobelpreises nach Schweden zu reisen. (Die Übergabe der Nobelpreise erfolgt jährlich am 10. Dezember, dem Geburtstag des Stifters Alfred Nobel. Die Nobelpreise für Literatur und Wissenschaft werden in Schweden verliehen und überreicht, der Friedensnobelpreis in Norwegen.)

(Mit Per Hegge hatte mich Ende 1970 ein amerikanischer Historiker zusammengebracht, den ich seit vielen Jahren kannte. Er war schon oft in der UdSSR gewesen und war gerade im Mai 1970 wieder da. Wir trafen uns mehrfach, hatten eingehende Gespräche, und dann erfuhr er von der ungewöhnlichen Form, in der man mich der Freiheit beraubt hatte. Mein Freund war sehr erregt, er veröffentlichte über ausländische Korrespondenten einige Protesterklärungen. Hierbei half ihm Per Hegge. Nach meiner Entlassung führte mich der amerikanische Historiker mit einer Gruppe ausländischer Korrespondenten zusammen, unter denen sich auch Per Hegge befand. Danach habe ich Per Hegge noch zweimal gesehen und bin der Auffassung, daß solche Begegnungen nützlich sind, um dem vorzubeugen, daß die Erfinder der »ideologischen Einheit« angesichts der widersprüchlichen und zickzackförmigen Innen- und Außenpolitik derartige Experimente wiederholen.)

Die Verleihung des Nobelpreises an Solschenizyn kam nicht unerwartet. Solschenizyn stand seit 1968 auf der Liste der Kandidaten. 1968 und 1969 wurden andere Kandidaten vorgezogen, und die offiziellen Instanzen in der UdSSR waren anscheinend zu dem Schluß gekommen, die Frage der Preisverleihung an

Solschenizyn sei nicht mehr aktuell. In diesem Zusammenhang steht die rasche Durchführung des Ausschlusses Solschenizyns aus dem Schriftstellerverband im November 1969. Die *Literaturnaja gaseta* berichtete darüber eine Woche nach der Veröffentlichung eines herzlichen Artikels über Samuel Beckett als Nobelpreisträger des Jahres 1969, dessen Werke in der UdSSR fast unbekannt waren. (Vgl. *Literaturnaja gaseta* 19. 11. 1969, *Samuel Beckett – Nobelpreisträger*. Nicht eines der wichtigen Werke Becketts ist ins Russische übersetzt. Nur in der Zeitschrift *Inostranaja literatura* erschien ein 1953 geschriebenes Drama.) 1970 stiegen Solschenizyns Aussichten, den Nobelpreis zu erhalten, stark, da die *Krebsstation* und *Der erste Kreis der Hölle* Anfang des Jahres in Stockholm auf Schwedisch erschienen waren. Sie waren von dem Schriftsteller und Journalisten Hans Björkegren ausgezeichnet übersetzt, der etwa zehn Jahre als Korrespondent schwedischer Zeitungen in der UdSSR gearbeitet hatte.

Die offiziellen Kreise in der UdSSR und insbesondere die Leitung des Schriftstellerverbandes der UdSSR standen mit Sicherheit der Verleihung des Nobelpreises an Solschenizyn äußerst negativ gegenüber. Der gesunde Menschenverstand aber riet, diese Unzufriedenheit durch vollständiges Verschweigen zum Ausdruck zu bringen, indem man versuchte, den Beschluß der Schwedischen Akademie zu ignorieren. Es hatte doch bisher noch keinen gegeben, der das literarische Talent des Autors von *Ein Tag im Leben des Iwan Denissowitsch* mit seinen Neuerungen für die russische Literatursprache ernsthaft angezweifelt hatte. In diesem Sinne hatte 1962/63 die sowjetische Literaturkritik Solschenizyns Schaffen anerkannt, und nicht zufällig war Solschenizyn einer der aussichtsreichsten Kandidaten für den Leninpreis 1964 gewesen. Die späteren negativen Äußerungen über die Arbeiten des Schriftstellers waren durch außerliterarische Gründe bedingt, vor allem durch die Weigerung Solschenizyns, sich der gewandelten politischen Situation anzupassen. Doch das war ein innerer Konflikt, den die Schwedische Akademie nicht berücksichtigen konnte, die literarische Werke auf der Grundlage der Kriterien der Weltliteratur beurteilt. Der Beschluß der Schwedischen Akademie war vor allem deshalb mutig, weil er nicht von politischen Momenten bestimmt war. Daher konnte die offizielle sowjetische Presse ihre Kritik an Solschenizyns Werken vom Standpunkt der Partei fortsetzen, aber nicht, ohne die Wahl der Schwedischen Akademie anzuzweifeln. Die Schwedische Akademie war verpflichtet, nicht aufgrund zeitgebundener Parteivorstellungen zu entscheiden, sondern aufgrund von Kriterien mit universaler Bedeutung.

Jedoch gerade denen, die die Entscheidung über die offizielle Reaktion der sowjetischen Presse auf die Verleihung des Nobelpreises an Solschenizyn zu treffen hatten, mangelte es an gesundem Menschenverstand. Sie waren nicht in der Lage, sich zurückzuhalten, noch kannten sie ein Gefühl für ein vernünftiges Maß. Bereits in der Abendausgabe der *Iswestija* vom 9. Oktober erschien eine überstürzte Notiz, *Ein unwürdiges Spiel. Zur Verleihung des Nobelpreises an A. Solschenizyn.* Diese Notiz druckten in den folgenden Tagen auch andere überregionale Zeitungen nach, was bewies, daß er oktroyiert war. In der Notiz hieß es, ein Korrespondent der *Iswestija* habe im Sekretariat des Schriftstellerverbandes der UdSSR folgende Erklärung zur Verleihung des Nobelpreises erhalten:

Wie der Öffentlichkeit bereits bekannt ist, werden die Werke dieses Schriftstellers, die illegal ins Ausland gebracht und dort publiziert worden sind, seit langem von reaktionären Kreisen des Westens zu antisowjetischen Zwecken verwendet. Die sowjetischen Schriftsteller haben A. Solschenizyn aus den Reihen ihres Verbandes ausgeschlossen. Wie wir wissen, wird dieser Beschluß von der gesamten Öffentlichkeit des Landes aktiv unterstützt.

Man muß bedauern, daß das Nobelkomitee sich in das unwürdige Spiel hat hineinziehen lassen, das durchaus nicht im Interesse der Entwicklung der geistigen Werte und Traditionen der Literatur angezettelt wurde, sondern von spekulativen politischen Erwägungen diktiert ist.

Am 10. Oktober erhielt Solschenizyn das offizielle Telegramm der Schwedischen Akademie und der Nobelstiftung. Solschenizyn dankte telegraphisch und bekundete seine Absicht, nach Schweden zu fahren.

Die kommunistische Presse einer Reihe westlicher Länder begrüßte die Entscheidung der Schwedischen Akademie. Schon am 9. Oktober standen in den Zeitungen *L'Humanité* und *L'Unitá* Artikel, die der Verleihung des Nobelpreises an Solschenizyn zustimmten. Von sowjetischen Staatsangehörigen erhielt Solschenizyn wenige Glückwunschtelegramme, insgesamt etwa fünfzig, von denen einige anonym unterzeichnet waren »Eine Gruppe von Freunden«, »Ein Leser«, »Ein Kollege der Feder« usw. Es ist nicht ausgeschlossen, daß viele Telegramme dem Empfänger einfach nicht zugestellt wurden. Es konnte sich aber auch ausgewirkt haben, daß 1968 die Absender von Telegrammen, die Solschenizyn zum 50. Geburtstag gratuliert hatten, in verschiedener Weise darunter zu leiden gehabt hatten. Mir sind Fälle bekanntgeworden, in denen Anhänger Solschenizyns in der Provinz, die ihm Telegramme geschickt hatten, zur Parteiorganisation oder zu den örtlichen Abteilungen des KGB zu ausführlichen Unterredungen vorgeladen wurden.

Ich hatte angenommen, die offizielle Reaktion auf den Nobelpreis würde sich auf die zitierte Notiz beschränken. Man würde doch wohl mit der Schwedischen Akademie keine ernsthafte Diskussion beginnen, bei der die Akademie der Unterstützung der Schriftsteller der ganzen Welt sicher sein konnte. Doch ich irrte mich, hatte wieder die Fähigkeit der Gegner des Schriftstellers, sich vernünftig zu beherrschen, überschätzt. Am 12./13. Oktober begann die »gesellschaftliche« Presseagentur »Nowosti« (APN) unter den westlichen Korrespondenten in Moskau den Text eines anonymen Aufsatzes zu verbreiten, *Wo sucht das Nobelkomitee schriftstellerisches Talent und Ruhm?* Man ging davon aus, daß eine westliche Zeitung diesen Artikel publizieren würde. Indessen, nicht einmal die kommunistische Presse der westlichen Länder druckte ihn ab. Am 17. Oktober erschien er in der *Komsomolskaja prawda*, danach in einigen anderen Zeitungen. Dieser Artikel, der eher einer Erklärung gleichkam, erschreckte durch die Primitivität der Formulierungen und zeigte die erhebliche literarische Unbildung seiner Verfasser.

Nur als Schmähung kann man einige der auf äußere Wirkung berechneten Analogien der sogenannten »Spezialisten der Sowjetliteratur« bezeichnen, die den Namen Solschenizyns in eine Reihe ... mit den in der ganzen Welt bekannten Werken der russischen und der sowjetischen Klassik stellen ... In seiner krankhaften Eitelkeit fällt Solschenizyn leicht auf die Schmeicheleien jener Menschen herein, denen jedes Mittel recht ist, wenn es um den Kampf gegen das Sowjetsystem geht ... Solschenizyn vergaß sein Gewissen und ließ sich jedesmal zur Lüge herab, wenn seine sowjetischen Schriftstellerkollegen ihrer ehrlichen Besorgnis um sein literarisches Schicksal Ausdruck gaben ... Man kann nur bedauern, daß die Mitglieder des

Nobel-Komitees, als sie ihr Votum für Solschenizyn abgaben, nicht erwogen, welche Schande sie damit diesem Preis antaten. Doch vielleicht erheben wir hier gegenüber manchen Mitgliedern der literarischen Sektion des Nobel-Komitees zu hohe moralische Forderungen. Gab es doch in ihrer Praxis auch den »Preisträger« André Gide, der von seinem eigenen Volk und anderen Völkern wegen der Kollaboration mit den Hitler-Ungeheuern verflucht wurde. Wählt nun in Fällen, wie bei André Gide oder Solschenizyn das Nobel-Komitee, wen es mit dem Lorbeer des Preisträgers krönt, oder wird das Komitee selbst mit kalter Berechnung erwählt, um mit entsprechender Autorität als falscher Zeuge zu dienen?

Unverständlich blieb, warum man André Gide so ungerechtfertigt beschimpfte. Er ist niemals »von seinem eigenen Volk und anderen Völkern verflucht worden« und hat nicht »mit den Hitler-Ungeheuern kollaboriert«. Die sowjetische Literatur-Enzyklopädie (Kratkaja literaturnaja enziklopedija), die in Moskau unter der Redaktion von A. A. Surkow erscheint, gibt in Band 2, 1964, folgende Information:

Gide, André Paul Guillaume, geb. 1869 ... entwickelte sich unter starkem Einfluß von Dostojewski ... Stellte in seinen Werken den Verfall der kapitalistischen Kultur und die ausweglose Lage der jungen Generation dar ... 1926 findet sich auch das Thema der Kritik am Kolonialismus ... In Aufsätzen und Reden erklärt sich Gide Anfang der dreißiger Jahre selbst als Gegner des Kapitalismus und drückt seine Sympathien mit dem Lager des Sozialismus aus ... Nach dem Besuch der UdSSR 1936 schreibt er ein antisowjetisches Pamphlet ... Während des Zweiten Weltkrieges emigriert Gide nach Tunis ... 1947 wurde ihm der Nobelpreis verliehen ...

Ja, Gide bekundete seine Sympathie zur Sowjetunion, doch als er die UdSSR 1936 besuchte, war er tief enttäuscht. Offenbar hatte ihm die damals einsetzende Massenunterdrückung unschuldiger Menschen nicht gefallen. Und damals, 1937/38, wurde André Gide tatsächlich verflucht, doch in der Sowjetpresse. An diese Verfluchungen erinnerte sich offenbar auch der Autor von APN. Hochbetagt, im Alter von einundsiebzig Jahren, verließ Gide Frankreich und ging nach Tunis, um nicht im besetzten Frankreich zu leben. Er gehörte nicht zur Widerstandsbewegung, aber er war ein Patriot.

Nach APN begann auch die *Literaturnaja gaseta* eine Kampagne gegen Solschenizyn. Am 21. Oktober erschienen dort gleich drei Artikel gegen ihn. Im ersten, *Zur Frage der Priorität,* wurde behauptet, Solschenizyn sei von der in Belgien in russischer Sprache erscheinenden »weißgardistischen« Zeitschrift *Tschassowoi* für den Nobelpreis nominiert worden, die von engen Mitarbeitern der Generäle Wrangel und Kutepow sowie einer gewissen Madame Teresa Basken redigiert werde. Das war absoluter Unfug, da das Vorschlagsrecht für den Nobelpreis nur angesehene literarische und wissenschaftliche Institutionen, Preisträger früherer Jahre und von der Nobelstiftung gewählte Fachleute besitzen. (Tatsächlich wurde Solschenizyn für den Nobelpreis von dem bedeutenden französischen Schriftsteller François Mauriac und einigen seiner Kollegen vorgeschlagen.)

Die beiden anderen Artikel, die in der *Literaturnaja gaseta* erschienen, waren Nachdrucke aus zwei ausländischen kommunistischen Zeitungen, der amerikanischen *Daily World* und der schwedischen *Norrskens-flamman.* Die schwedische Zeitung behauptete, der CIA stünde hinter der Schwedischen Akademie, steuere alle Presseäußerungen zum neuen Nobelpreis für Literatur, und Stockholm sei zu einem Zentrum der CIA-Agenten geworden; von dort aus würden in erster Linie die Operationen gegen die sozialistischen Länder geführt ... Die Schwedische Akademie wolle mit ihrer Wahl bewußt die Beziehungen zwischen Schweden und der Sowjetunion verschlechtern und so den Interessen des Imperialismus dienen ... Die *Literaturnaja gaseta* erklärte natürlich nicht, daß *Norrskens-flamman* eine kleine Provinzzeitung ist, die in dem Städtchen Lulea von einer stalinistischen Fraktion der schwedischen Kommunisten herausgegeben wird, die mit der schwedischen kommunistischen Partei ernste Differenzen wegen der Beurteilung von Stalins Personenkult hat. (Die *Literaturnaja gaseta* veröffentlichte diesen Artikel unter der Überschrift *Eine Stockholmer Zeitung verurteilt die Entscheidung der Schwedischen Akademie.* Das Adjektiv »Stockholmer« war eine bewußte Fälschung. Der Hinweis auf eine Zeitung der Hauptstadt gab dem Artikel immerhin einen ernsthafteren Anstrich. Es ist aber auch möglich, daß die Mitarbeiter der *Literaturnaja gaseta* überhaupt nicht wußten, wo *Norrskens-flamman* erscheint, und die Zeitung nie gesehen haben. Es kann sein, daß der Artikel der *Literaturnaja gaseta* fertig übergeben wurde und man dort nur die Überschrift formulierte. Lulea, wo *Norrskens-flamman* erscheint, ist ein relativ kleiner Ort in Nordschweden, sehr weit von Stockholm und anderen Kulturzentren des Landes entfernt. Nach der Großen Sowjet-Enzyklopädie liegt Lulea in einem Erzbergbaugebiet und hat eine Bevölkerung von etwa 25 000 Menschen.)

In der nächsten Nummer der *Literaturnaja gaseta* erschienen wieder zwei Nachdrucke aus der »ausländischen« Presse (aus der bulgarischen Zeitung *Literaturen front* und der ostdeutschen *Wahrheit*).

Ende Oktober besuchte mein Bruder Roi Alexander Twardowski. Man hatte den Dichter aus dem Kreml-Krankenhaus auf seine Datscha nach Pachra gebracht. Er fühlte sich sehr schlecht. Nach dem Schlaganfall waren Sprechschwierigkeiten aufgetreten, und die Teillähmung war noch nicht behoben. Als Roi aber auf den Nobelpreis zu sprechen kam, lebte Twardowski etwas auf.

»Das ist auch unser Nobelpreis«, sagte er und hatte dabei sicher das alte Redaktionskollegium von *Nowy mir* vor Augen.

Wo wird der Nobelpreis übergeben?

Die Frage, ob Solschenizyn nach Stockholm zur traditionellen Zeremonie der Übergabe der Nobelpreise würde fahren können, wurde in privaten Gesprächen, vor allem unter der Moskauer Intelligenz, viel diskutiert. Die meisten Menschen, die sich hierzu äußerten, nahmen an, daß er die Genehmigung zur Reise nach Schweden kaum erhalten werde. Solschenizyn selbst war zunächst durchaus nicht abgeneigt zu fahren und hatte in diesem Sinne an die Schwedische Akademie geschrieben. Doch schon Ende Oktober war seine Bereitschaft stark erschüttert. Hierfür gab es einige Gründe. Solschenizyn war überzeugt, er werde, wenn er mit Nachdruck Paß und Visum zur Ausreise nach Schweden fordere, die Möglichkeit zu einer solchen Reise erhalten. Doch gleichzeitig war er nicht sicher, ob die Reise nach Schweden nicht zur Ausweisung werden würde.

Sorge machte Solschenizyn auch das absolute Schweigen der Schwedischen Botschaft. Bei der Verleihung von Nobelpreisen an sowjetische Staatsangehörige in früheren Jahren (einige Preise für wissenschaftliche Entdeckungen und einer für Literatur an Michail Scholochow 1965) hatte die Schwedische Botschaft den Preisträgern sofort Glückwunsch-Telegramme übersandt. Nach der Verleihung des Preises an Scholochow hatte ihn der schwedische Botschafter Gunnar Jarring am selben Tage in seiner Moskauer Wohnung besucht, um zu gratulieren, und hatte dann in der Botschaft ein Bankett zu Ehren des Preisträgers veranstaltet. Solschenizyn erhielt aus der Botschaft keinerlei Glückwünsche, nicht einmal von dem Kulturattaché. Die Botschaft fragte auch nicht an, ob er beabsichtige, nach Schweden zu reisen. Hätte die Botschaft ihre Bereitschaft geäußert, Solschenizyn bei einer solchen Reise nach Schweden zu unterstützen (und das wäre natürlich gewesen, da das Verleihungszeremoniell der Nobelpreise staatlich ist und traditionsgemäß der schwedische König die Preise übergibt), so wäre damit automatisch auch das Rückreisevisum gesichert gewesen. Die Sowjetunion hätte in diesem Falle die Garantie nicht einer Privatperson gegenüber gegeben, sondern der Botschaft eines befreundeten Landes. Sorge bereitete Solschenizyn auch die offensichtliche Unsicherheit der Schwedischen Akademie, ob sich bei einem Besuch Zwischenfälle vermeiden ließen, die gegen ihn ausgenutzt werden könnten. Schon im ersten Glückwunschtelegramm hieß es, die persönliche Anwesenheit bei der Zeremonie sei keine Bedingung für die Annahme des Preises. Das wurde auch in den folgenden Briefen unterstrichen. Anfang November erhielt Solschenizyn durch die Post eine eingeschriebene Sendung der Schwedischen Akademie mit verschiedenen Formularen, einer Beschreibung des Zeremoniells, der Bitte um die Übersendung einer Autobiographie und von Fotos, sowie ein Schreiben des Protokollchefs. In dem Brief stand, Solschenizyn werde, um einen Ansturm der großen Anzahl ausländischer Korrespondenten zu vermeiden, nicht wie die übrigen Preisträger im Grand Hotel untergebracht (gleichzeitig wurden die Preise für Physik, Chemie und Medizin übergeben), sondern in einer geheimen Wohnung.

In der ersten Novemberwoche kam Solschenizyn zu Ohren, Funktionäre hätten bei verschiedenen Versammlungen im ZK der KPdSU geäußert, Solschenizyn werde, falls er einen Antrag stelle, die Genehmigung zu einer Privatreise nach Schweden erhalten, wobei die Papiere durch die Abteilung für Visa und polizeiliche Registrierungen des Innenministeriums bearbeitet würden. Solschenizyn aber hatte bereits beschlossen, auf die Reise nach Schweden zu verzichten. Im November erklärte er der Schwedischen Akademie in einem Brief die Gründe für seine Entscheidung. Dieser Brief wurde später publiziert. Solschenizyn schrieb, er habe anfangs beabsichtigt, nach Schweden zu fahren.

Jedoch die feindliche Haltung meinem Preis gegenüber, die in der Presse meines Landes zum Ausdruck kam, und die unveränderte Verfemung meiner Bücher (für ihr Lesen wird man von der Arbeit entlassen, von Hochschulen relegiert) zwingen mich zu der Annahme, daß meine Reise nach Stockholm ausgenutzt werden wird, um mich von meinem Heimatland abzuschneiden und mir einfach die Rückkehr nach Hause zu verwehren.
Im weiteren schlug Solschenizyn folgendes vor:
Das Nobel-Diplom und die Medaille könnte ich, wenn diese Form Ihnen annehmbar erscheint, in Moskau von Ihren Vertretern zu einem beiden genehmen Zeitpunkt entgegennehmen.
Solschenizyn hielt es zu diesem Zeitpunkt für das zweckmäßigste und einfachste, den Nobelpreis in der Schwedischen Botschaft in Moskau entgegenzunehmen. Das Territorium einer

Botschaft ist nach diplomatischer Tradition gleichsam ein Teil des Territoriums des von ihr repräsentierten Staates. Solschenizyn nahm an, daß die Entgegennahme des Preises in Moskau sogar ihr Gutes haben würde, weil er zum Empfang in die Botschaft seine Freunde einladen könne. Er hoffte, vielleicht bei diesem Empfang seinen Nobel-Vortrag halten zu können und erwog die Durchführung der Veranstaltung für den Januar 1971.

Der Plan der Entgegennahme des Nobelpreises in Moskau mußte natürlich unmittelbar mit der Schwedischen Botschaft besprochen werden. Um das Gespräch mit Botschafter Gunnar Jarring oder dem Kulturattaché vorzubereiten (Jarring verbrachte die meiste Zeit in New York oder an anderen Orten in Ausübung seiner Funktion als UNO-Vermittler im arabisch-israelischen Konflikt), brauchte man einen geeigneten Vermittler. Per Hegge bot gern seine Hilfe an. Wenn ich hier von der Rolle Per Hegges bei Solschenizyns Verhandlungen mit den schwedischen Diplomaten berichte, begehe ich keinen Vertrauensbruch. Im März 1971 wurde Per Hegge aus der UdSSR ausgewiesen, und im Oktober 1971 veröffentlichte er in Norwegen unter dem Titel *Vermittler in Moskau* ein kleines Buch, in dem er ausführlich über seine Verhandlungen mit Solschenizyn und den schwedischen Diplomaten berichtet. Dieses Buch hat vor allem in Schweden viele Kommentare ausgelöst. Wir werden darauf bei den folgenden Ereignissen noch zu sprechen kommen.

Mitte November traf ich Hegge und erzählte ihm von Solschenizyns Plänen. Solschenizyn habe die Absicht, die Schwedische Botschaft um Entgegennahme des oben erwähnten erklärenden Schreibens, seiner Autobiographie und der anderen Materialien, die die Schwedische Akademie bei ihm angefordert habe, zur Weiterleitung an die Schwedische Akademie zu bitten. Solschenizyn befürchte, bei Benutzung des Postweges könnten diese Unterlagen spurlos verschwinden. Außerdem wolle er in der Botschaft besprechen, ob es möglich sei, die Übergabe von Diplom und Medaille in irgendeiner festlichen und öffentlichen Form durchzuführen. Eine heimliche Entgegennahme der Nobel-Insignien hielt Solschenizyn für erniedrigend, sowohl für sich als auch für den Nobelpreis, und er nahm an, die offiziellen schwedischen Vertreter in Moskau würden diesen Standpunkt teilen. Die Institution der Nobelpreise ist ein nationaler Stolz Schwedens, und es gibt in der Welt keinen zweiten Preis, der ein so hohes Ansehen genießt wie nun seit fast siebzig Jahren die Nobelpreise. Wir einigten uns, daß Per Hegge in der Schwedischen Botschaft diese Fragen klären sollte, und daß Solschenizyn, Per Hegge und ich am 20. November zur Besprechung der Vorschläge der Schwedischen Botschaft zusammentreffen wollten.

Am 20. November abends machte ich Solschenizyn und Per Hegge miteinander bekannt, um mit ihnen eine Situation zu besprechen, in der sich wohl kaum je ein Nobelpreisträger befunden hat. Es war schon Winter, aber noch kein starker Frost. Vom ersten Augenblick an war zu spüren, daß Solschenizyn Per Hegge gegenüber aufrichtiges Vertrauen und Sympathie empfand. Das Gespräch war offen und ungezwungen. Jedoch die Nachrichten, die Per Hegge mitteilte, waren sehr traurig und überraschend. Die Schwedische Botschaft lehnte eine Veranstaltung ab, zumal eine Einladung der Freunde des Nobelpreisträgers in die Botschaft. (Eine Liste für die Einladung im Namen der Botschaft hatte Solschenizyn in der Tasche, doch sie wurde nie benötigt.) Die Botschaft hatte es auch abgelehnt, von Solschenizyn Unterlagen zur Weiterleitung an die Schwedische Akademie entgegenzunehmen und den Vorschlag gemacht, sie per Post zu senden.

Obwohl Solschenizyns Besuch in der Botschaft bei einer so reservierten Haltung der schwedischen Diplomaten jeglichen Sinn verloren hatte, begab er sich am 27. November in die Botschaft. Der Botschafter und Mitarbeiter der Botschaft empfingen den Preisträger höflich, aber offiziell. Jarring sagte, er sei bereit, dazu beizutragen, daß Diplom und Medaille ausgehändigt würden, doch werde die Botschaft keinen Empfang oder Festakt aus diesem Anlaß veranstalten.

Am 10. Dezember, als in Stockholm die Zeremonie der Übergabe der Nobelpreise durch den König von Schweden vollzogen wurde, hörte ich im Radio Übertragungen aus Schweden. Einige Stationen übertrugen die Zeremonie unmittelbar vom Ort der Ereignisse. Obwohl der Literaturpreisträger in Stockholm nicht anwesend war, wurde die nach dem Protokoll vorbereitete Rede über die Verdienste Solschenizyns, die die Verleihung des Nobelpreises an ihn begründeten, vom Sekretär der Schwedischen Akademie Dr. Karl Ragnar Gierow verlesen. Ich habe einige Abschnitte dieser Rede notiert:

Ein literarisches Werk ist in seiner Zeit beheimatet, und sein

Schöpfer ist ein Produkt seiner sozialen und politischen Situation ... Das gilt insbesondere für den Literaturpreisträger dieses Jahres. Man muß das hier betonen, nachdem häufig die Meinung besteht – nicht zuletzt im Westen –, ihn aus verschiedensten Gründen für eine Ausnahme anzusehen ... A. Solschenizyn wurde 1918 in Kislowodsk geboren und gehört zu der Generation sowjetischer Schriftsteller, die zusammen mit dem sowjetischen Staat heranwuchs, und er ist eins mit der Erde und der Zeit, die ihn auf die Welt kommen sah ... Er hat selbst gesagt, er könne sich nicht vorstellen, anderswo als in seinem Heimatland zu leben. Seine Bücher können das. Sie leben bereits in der ganzen Welt, heute vielleicht mehr als jemals zuvor, morgen vielleicht mehr als heute. Doch ihre Aussagekraft beruht darin, daß sein Wesen in seinem Land und dessen Schicksal wurzelt. Auch in dieser Hinsicht steht Solschenizyn in der unvergleichlichen Tradition der russischen Literatur. Den gleichen Hintergrund erkennen wir bei seinen gigantischen Vorgängern, die aus Rußlands Leiden die bezwingende Stärke und die unauslöschliche Liebe schöpften, von denen ihre Werke geprägt sind. In ihren Beschreibungen ist wenig Raum für das Idyllische erwünschter Zukunftsbilder. Aber man würde das Ziel ihrer leidenschaftlichen Suche nach Wahrheit mißverstehen, wenn man darin nicht ihre tiefe, entschlossene Zugehörigkeit zu dem Lande erkennt, aus dessen Leben sie ihren Stoff nahmen und für dessen Leben ihr Wort wesenhaft ist. Die Zentralfigur in dieser mächtigen Epik ist die unüberwindliche Mutter Rußland. Sie tritt in wechselnden Gestalten auf und trägt verschiedene Namen. Einer von diesen ist Matrjona, die Hauptfigur in einer von Solschenizyns Erzählungen ...

Als Solschenizyns Roman *Ein Tag im Leben des Iwan Denissowitsch* vor acht Jahren erschien, wußte man in seiner Heimat sofort und bald darauf auch in der ganzen Welt, daß ein Dichter von hohem Rang das Wort ergriffen hatte. Die *Prawda* schrieb: »Solschenizyns Roman erinnert zeitweilig an Tolstois künstlerische Kraft. In unserer Literatur ist ein Schriftsteller aufgetaucht, dem ein ungewöhnliches Talent zuteil geworden ist.« Und besser als diese Zeitung kann wohl kaum jemand ausdrücken, über welche Macht seine Erzählkunst verfügt: »Warum wird einem nicht nur das Herz schwer, wenn man diesen bemerkenswerten Roman liest, sondern dringt auch Licht in die Seele? Das liegt an der tiefen Menschlichkeit, das liegt daran, daß die Menschen auch in ihrer Erniedrigung Menschen blieben.«

Nach der feierlichen Überreichung der Nobelpreise gibt der schwedische König traditionsgemäß ein Bankett zu Ehren der Preisträger. Bei diesem Bankett hält jeder Preisträger (1970 waren es sieben oder acht, da die Preise für die Wissenschaft auf zwei oder drei Wissenschaftler aufgeteilt waren) eine kurze Rede, nicht mehr als zwei bis drei Minuten. Solschenizyn wollte diese Tradition wahren, und seine Rede wurde auf dem Bankett von einem der Anwesenden verlesen. Der nach Schweden übermittelte Text hatte folgenden Wortlaut:

Majestät! Meine Damen und Herren!

Ich hoffe, daß meine unfreiwillige Abwesenheit keinen Schatten auf das heutige Zeremoniell als Ganzes wirft. In der Reihe der kurzen Begrüßungen wird auch die meine erwartet. Noch weniger möchte ich, daß meine Worte die Feierlichkeit trüben. Aber ich kann jenen bemerkenswerten Zufall nicht außer acht lassen, daß der Tag der Übergabe der Nobelpreise mit dem Tag der Menschenrechte zusammenfällt. Nobelpreisträger können die Verantwortung vor diesem Zusammentreffen nicht leugnen. Alle, die im Stockholmer Rathaus versammelt sind, können an diesem Symbol nicht vorüberschauen. So lassen Sie uns an dieser festlichen Tafel nicht vergessen, daß heute politische Häftlinge in Hungerstreik getreten sind, um ihre geschmälerten oder gänzlich mit Füßen getretenen Rechte zu verteidigen.

Diese kurze Rede wurde verlesen, doch ohne den letzten Satz über den Hungerstreik der politischen Häftlinge. Die Veranstalter des Banketts hielten es anscheinend nicht für angemessen, mit dem Bild von Hungernden und ihrer Menschenrechte Beraubten die feierliche Fröhlichkeit des üppigen königlichen Festmahls zu stören.

Die Verfolgung der Freunde und eine neue Welle der Kritik

Man hätte hoffen können, daß sich nach dem 10. Dezember 1970 die stürmische Reaktion unserer Presse auf die Verleihung des Nobelpreises an Solschenizyn legen würde. Er hatte sich nunmehr historischen Themen zugewandt, und die offiziellen Kreise konnten dem gelassener gegenüberstehen als den anderen Werken. Aber das Beharrungsgesetz, dem die Verfolgungen unterlagen, war stärker. Es ist sogar möglich, daß ein besonderes »Komitee« aus Vertretern verschiedener Institutionen sich mit den Angelegenheiten Solschenizyns befaßte. Die Mitglieder dieses »Komitees« mußten sich ja beschäftigen. Eine der Formen dieser Beschäftigung war der Versuch, durch Verfolgung der Menschen, die Solschenizyn freundschaftlich verbunden waren oder seinen Werken positiv gegenüberstanden, um den Schriftsteller ein menschliches Vakuum zu schaffen. Die offiziellen Kreise wollten Solschenizyn auch der eingeschränkten Unterstützung der Öffentlichkeit berauben. Die Formen dieser Politik waren unterschiedlich. Ein Parteimitglied, das Solschenizyns Schaffen offen billigte, konnte mit der Möglichkeit eines schnellen Parteiausschlusses rechnen, und sogar ohne Überprüfung der »Personalakten« auf der Parteiversammlung. So wurde Solschenizyns naher Freund Lew Kopelew aus der Partei ausgeschlossen. So schloß man kurz darauf die Mutter von Solschenizyns zweiter Frau aus der Partei aus. Seine zweite Frau verlor ihren Arbeitsplatz in einem der Moskauer Forschungsinstitute, sie wurde fast unmittelbar nach der Geburt des Sohnes entlassen, obwohl nach dem Gesetz Entlassungen während des gesetzlichen Mutterschaftsurlaubs verboten sind. Auch Mstislaw Rostropowitsch, der Solschenizyn eine Wohnung auf seiner Datscha zur Verfügung gestellt hatte, wurde Verfolgungen ausgesetzt. Im November 1970 schrieb Rostropowitsch voller Erregung einen Brief an das ZK der KPdSU, man möge die ungerechte Haltung Solschenizyn gegenüber einstellen, ihm genehmigen, den Nobelpreis entgegenzunehmen und der Pressehetze ein Ende gebieten:

Ich spreche nicht von politischen, nicht von wirtschaftlichen Fragen unseres Landes, es gibt Menschen, die davon mehr ver-

Lew Kopelew

stehen als ich. Doch erklären Sie mir bitte, warum ausgerechnet in unserer Literatur und Kunst so häufig das entscheidende Wort von Menschen gesprochen wird, die dafür absolut nicht kompetent sind? Warum erhalten sie das Recht, unsere Kunst in den Augen unseres Volkes zu diffamieren?! ... Talente, auf die wir stolz sind, dürfen nicht im voraus unter Beschuß genommen werden. Ich kenne viele Werke Solschenizyns, liebe sie und bin der Auffassung, daß er sich durch Leiden das Recht erworben hat, die Wahrheit zu schreiben, wie er sie sieht, und ich sehe keinen Grund, meine Haltung ihm gegenüber zu verbergen, wenn eine Kampagne gegen ihn entfacht ist.

Rostropowitschs Brief verbreitete sich rasch im Samisdat und wurde im Ausland publiziert. Daraufhin unterband das Kulturministerium der UdSSR sofort Mstislaw Rostropowitschs Gastspielreisen nach Finnland und Frankreich. Seine in diesen Ländern bereits angekündigten Konzerte fanden nicht statt. Später wurden auch andere Auslandsreisen Rostropowitschs abgesagt.

Die Benachrichtigung über diese Maßnahmen kam vom Kulturminister Frau E. Furzewa, doch konnte dieses Verhalten gegenüber Rostropowitsch nur das Ergebnis eines auf höherer Ebene gefaßten Beschlusses sein. Mstislaw Rostropowitsch plant, obwohl er einer der führenden Musiker ist, seine Auslandstourneen nicht nach eigenem Wunsch. Sie werden nach den gleichen Prinzipien festgelegt wie die Reisen von Theaterkollektiven oder Orchestern, und den finanziellen Gewinn, den solche Konzerte in Valuta einbringen, erhält der Staat. Der Künstler selbst bekommt irgendwelche Prozente, doch der Hauptbetrag fließt der Staatskasse zu. Dementsprechend bedeutet die Absage von Auslandsreisen Rostropowitschs, der ständig in überfüllten Sälen spielt, einen bestimmten Verlust an Deviseneinkommen. Darüber hinaus wird durch die Absage von vereinbarten Konzerten die Zahlung einer Konventionalstrafe fällig. Da die Zahlung in solchen Fällen in Valuta zu erfolgen hat, unterliegt die Kontrolle nicht dem Kulturministerium, sondern dem Finanzministerium der UdSSR. Alles, was Zahlungen in Devisen betrifft, wird nur mit Kenntnis und Einverständnis der Devisenverwaltung des Finanzministeriums der UdSSR ausgeführt. Dieses Ministerium gibt niemals sein Einverständnis zu Finanzoperationen, die mit dem Verlust von Devisen verbunden sind, wenn diese Operationen nicht von einer höher stehenden Instanz

(Ministerrat der UdSSR) oder einer weisungsbefugten Instanz (ZK der KPdSU) gebilligt sind.

Die Absage der Gastspiele Rostropowitschs rief umfangreiche Kommentare in der ausländischen Presse hervor, die die Sinnlosigkeit dieser Aktion hervorhoben. Rostropowitsch ist eine so angesehene Persönlichkeit in der Musikwelt unserer Zeit, daß sich sein Einfluß auf das musikalische Leben aller zivilisierten Länder erstreckt. Konzerte eines solchen musikalischen Genies rufen bei den Zuhörern nicht nur Freude und Dankbarkeit gegenüber dem Ausführenden hervor, sondern auch Dankbarkeit gegenüber dem Land, das einen so bemerkenswerten Künstler ausgebildet und der Welt geschenkt hat. Wenn die Regierung dieses Landes plötzlich beschließt, die Auslandsauftritte eines solchen Musikers einzustellen, dann leidet darunter nur das Prestige der Regierung und des Landes. Rostropowitsch benutzte die Absage seiner Auslandsgastspiele für intensivere Konzertreisen innerhalb der UdSSR. Und überall wurde er mit doppelter Herzlichkeit empfangen. Unerwartet kam er auch nach Obninsk, wo ihm ein begeisterter Empfang bereitet wurde. Nach dem Konzert suchten meine Frau und ich ihn im Künstlerzimmer des Kulturhauses auf, wohin er sich zurückgezogen hatte, ehe er in einem kleinen Autobus nach Moskau heimkehrte. Er war von den Begeisterungsstürmen und der Sympathie des großen Auditoriums, die natürlich ganz auf seiner ungewöhnlichen künstlerischen Begabung und seinem Spiel basierten, sehr bewegt. Doch schwang da, wie sein sensibles Wahrnehmungsvermögen spürte, auch eine Reaktion auf seine staatsbürgerliche Haltung mit. »Ich teile meine musikalische Aktivität jetzt gleichsam in zwei Perioden«, sagte Rostropowitsch zum Scherz, »vor und nach dem Brief zur Verteidigung Solschenizyns.« Bald jedoch kamen Gerüchte in Umlauf, daß auch die Gastspielreisen Rostropowitschs innerhalb der Sowjetunion eingeschränkt werden sollten.

Die Beobachtung aller persönlichen Kontakte Solschenizyns wurde erheblich verschärft. Sie galt insbesondere Personen, die ihm bei der Materialsammlung für seine literarische Arbeit halfen, und denen, die ihn für Gespräche über den Ersten Weltkrieg aufsuchten. Obwohl diese Menschen schon fünfundsiebzig bis achtzig Jahre alt waren, ließ man sie nicht in Ruhe. Man versuchte alles, um den Kontakt mit Solschenizyn »gefährlich« zu machen, um die Zahl der Menschen mehr und mehr zu verringern, die bereit waren, den Schriftsteller offen zu unterstützen und zu verteidigen. Gleichzeitig nahm die Kritik an Solschenizyn in der Presse einen besonders scharfen und groben Charakter an. Am 17. Dezember 1970 erschien in der *Prawda* ein langer Artikel, *Die Armut des Antikommunismus,* der mit I. Alexandrow gezeichnet war. »I. Alexandrow« ist ein Pseudonym, das in den letzten Jahren mehrfach in der *Prawda* unter Artikeln erschien, die den Charakter einer Weisung hatten. Zum Beispiel war I. Alexandrow der Autor des Artikels, der am Vorabend des Einmarsches der Truppen des Warschauer Pakts die Politik der tschechoslowakischen Führung kritisierte. Der neue Artikel I. Alexandrows enthielt eine besonders scharfe Charakteristik des Schaffens und der Tätigkeit Solschenizyns und war mit der Standardsammlung bedrohlicher Beschuldigungen durchsetzt.

Die Herren Imperialisten und ihre Lakaien scheuen keinerlei Methoden ... bis hin zu den unverschämtesten und zynischsten subversiven Tätigkeiten, in deren Knäuel sich die Agenten der imperialistischen Spionagedienste, die hochgestellten Professoren der Fehlinformation und die käuflichen Schreiberlinge der bourgeoisen Presse vermengen ... Die Aktivierung der antikommunistischen und in erster Linie antisowjetischen Propaganda ist offensichtlich darauf ausgerichtet, das Bewußtsein der erregten Öffentlichkeit der westlichen Länder zu trüben und zu verwirren, und zu versuchen, sie von den Anziehungskräften des Fortschritts und der Freiheit zurückzustoßen ... So sind die Ziele unserer ideologischen Feinde. Wie sind ihre Mittel? ... Einer der Bosse der amerikanischen Propaganda verkündete einmal ... »im ideologischen Kampf mit dem Kommunismus brauchen wir nicht die Wahrheit, sondern subversive Tätigkeiten: in einem solchen Krieg brauchen wir alle Halsabschneider und Gangster, die wir nur irgend bekommen können ...« Wie man sieht, befindet sich die Sache bei den Gegnern des Kommunismus in einem so jämmerlichen Zustand, daß sie auf der Suche nach antisowjetischen Kräften auf verbrecherische Elemente, auf diverse Renegaten, Schmarotzer, Betrüger und Gauner angewiesen sind und sogar Personen, die nur noch für Psychiater interessant sind. Angesichts des Fiaskos mit derartigen Betrügern und Schizophrenen beschlossen die Herolde des Antikommunismus, zu einer Provokation größeren Maßstabs Zuflucht zu nehmen und einen gewaltigen Lärm um den Namen Alexander Solschenizyns auszulösen – mit dessen schweigendem Einverständnis. Die Schmähschriften Solschenizyns auf das sowjetische Volk *Das Festmahl der Sieger, Der erste Kreis der Hölle* und *Krebsstation,* die die Heldentaten und Leistungen unserer Heimat, die Erfolge der Sowjetmenschen anschwärzen, erwiesen sich als geeignetes Material, die wieder einmal fällige antisowjetische Kampagne im Westen anzufachen ... Als geistiger innerer Emigrant, der dem ganzen Leben des sowjetischen Volkes fremd und feindlich gegenübersteht, wurde Solschenizyn von der imperialistischen Propaganda in den Rang des »großen« russischen Schriftstellers erhoben und kürzlich mit dem Nobelpreis ausgezeichnet. Das Nobelpreiskomitee lief am Gängelband der antisozialistischen Spekulanten, die Solschenizyn nicht um seines Talentes willen in die Höhe hoben, sondern nur, weil er die sowjetische Wirklichkeit anschwärzt ... So ist die Dreckgrube, in der sich Solschenizyn herumwälzt, der aus den Reihen des Schriftstellerverbandes der UdSSR Ausgeschlossene und von der sowjetischen Öffentlichkeit Verurteilte ...

Am 26. Dezember erschien ein scharfer Artikel gegen Solschenizyn in der Zeitung der Streitkräfte der UdSSR *Krasnaja swesda.* »Solschenizyn ist ein Renegat, ist Verfasser von Schmähschriften auf das sowjetische Volk ...« usw. Im Januar 1971 veröffentlichte die Zeitschrift *Kommunist Wooruschonnych sil SSSR* in Heft 2 den Artikel eines Obersten W. Sapunow, *Literatur und Kunst – die Front des ideologischen Kampfes.* In diesem Artikel hieß es, der Nobelpreis sei Solschenizyn »als das Kainzeichen für den Verrat an seinem Volk« verliehen worden. Am 12. Februar 1971 äußerte sich der Sekretär des Schriftstellerverbandes der UdSSR, Georgi Markow, in der *Prawda* gegen Solschenizyn.

Per Egil Hegge, der sich weiter bemühte, über die Schwedische Botschaft zu klären, ob man Solschenizyn den Nobelpreis in Moskau übergeben könne, wurde zur Zielscheibe für besondere Maßnahmen. Entweder durch seine Artikel in skandinavischen Zeitungen oder aufgrund einer Beschwerde schwedischer Diplomaten über seine Einmischung in die Angelegenheiten Solschenizyns wurde den offiziellen Stellen etwas von seiner Rolle bekannt. Der Botschafter der UdSSR in Norwegen erhob beim Norwegischen Außenministerium mündlich Protest gegen Hegges »antisowjetische« Veröffentlichungen. In Moskau wurde Per Hegge ständig beschattet. Seinem Auto folgte regelmäßig ein Einsatzwagen des KGB vom Typ »Wolga«, der immer das gleiche Kennzeichen trug und den Per Hegge nicht abschütteln konnte. (Die Einsatzwagen dieser Art haben einen verstärkten Motor und können eine höhere Geschwindigkeit erreichen als die normale »Wolga«. Außerdem brauchen Einsatzwagen die Verkehrsregeln nicht zu beachten, nicht bei Rot anzuhalten usw. Am Wagen einer beschatteten Person wird ein unauffälliger Transistor-Sender installiert, mit dessen Hilfe dieser Wagen leicht gefunden werden kann, wenn es ihm einmal gelingt, die Verfolger abzuschütteln.) Nach einigen Tagen ständiger Beschattung veröffentlichte Per Hegge in westlichen Zeitungen einen Artikel, in dem er gegen die Behinderungen protestierte, denen er bei seiner Arbeit als akkreditierter Korrespondent ausgesetzt war. Dieser Protest wurde im Rundfunk auch in russischer Sprache gesendet. Per Hegge gab sogar das Kennzeichen des Wagens an, der ihm in Moskau ständig folgte.

Die Veröffentlichung dieses Protestes war ein unvorsichtiger Schritt. Die Beschattung ausländischer Korrespondenten ist schließlich nichts Neues oder Ungesetzliches. Ein großer Teil der Ausländer, die in der UdSSR diplomatischen Status haben, unterstellen, daß sie in irgendeiner Form beobachtet und abgehört werden. In der gleichen Lage können sich auch sowjetische Vertreter in einigen Ländern befinden. Die Beschattung, mit der Per Hegge beehrt wurde, war besonders »grob« oder eindeutig und sollte auf diese Weise seinen Protest auslösen. Das war ein rein psychologischer Kunstgriff. Bei ernsthafter Beschattung wird nicht nur in Kriminalromanen, sondern auch in der Praxis dafür gesorgt, daß man die Beschattung nicht bemerkt. So kann aufgrund der Signale des im Auto versteckten Transistor-Senders der Standort des Autos an jeder beliebigen Stelle einer Stadt mit Hilfe von Peilstationen geortet werden, die für Polizei und Sicherheitsdienst in den meisten Hauptstädten der Welt installiert sind. Ein Einsatzwagen dürfte dem beobachteten Wagen nicht in unmittelbarer Nähe folgen und nicht ständig das gleiche Kennzeichen tragen. Derartige Einsatzwagen pflegen im Kofferraum eine Serie von Austauschkennzeichen mitzuführen.

Ich beschloß, Per Hegge von weiteren Protesten abzuraten, und ihm nahezulegen, keinen offenen Konflikt mit der Presseabteilung des Außenministeriums der UdSSR zu suchen, die die Arbeit der Auslandskorrespondenten kontrolliert. Ich wußte, daß Per Hegge mit seiner Arbeit in der UdSSR zufrieden war und bei seinen Zeitungen keine Versetzung beantragen wollte. Er war offenbar der Ansicht, es gebe keine gesetzlichen Handhaben, um ihm gegenüber die äußerste Maßnahme der Ausweisung anzuwenden, um so mehr, als die Gegenmaßnahme in der Ausweisung der in Norwegen und Dänemark akkreditierten sowjetischen Korrespondenten hätte bestehen können. Aufgrund der bestehenden Vereinbarungen kann ein Korrespondent aus einem Land nicht wegen des Inhalts seiner Artikel und nicht wegen seiner Kontakte mit »unerwünschten« Personen ausgewiesen werden, sondern nur wegen einer gesetzwidrigen Handlung (zum Beispiel Sammlung von Informationen über Geheimobjekte, Aufenthalt in Sperrgebieten, Devisentransaktionen usw.). Per Hegge wußte, daß er sich keinerlei Rechtsübertretungen hatte zuschulden kommen lassen und hatte sich daher zu dem Protest entschlossen. Er hoffte, auf diese Weise die entsprechenden sowjetischen Behörden zur Einstellung der nervenzermürbenden Beschattung zu zwingen. Diese Hoffnung war naiv.

Für einen Tag im Februar 1971 hatte ich mich mit Per Hegge verabredet. Er sollte mir von den Ergebnissen der Bemühungen der Schwedischen Akademie berichten, eine gewisse Zeremonie für die Übergabe des Nobelpreises in Moskau zu organisieren.

Ich war sicher, daß Per Hegge ohne Beschattung zu dem Gespräch kommen würde. Es ist nicht allzu kompliziert, die Beobachter abzuschütteln, wenn man nicht mit dem eigenen Wagen fährt, sondern mit städtischen Verkehrsmitteln, vor allem mit der Metro. Es gibt hierfür einfache Mittel, und ein erfindungsreicher Mensch kann jederzeit Dutzende neue erdenken, die auf guter Ortskenntnis basieren. Unter den russischen Revolutionären, von den Narodowolzen Mitte des vorigen Jahrhunderts bis zu den Bolschewiken, gab es die strenge Regel, daß man zu einer Verabredung ohne »Schatten« zu kommen hatte. Wenn diese Möglichkeit nicht gegeben war, fand die Zusammenkunft nicht statt. Doch in Norwegen hat es schon Jahrhunderte lang keine illegalen Revolutionäre und Organisationen gegeben, und den Bürgern dieses Landes waren offenbar solche Traditionen nicht bekannt. Sie haben sich allzusehr daran gewöhnt, das eigene Auto zu benutzen. Obwohl es vom Kutusowski-Prospekt, wo Per Hegge im Ausländer-»Getto« lebte, bis zum Ort unseres verabredeten Zusammentreffens in einem Café nicht weit war, kam Per Hegge im eigenen Wagen. Er traf im Café mit leichter Verspätung ein und war sehr aufgeregt. »Man hat mich schon rausgefenstert«, sagte er, als er sich am Tisch niederließ. »Gestern bin ich zur Presseabteilung des Außenministeriums vorgeladen worden, und man hat mich angewiesen, bis zum Wochenende die UdSSR zu verlassen. Ich werde ständig beschattet, es ist mir auch nicht gelungen, den Wagen abzuschütteln. Der Mann, der sich da drüben am Eingang hingesetzt hat, ist aus dem Auto, das mir nachfuhr.«

Ich fragte Per Hegge nach den Gründen seiner Ausweisung, sie mußten auf irgendwelchen realen Beschuldigungen fußen. Per Hegge erzählte, man habe ihm zwei »Fälle« ungesetzlicher Tätigkeit vorgehalten, doch sie seien beide erlogen. Ein sowjetischer Journalist, ein guter Bekannter von Per Hegge, hatte erklärt, Hegge habe ihm einen schwedischen Plattenspieler zu einem Wucherpreis verkauft (Beschuldigung der Spekulation oder Devisentransaktion). Das war eine Lüge. Der sowjetische Journalist, der oft bei Per Hegge zu Hause war, hatte ihn mehrfach um den Verkauf des Plattenspielers gebeten. Hegge war es peinlich gewesen, dem Bekannten die Bitte abzuschlagen, und er hatte diesen Plattenspieler zum nominalen Preis verkauft, also wesentlich unter dem Preis eines solchen Plattenspielers in einem Kommissionsgeschäft der UdSSR. Die zweite Anzeige stammte von einem alten Juden, dessen Sohn verhaftet worden war. Hier handelte es sich ebenso um eine Lüge. Offenbar hatte man dem alten Mann Erleichterungen für den Sohn in Aussicht gestellt. In jener Zeit, Anfang 1971, wurden Juden verfolgt, die den Wunsch geäußert hatten, nach Israel auszureisen. Deshalb bemühten sie sich selbst, mit ausländischen Korrespondenten in Moskau zusammenzukommen. Solche Begegnungen hatte fast jeder in Moskau akkreditierte Korrespondent. Per Hegge war erheblich weniger als andere Korrespondenten in die sogenannte »jüdische Frage« hineingeraten, da er relativ wenig bekannte skandinavische Zeitungen vertrat. Doch selbst wenn die erhobenen Beschuldigungen der Wahrheit entsprochen hätten, wären sie zu schwach gewesen, um eine so schwerwiegende Maßnahme wie die Ausweisung zu begründen. In solchen Fällen, zum Beispiel beim Verkauf eines gebrauchten Kraftwagens, werden andere Korrespondenten verwarnt. Sogar wenn in den sowjetischen Zeitungen Äußerungen abgedruckt wurden, in denen Gruppen von Staatsbürgern gegen die Artikel einiger ausländischer Journalisten zur »jüdischen Frage« protestierten und ihre Ausweisung aus der UdSSR forderten, führte das nicht zu den entsprechenden negativen Maßnahmen. Mir war ebenso wie Per Hegge selbst ganz klar, daß diese Sanktionen im Zusammenhang mit seinen Bemühungen um eine Lösung des Nobelpreisproblems standen. Ich bat Per Hegge, beim Norwegischen Außenministerium nicht auf Gegenmaßnahmen zu bestehen und die Ausweisung eines sowjetischen Korrespondenten aus Norwegen nicht zu fordern, um die Gegner Solschenizyns nicht noch mehr zu reizen. Er versprach, seinen Zeitungen diesen Rat zu übermitteln. Doch sagte er, daß er zum Herbst unbedingt einen großen Artikel oder ein Buch schreiben werde, in dem er sein Mitwirken bei dem Versuch, den Nobelpreis auszuhändigen und die Haltung, die die schwedischen Diplomaten hierbei eingenommen hätten, von allen Seiten beleuchten werde. »Die schwedischen Diplomaten«, sagte Per Hegge, »haben mich gebeten, darüber nichts zu schreiben. Ich habe ihnen nur versprochen, daß diese Informationen so lange nicht preisgegeben werden, als ich nicht die Möglichkeit habe, Erinnerungen zu schreiben. Ein zu Unrecht beschuldigter und ausgewiesener Journalist hat nach unserer Tradition das Recht, seine Erinnerungen zu veröffentlichen. So hat das Schwedische Außenministerium der Schwedischen Botschaft einen sehr schlechten Dienst erwiesen.« Vom Ernst dieser Worte konnte ich mich einige Monate später überzeugen. Über die von Per Hegge in seinem im Herbst 1971 publizierten Buch aufgeworfenen Fragen gab es stürmische Diskussionen im Schwedischen Parlament. Der schwedische Premierminister Olof Palme gab hierzu Erklärungen ab, die übrigens niemanden zufriedenstellten.

Per Hegge verabschiedete sich von mir, vielleicht für immer. Als aus der UdSSR »herausgeflogener« Korrespondent konnte er nicht damit rechnen, jemals wieder auch nur ein Touristenvisum zu bekommen. Doch meine Gedanken waren woanders. Per Egil Hegge würde mit seinem Auto wegfahren, mich aber dürfte man »zur Feststellung der Personalien« festnehmen. Da Per

Hegge gegenüber gewisse Beschuldigungen erhoben worden waren, gab es auch einen juristischen Grund, Personen zu verhören, die mit ihm, insbesondere in den letzten Tagen, Kontakt gehabt hatten. Mir aber stand der Sinn durchaus nicht danach, mich festnehmen zu lassen. Ich erklärte das Per Hegge, und wir beschlossen, ich sollte mit ihm fahren und das Auto irgendwo unterwegs verlassen, nachdem er sich bemüht hatte, die Einsatz-»Wolga« abzuschütteln. Wir fuhren durch das Stadtzentrum zur Gorkistraße, bogen dann in den Boulevardring ein und von da aus in dunkle Nebengassen. Per Hegge, der ausgezeichnet fährt, schlüpfte schnell von Gasse zu Gasse. Der Wagen der KGB-Einsatzgruppe folgte uns die ganze Zeit, doch an einer Kreuzung ohne Ampeln mußte er bremsen, um nicht mit einem Lastwagen zusammenzustoßen. Per Hegge bog sofort in eine andere Gasse ab und kam dann auf dem Ring heraus. Hinter uns war niemand mehr. Wir befanden uns in der Höhe der Metrostation »Majakowskaja«. Ich verabschiedete mich von Per Hegge, sprang aus dem Auto und mischte mich unter die Menge, die in die Metro strömte. Nach einigen Fahrten mit der Metro bestand kein Zweifel mehr, daß ich nicht beobachtet wurde.

Der neue Roman »August Vierzehn«

Das Wichtigste inmitten der stürmischen und verwickelten Ereignisse der Jahre 1968–70 war, daß Solschenizyn sich von allen Unannehmlichkeiten des Lebens lösen konnte und einen neuen großen Roman schrieb, der den Anfang einer großangelegten historischen Prosa bilden sollte, die er schon seit seiner Jugend als Hauptziel seines literarischen Schaffens angesehen hatte. Solschenizyn beendete die zweite Fassung im Herbst 1970, noch vor dem Nobelpreis. Hierbei hatte er besondere Vorsorge getroffen, daß der Roman nicht in den Samisdat gelangte und für einen Raubdruck im Ausland mißbraucht werden konnte.

Dann schrieb Solschenizyn an sieben sowjetische literarische Zeitschriften und Verlage und teilte den Abschluß seines Romans *August Vierzehn* mit. Er besaß zu diesem Zeitpunkt nur ein Original und einige Kopien des Typoskripts. Verlage fordern von den Autoren unbedingt das Original und eine Kopie, und Solschenizyn war bereit, einem Verlag oder einer Zeitschrift sofort zwei Exemplare zu übersenden, wenn sie den Text zu unverbindlicher Durchsicht anfordern würden. Es blieben aber alle sieben Briefe unbeantwortet. Mir wurde berichtet, daß man in der Leningrader Zeitschrift *Swesda* auf Solschenizyns Brief hatte antworten wollen, und sei es nur, um den neuen Roman in den Redaktionsräumen lesen zu können. Doch der Chefredakteur erhielt nicht einmal die Genehmigung zum einfachen Briefwechsel mit Solschenizyn.

Somit gab es für Solschenizyn drei Möglichkeiten. Erstens konnte er den Roman verstecken und auf bessere Zeiten hoffen. Zweitens konnte er Kopien des Manuskripts unkontrolliert zum Lesen weitergeben, die dann in die Hände von Samisdat fallen und später irgendwo in *Grani* oder *Possev* erscheinen würden. Drittens konnte er über den Rechtsanwalt den üblichen Vertrag mit einem seriösen Verlag abschließen, die Autorenrechte durch das Copyright absichern, ebenso die Übersetzung in andere Sprachen durch seriöse und gute Übersetzer, denen nicht an rascher Veröffentlichung, sondern an adäquater Wiedergabe des ursprünglichen Textes gelegen ist.

Die erste Möglichkeit entfiel. Der Schriftsteller braucht den

Leser, darin liegt der ganze Sinn seines Schaffens. Sie entfiel umsomehr, als die besseren Zeiten vielleicht erst nach unserer Generation eintreten. Die zweite Möglichkeit entfiel für *August Vierzehn* ebenfalls. Diesen Roman durfte man nicht hetzenden, veranwortungslosen Übersetzern überlassen. Eine ausländische Ausgabe in russischer Sprache, die irgendein unabhängiger Verlag herausbringt, konnte auch in der UdSSR eine gewisse Verbreitung finden. Die Veröffentlichung in *Grani* oder in *Possev* konnte gefährlich werden für den, dem die Zeitschriften in die Hände kamen. Niemand würde ein Buch mit dem Verlagszeichen »Possev« offen in sein Bücherregal stellen. Folglich blieb die dritte Möglichkeit, die Solschenizyn auch wählte.

Dr. Fritz Heeb schloß einen Vertrag über die Weltrechte mit dem Hermann Luchterhand Verlag und über die russische Auslandsausgabe mit einem kleinen unabhängigen Verlag in Paris, YMCA-Press. Das Recht für die Ausgabe in englischer Sprache erhielt Bodley Head ltd. Übersetzungen des Romans durften nicht vor 1972 erscheinen. Die russische Ausgabe wurde in einer Auflage von 20 000 Exemplaren im Juni 1971 von YMCA-Press ausgeliefert. Die erste Auflage war schnell vergriffen, und die zweite war Ende 1971 ausgedruckt.

Im Ausland leben etwa sechs bis sieben Millionen Russen. Touristen und sowjetische Staatsangehörige, die von Dienstreisen ins Ausland zurückkehrten, brachten das Buch gelegentlich in die UdSSR. Solschenizyn gab mir ein Exemplar des Manuskripts erst im Juni, als bekannt war, daß die russische Ausgabe in Frankreich erschienen war. Anfang Juli bekam ich ein bei YMCA-Press erschienenes Exemplar. Ab Ende Juli setzte die Verbreitung von *August Vierzehn* im Samisdat ein, doch der Tatbestand, daß der Autor das Copyright für die russische Ausgabe und die Übersetzungen besaß, sicherte ihn vor Raubdrucken im Ausland.

Die Veröffentlichung von *August Vierzehn* im Ausland hatte auch große Bedeutung für Solschenizyns weiteres Schaffen. Das Buch sollte nur der Anfang einer Reihe historischer Romane sein. Die Materialsammlung über das Rußland jener Zeit bereitete große Schwierigkeiten. In der russischen Emigration von 1917 bis 1922 gab es viele Menschen, deren Archive und Erinnerungen für Solschenizyns Arbeit großen Wert haben konnten. Dieses Material hoffte der Autor auch durch die Veröffentlichung des ersten Bandes oder des »ersten Knotens« heranziehen zu können. Das Nachwort Solschenizyns zum »ersten Knoten« enthielt zusammen mit der Angabe der geographischen Punkte, die in den folgenden »Knoten« berücksichtigt werden sollten, einen Aufruf, man möge dem Verlag entsprechendes Material übersenden.

Die Lektüre von *August Vierzehn* hinterließ bei mir einen tiefen Eindruck, der allerdings nicht mit der besonderen emotionalen Erregung verglichen werden kann, die frühere Werke Solschenizyns auf den Leser ausübten. Alle anderen Werke Solschenizyns waren Ereignissen gewidmet, die von den Lesern der mittleren und älteren Generation noch klar und unmittelbar aufgenommen werden. Sie wecken unauslöschliche Erinnerungen, rufen eine schmerzliche und weitgefächerte Skala von Empfindungen und Erlebnissen wach, beschwören bei den einen die Ereignisse des eigenen Lebens, lassen andere an das Schicksal ihrer Väter, Brüder, Schwestern, Männer, Frauen und Freunde denken. Die historische Entwicklung der Sowjetunion bedingt, daß ich niemanden kenne, der nicht das Schicksal der Romanfiguren Solschenizyns mit dem Schicksal ihm naher Menschen verbände. Darum haben viele Solschenizyns Bücher mehrfach gelesen, haben sich immer mehr in dieselben Ereignisse eingelesen, wobei die Stärke des eigenen Erlebens sie weder die sorgfältige Bearbeitung des Stils noch das Neue in der Sprache, noch die Anschaulichkeit der Bilder erkennen ließ. Das Empfinden der Lebenswahrheit überdeckte alles, und die Literaturkritik erklärte uns später in ihren Aufsätzen, was einem bei so emotionaler Aufnahme entging.

August Vierzehn rief lebendige Erinnerungen nur bei denen wach, die jetzt siebenundsiebzig bis achtzig Jahre alt sind. Jüngere Menschen konnten diesen Roman als historischen Roman lesen, langsamer und ruhiger. Die breite Anlage des Romans selbst, seine ruhige Ausführlichkeit, die Vielzahl der handelnden Figuren, die künstlerische Ausdruckskraft, das Neue in der Sprache und der Reichtum literarischer Möglichkeiten trugen dazu bei, daß dieses Buch vor allem als Kunstwerk aufgenommen wurde, das von einem Autor von zweifellos klassischem Rang geschrieben worden ist.

Da ich selbst kein Literaturkritiker bin, auch nicht im Sinne des Amateurs, bin ich zu einer qualifizierten Analyse eines sol-

chen Werks nicht berufen. Ich kann nur über den persönlichen
Eindruck sprechen, doch haben meine Urteile für professionelle
Kritiker keine ernsthafte Bedeutung. Ich habe über den Roman
mit Freunden gesprochen, die oft erheblich kompetenter in Fragen
literarischer Kunstwerke waren, und dann einige Meinungen
kurz notiert, die ich nun, wenn auch in Auszügen, so doch objektiv anführe, ohne auch kritische Bemerkungen zu verschweigen. Die Meinungen stammen von verschiedenen Personen.

A: Man empfindet Freude beim Umgang mit echter russischer
Literatur. Wir sind doch der Literatur entwöhnt, werden von
Surrogaten genährt ... Was für ein Reichtum der Sprache.
Jahrzehnte werden die Philologen daran studieren, wie viele
neue Möglichkeiten in der russischen Sprache entdeckt wurden
und wieviel Vergessenes erneut lebt ... Andere Schriftsteller
legen, wenn sie schreiben, gleichsam Ziegelsteine aufeinander,
fügen Detail um Detail aneinander. Solschenizyn aber modelliert Sätze und Bilder aus heißem plastischem Material, und
wenn ein Satz oder ein Ausdruck modelliert ist, dann fühlt
man, daß es sich besser nicht sagen läßt ...

B: Ein erstaunlich gewissenhaftes Studium der militärischen
Strategie der Schlachten in Ostpreußen. Doch zu viele Figuren,
vor allem Generäle, man kann nicht alle behalten ... Unerwartet freundlich schreibt er über die Deutschen und über
Ostpreußen ... Zu negativ ist das Bild der sozialdemokrati-
schen Defätisten ... Worotynzew hingegen hat zu viele positive Eigenschaften ... Am besten gelungen ist das Bild Samsonows. Aufgrund der Beschreibungen sieht und empfindet
man anschaulich alles: Die Natur, die Umstände, die Menschen ...

C: Ich habe hundert Seiten gelesen und bin steckengeblieben.
Immerzu stolpert man über irgendwelche neuen Worte, die
niemand braucht, über Anachronismen, irgendwelche Zeichen,
die man beachten muß, aber gleich wieder vergißt. Warum
gibt es da diese Drehbuchpassagen und wozu »Breitleinwand«,
was soll diese Kreuzung von Prosa und Drehbuch? ... Allzusehr drängt sich das Bemühen in den Vordergrund, die Aufmerksamkeit auf die Form zu lenken. Der Leser aber muß von
der Handlung, vom Inhalt eines Romans in Anspruch genommen werden ...

D: Als ob ich im Russischen Museum gewesen wäre. Man muß

noch einmal durchgehen und dann alles aufmerksamer anschauen . . .

E: Das Beste an dem Roman ist seine Sprache. Diese unwahrscheinlich klare, knappe Sprache voller unerwarteter Entdeckungen, neuer Wortbildungen, die die Literatur bereichern, die den unwiederholbaren Solschenizynschen Stil schaffen. Einige neue Worte lassen einen innehalten, darüber nachdenken. Es gibt sicher auch mißlungene, doch das sind wenige. Was man auch immer über den Roman sagen mag, er bringt die russische Sprache weiter voran als das irgendeinem Schriftsteller des 20. Jahrhunderts gelungen ist. Die Verleihung des Nobelpreises an Solschenizyn ist zweifellos kein Zufall . . . Der Roman erfordert nicht nur Kritiken und Rezensionen, sondern eine tiefgehende Erforschung aus verschiedenen Perspektiven, in ihm ist ein literarisches Talent von ungeheurer Kraft zum Ausdruck gekommen . . .

F: Solschenizyn gibt in dem Roman einen Querschnitt der russischen Gesellschaft von 1914. Er stellt voller Liebe die Bauern, die Soldaten und die Intelligenz dar. Positiv sind die Bilder der russischen Offiziere, sogar der Unternehmer, zum Beispiel Tomtschak. Aber es gibt in dem Roman keine Arbeiter, keine Arbeiterklasse. Die Figuren der Revolutionäre sind negativ. Ein besonders negativer Eindruck entsteht aus der Schilderung der meisten Generäle, vor allem auch der Mitglieder der Zarenfamilie, der unbegabten, dummen, nichtigen Regierungsspitze . . .

G: Der Lenartowitsch im Roman ist ein Sozialdemokrat und Defätist. Aber Defätisten waren in jenem Krieg nur die Bolschewiken. Lenartowitsch ist der einzige Feigling unter den Offizieren. Aber Defätismus bedeutete doch in den Losungen der Bolschewiken nicht, an der Front feige sein, sondern durch Kühnheit und Können die Sympathien der Soldaten erobern, um die Umwandlung des imperialistischen Krieges in einen Bürgerkrieg zu steuern. Die von Lenin allgemein aufgestellte These von der Niederlage steht auf der einen Seite, auf der anderen die konkrete Situation an der Front. Im Gespräch Lenartowitschs mit dem Arzt äußert dieser »Sozialdemokrat« keinerlei Mitgefühl mit den Soldaten. Ein echter Sozialdemokrat aber kann nicht so hartherzig gegenüber dem Schicksal einfacher Menschen sein.

H: Sicher gibt es in dem Buch einige Figuren, die die Ideen und Gedanken des Autors selbst zum Ausdruck bringen ... Das sieht man an der Sympathie, mit der sie dargestellt sind. Aber sie haben in den Dialogen keine würdigen Opponenten, sie streiten etwa mit kleinen Jungen oder mit dummen Menschen ... Wenn man ihnen aber die Veteranen der revolutionären Bewegung entgegengestellt hätte, echte Theoretiker oder Publizisten, so klar denkende Menschen wie Plechanow, Martow, Krassin, Lunatscharski, dann wären diese Dialoge interessanter ... Die Revolutionäre haben zunächst auf die Massen mit dem Wort und der Redekunst eingewirkt. Terror wurde erst erheblich später angewandt ...

I: Die militärischen Szenen sind hervorragend gezeichnet, einfach grandios, rufen absolutes Vertrauen zur Übereinstimmung des Dargestellten mit den tatsächlichen Ereignissen hervor. Eine bessere Beschreibung der strategischen und taktischen Situation kann man kaum erwarten, nicht einmal von einem Professor der Kriegskunst ...

K: Solschenizyn dürfte wohl die zerstörerische Tendenz einer Revolution nicht billigen. Er sieht die Kraft der Gesellschaft im Bewahren der Traditionen, der Kontinuität, im kulturellen Erbe der Vergangenheit. Doch als großer Künstler hat Solschenizyn die Unvermeidlichkeit der Revolution in Rußland und die vollständige Zersetzung der Monarchie und der gesamten Spitze der Gesellschaft aufgewiesen ... Er hat die gewaltige potentielle Kraft des Volkes gezeigt, wenn es auch noch ungebildet, unterdrückt und religiös war. Jene Schicht, der offenbar die Sympathie des Autors gehört – die Ingenieure, die gebildeten Offiziere, die Lehrerschaft und sogar die Unternehmer, die technische Errungenschaften verwenden –, diese Schicht ist zu dünn, zu schwach und nicht organisiert. Diese Menschen, in deren Händen die Kultur und die wirtschaftliche Entwicklung lag, waren eindeutig nicht in der Lage, das Volk und die Soldaten zu zügeln, als sie sich im Zorn gegen die verfaulte Anarchie wandten.

L: Viele Jahre lang haben nicht nur die Historiker, sondern auch die Schriftsteller die russische Geschichte verfälscht und tendenziös verändert. Und obwohl der Verfasser einen Roman über ferne Vergangenheit geschrieben hat, wird man ihn kritisieren, und sei es deshalb, weil er sich zu einer wahrheits-

gemäßen und realistischen Darstellung der Geschichte entschloß. Ist uns doch befohlen, so viele grausame und erbar-
mungslose Gewalttaten der Vergangenheit zu vergessen ...

M: Unvermeidlich drängt sich der Vergleich mit Tolstois
Krieg und Frieden auf. Wenn man davon ausgeht, daß Solschenizyn die Fortsetzung des *August Vierzehn* schreibt, dann
kann man diese Romane in ihrer epischen Anlage als selbständige, doch gleichwertige gegenüberstellen ... Natürlich
darf man den Unterschied der Epochen, in denen die Verfasser gearbeitet haben, nicht außer acht lassen ... Tolstoi, so
scheint es mir, war subjektiver in der Beleuchtung der Ereignisse, hatte ein lockereres Verhältnis zur historischen Glaub-
würdigkeit. Die Figuren Kutusows und vor allem Napoleons
entsprechen absolut nicht ihren historischen Vorbildern ...
Man darf auch nicht vergessen, daß Tolstoi in seinem eigenen
geräumigen Anwesen arbeitete oder im großen Haus in Moskau, Solschenizyn sich aber beim Schreiben in fremden Wohnungen verbergen mußte und ihm die Archive verschlossen
waren ...

Solche Äußerungen über den Roman Solschenizyns könnte ich
noch seitenlang zitieren.

August Vierzehn erkannte man unbedingt als hervorragendes
Kunstwerk an, das von der weiteren Entwicklung und Vervoll-
kommnung des dichterischen Talents zeugte. Es war eine seltsame
Ironie des Schicksals, daß ich ausgerechnet am 14. August, doch
im Jahre 1971, während eines Urlaubs an der Ostsee in der
Nähe jener Gebiete, die einmal Ostpreußen waren und im Roman beschrieben sind, in einer ausländischen Rundfunksendung
Solschenizyns scharfen Protest gegen einen neuen Zwischenfall
hörte. Eine Gruppe Milizionäre oder Angehörige einer anderen
Dienststelle seien in die Datscha des Schriftstellers eingedrungen
und hätten dort Solschenizyns Freund Gorlow verprügelt, als
dieser die Datscha auf Bitte des plötzlich erkrankten Schriftstellers aufgesucht hatte. Der Protest war an den Vorsitzenden des
KGB, Genossen Andropow, gerichtet.

Der Tod Twardowskis

Im Herbst 1970 hatten die Ärzte den Zustand Alexander Trifonowitsch Twardowskis als hoffnungslos bezeichnet, aber er lebte
noch über ein Jahr. Im Frühjahr und im Sommer 1971 besuchte
Solschenizyn Twardowski mehrfach und ließ ihn seinen Roman
August Vierzehn lesen. Im November 1971 verschlechterte sich
Twardowskis Zustand, man brachte ihn wieder ins Kreml-Krankenhaus. In der Nacht auf den 18. Dezember starb er. Als erster
berichtete darüber der ausländische Rundfunk, dann auch der
sowjetische. Und obwohl diese traurige Nachricht Twardowskis
Freunde nicht überraschte, schmerzte das Gefühl des plötzlichen
Verlustes sehr. Twardowskis Tod war der Wendepunkt einer
ganzen Periode des kulturellen Lebens des Landes. Aufrichtig
liebten ihn alle, die seine Ideen und Absichten teilten, ihn achteten
diejenigen, die in der Literatur einen anderen Standpunkt vertraten, mit ihm rechneten auch jene, die gegen ihn waren. Twardowski war ein bemerkenswerter Lyriker, doch lag seine Kraft
nicht nur in diesem Bereich. Er war ein kompromißloser Vertei-
diger der wahren Literatur, entdeckte und förderte sehr viele
neue Talente. Solschenizyn war unter diesen vielleicht die auf-
fälligste, aber bei weitem nicht die einzige Größe. Twardowski
glaubte zutiefst, daß echter Kommunismus mit der Freiheit des
Schaffens und mit unterschiedlichen künstlerischen Richtungen
vereinbar sei, daß die literarischen Richtungen, die das Volk und
die Partei braucht, sich im Wettstreit entwickeln müssen, im Vergleich, unter dem Einfluß von Literaturkritik und Diskussion,
nicht aber unter dem Druck einer anonymen und geheimen Zensur. »Wir brauchen nicht die Pressefreiheit, die es im Westen
gibt«, sagte er einmal in einem Gespräch, »man sollte uns wenigstens die Freiheit geben, die wir im eigenen Lande in den zwan-
ziger Jahren hatten.« Twardowski hatte ein einzigartiges Gefühl
für die Verantwortung nicht nur gegenüber den Lebenden, den
Menschen seiner Umgebung, gegenüber dem Volk, worunter man
im allgemeinen alles versteht, was dem Egoistischen, Persönlichen,
an Gruppen Gebundenen oder sogar dem Parteigemäßen ent-
gegensteht, sondern auch gegenüber den Toten, den Umgekom-
menen, den Umgebrachten, denen, die ihr Leben für noch unver-

wirklichte Ideale hingaben. Dieses besondere Gefühl fand seinen stärksten Ausdruck in Twardowskis letzter Verserzählung *Vom Recht auf Erinnerung*, und zwar in der Einleitung, mit der der Autor seine Beichte beginnt.

> Im Rückblick an des Todes Schwelle
> stellt wie von selbst der Wunsch sich ein,
> von allen, die dein Leben kreuzten,
> soll deine Dichtung Zeugnis sein.
>
> Der Wunsch kommt nicht zum ersten Male,
> und doppelt Maß ist hier nicht schlecht:
> Wenn Lebende das Wort nicht wagen,
> dann fordern unsre Toten Recht:
>
> »Du darfst nicht heucheln, mußt es sagen,
> was von Vergangenem du weißt,
> denn das Vergangene bezahlten
> wir mit des Lebens höchstem Preis.«
>
> Mir aber bleibt bei meinen Jahren
> für einen Aufschub keine Zeit,
> will noch gestalten, Schuld abtragen,
> im Worte jenes stumme Leid.

Die Ausführung dieses Planes war Twardowski nicht mehr vergönnt. Kaum hatte er mit dieser, von der Zensur verbotenen umfangreichen lyrischen Darstellung eine neue Periode seines Dichterlebens begonnen, da setzten ihr die schwere Krankheit und der Tod ein Ende.

Der in den Zeitungen veröffentlichte Nachruf war von allen Mitgliedern des Politbüros des ZK der KPdSU, den Mitgliedern des Vorstandes des Schriftstellerverbandes und den Leitern anderer Künstlerverbände unterzeichnet. Der Nachruf erwies Twardowski die Ehre als Dichter, als Mann des öffentlichen Lebens und als Chefredakteur von *Nowy mir*. In anderen Artikeln, die zum Gedächtnis des Dichters in Zeitungen erschienen, sogar in der *Literaturnaja gaseta* und in der *Literaturnaja Rossija*, war von der Tätigkeit Twardowskis im öffentlichen Leben nicht die Rede, nicht einmal seine Tätigkeit als Chefredakteur von *Nowy mir* wurde erwähnt. Sogar Tschingis Aitmatow, der begabte Schriftsteller, der Twardowski besonders als Redakteur weitgehend verpflichtet ist und einige Jahre zusammen mit ihm im Redaktionskollegium von *Nowy mir* gearbeitet hat, sprach in seinem Artikel *Ich neige das Haupt* nur von dem Dichter. Das konnte kein Zufall sein. Die Zensur hatte nicht die Möglichkeit, den offiziellen Nachruf zu verändern, doch sie setzte den Gefühlsäußerungen einzelner Autoren Grenzen. Niemand erwähnte die Verserzählung *Tjorkin im Jenseits*, obwohl alle von der *Tjorkin*-Dichtung sprachen. In keiner Zeitung und in keiner Todesanzeige wurde mitgeteilt, wo der Tote aufgebahrt, wo die Trauerfeier und wo die Beerdigung stattfinden würde. Offenbar hatte man beschlossen, die Teilnahme zu vieler Menschen zu verhindern.

Von Freunden erfuhr ich, daß die Totenfeier im Zentralen Schriftstellerhaus in der Herzenstraße stattfinden würde. Es hieß, die Zeremonie beginne am 21. Dezember um zwölf Uhr, doch solle man besser früher da sein, gegen zwölf Uhr werde man keinen Platz mehr bekommen. Um elf Uhr trafen Frau Twardowski und ich ein. Der Zutritt zu dem Raum, wo man den Toten aufgebahrt hatte, war frei; an den Trauerfeierlichkeiten aber durften nur Mitglieder des Schriftstellerverbandes teilnehmen. Wer die Garderobe ablegen wollte, mußte seinen Mitgliedsausweis zeigen. Im Saal standen an jeder Stuhlreihe Ordner, die Personen, die die Garderobe nicht abgelegt hatten, aus dem Saale verwiesen. An dem aufgebahrten Toten konnte man nur im allgemeinen Strom vorübergehen. Diese Anordnung war berechtigt, denn der Menschenstrom bestand aus vielen Tausenden; in dem Saal aber, wo die Trauerfeierlichkeiten stattfinden sollten, gab es nicht mehr als sechshundert Plätze. Wir gingen zweimal im Strome der Menschen am blumenüberschütteten Sarg vorüber und fanden Freunde, die uns halfen, die Garderobe loszuwerden. Unter den früher Angekommenen waren auch Mitglieder des ehemaligen Redaktionskollegiums von *Nowy mir* und ehemalige Mitarbeiter der Redaktion. Sie standen in einer Gruppe unweit des Ausgangs, und die vielen Menschen, die von Twardowski Abschied nahmen, gingen auch an ihnen vorüber.

Solschenizyn war auch sehr rechtzeitig zum Schriftstellerhaus gekommen, als der Saal noch fast leer war. Freunde brachten ihn in ein Zimmer und deponierten dort seinen Pelz. Im Saale baten

Frau Twardowski und ihre Töchter Solschenizyn, sich mit ihnen in die erste Reihe zu setzen.

Zwei Stunden lang zogen die Menschen zu den Klängen der Trauermusik am Sarg vorüber. Dann wurden die Türen des überfüllten Saales geschlossen, und es begann die Trauerveranstaltung, die S. S. Narowtschatow, Sekretär der Moskauer Abteilung des Schriftstellerverbandes, eröffnete. Von den Rednern hatte keiner dem Verstorbenen wirklich nahe gestanden. Alle Ansprachen waren bis ins einzelne vorbereitet, hatten den Filter der Zensur passiert, damit die letzten zehn Jahre des Lebens und der dichterischen Tätigkeit Twardowskis unerwähnt blieben, ebenso seine Zeitschrift, seine Publizistik, sein Mut als Staatsbürger und *Tjorkin im Jenseits*. Die Anerkennung der Redner bezog sich nur auf den Dichter Twardowski, und von seinen Werken durfte nur eine streng festgelegte Auswahl genannt werden. Als Narowtschatow die Trauerversammlung schloß und alle Anwesenden außer den Verwandten und nahen Freunden des Verstorbenen bat, den Saal zu verlassen, stand mitten im Saal plötzlich eine junge Frau auf.

»Warum machen Sie schon Schluß«, rief sie so laut, daß es alle hören konnten, »gibt es wirklich keinen, der sagt, daß wir hier unser staatsbürgerliches Gewissen beerdigen? Daß Twardowski gezwungen wurde, *Nowy mir* zu verlassen, daß man ihm gewaltsam seine Arbeit nahm, die er so liebte, und daß seine letzte große Dichtung nicht gedruckt wurde! Daß man ihm den Mund früher schloß, als der Tod es tat!« Nach dieser kurzen Rede hörte man das Lärmen und Schreien der Ordner, die versuchten, eine eventuelle Fortsetzung im Keim zu ersticken. Doch die Frau hatte sich bereits zum Ausgang durchgeschoben – ein Tuch um den Kopf. Schnell war sie in der Menge untergegangen, die aus dem Saal strömte. Niemand hielt sie auf. Offenbar konnte sie das Schriftstellerhaus ungehindert verlassen. Auch später hat niemand aus Twardowskis Umgebung den Namen dieser Frau erfahren.

Als alle den Saal verlassen hatten, blieb Solschenizyn mit der Familie Twardowskis am Sarg stehen, später fuhr er zusammen mit den Verwandten des Verstorbenen zum Nowodewitschi-Friedhof. Für die Mitglieder des Schriftstellerverbandes, die auf den Friedhof fahren wollten, standen am Schriftstellerhaus Omnibusse bereit. Es war feucht und frostig, und ich überredete meine Frau, die eine Erkältung hatte, nach Hause zu fahren. Ich selber stieg in einen O-Bus, der unweit des Nowodewitschi-Friedhofs eine Haltestelle hat. Als sich der Bus dieser Haltestelle näherte, standen sehr viele Passagiere auf. Sie wollten wohl auch zur Beerdigung des Dichters. Doch der Bus fuhr an der Haltestelle vorbei, er bremste nicht einmal. Die Mitfahrenden forderten laut, er solle anhalten, doch der Fahrer erklärte über den Lautsprecher: »Keine Aufregung, Genossen! die Haltestelle am Friedhof ist heute zeitweilig gesperrt, hier ist irgendeine Beerdigung.« »Aber da wollen wir doch hin«, rief man empört, »halten Sie den Bus an, wenigstens in der Nähe des Klosters.« Doch der Bus fuhr ohne Halt weiter, und die Türen öffneten sich erst, als wir beim Stadion in Luschniki eintrafen. Von hier aus bis zum Friedhof hatte man etwa fünfzehn Minuten zu laufen. Doch an allen Zugängen zum Nowodewitschi-Kloster hatte man Absperrungen errichtet, überall standen größere Milizeinheiten. Auf der anderen Seite der Straße riegelte eine Kette Soldaten, sicher nicht weniger als eine Kompanie, die Zugänge zum Friedhof gegenüber der Metrostation ab. Ich ging auf einen der Absperrzäune zu, der einen schmalen, von der Miliz bewachten Durchgang hatte. Sofort hielt man mich an und bat um den Ausweis des Schriftstellerverbandes. Ich zeigte dem Milizionär meinen Paß. »Den brauchen wir nicht«, antwortete der Miliz-Leutnant, »wir haben die Anweisung, nur Personen mit Ausweisen des Schriftstellerverbandes und des Journalistenverbandes durchzulassen.« »Was ist denn das für ein Blödsinn«, empörte ich mich, »die Beerdigung eines Dichters muß allgemein zugänglich sein, Twardowski ist mein Freund, ich kenne ihn schon fast zehn Jahre!« Doch alle Proteste waren nutzlos. Da ging ich wütend an dem Leutnant vorbei, auf das Friedhofstor zu, ohne mich um das Rufen hinter mir zu kümmern. Man lief auf mich zu, packte mich am Arm und führte mich unter Drohungen wieder hinter die Absperrung. Doch dort hatte sich schon eine Menschenmenge angesammelt, etwa fünfzig Personen, die alle an der Beerdigung teilnehmen wollten. Junge Leute riefen, sie kämen von der philosophischen Fakultät, Twardowski sei ein »Volksdichter«. Ein alter Mann bat den Leutnant, ihn durchzulassen, er habe Twardowski schon im Zweiten Weltkrieg kennengelernt.

»So einen Wahnsinn gab es nicht einmal bei der Beerdigung Puschkins!« rief jemand. »Was wollen Sie denn, waren Sie damals dabei?« gab der Milizionär gelassen zurück.

Nachdem mir klar geworden war, daß ich hier nicht durchkommen konnte, ging ich auf die andere Straßenseite, doch nicht ganz bis zu der Absperrkette der Soldaten. Das Friedhofstor durften nur Gruppen von Organisationen passieren, die mit Autobussen vorfuhren. Plötzlich begab sich zum Tor eine Gruppe Schüler mit ihrem Lehrer, etwa dreißig Personen. Twardowskis Lyrik gehört zum Lehrplan der Sowjetliteratur in den Oberklassen, daher hatten die Veranstalter der Beerdigungsfeierlichkeit die Teilnahme einer Schulklasse eingeplant. Ich lief schnell über die Straße und mischte mich unter die Schüler. Die Milizionäre am Eingang hielten mich nicht an. Als ich zum Grab kam, war die kurze Abschiedsfeierlichkeit schon beendet, man schloß den Sarg. Um das offene Grab standen zweihundert bis zweihundertfünfzig Menschen. Man konnte nicht an das offene Grab herantreten, um nach alter Sitte eine Handvoll Erde hineinzuwerfen. Ein unbekannter Mann mit Erde in einem Plastikbeutel überredete die Umstehenden, ihn durchzulassen. Man trat zur Seite. »Das ist Erde aus Twardowskis Heimat, Smolensker Erde, von dem Hügel über dem Massengrab der im Kampf um Smolensk Gefallenen. Man nennt ihn den Heldenhügel.« Und er schob sich durch, um auf das Grab auch die Erde der Heimat zu schütten.

Nach russischer Sitte werden Gedenkfeiern einmal nach der Beerdigung und dann am neunten Tage nach dem Tode gehalten. Am vierzigsten Tage nach dem Tode gehen die Verwandten und Freunde zum Grab und gedenken des Toten. Alexander Solschenizyn verfaßte zum neunten Tage eine kurze *Gedenkschrift*, die sich rasch in Abschriften verbreitete und in vielen Zeitungen und Zeitschriften des Auslandes veröffentlicht wurde.

Es gibt viele Arten, einen Dichter umzubringen. Bei Twardowski beschloß man: Nehmt ihm sein Kind, seine Passion, also seine Zeitschrift.

Sechzehn Jahre lang geduldig Erniedrigungen ertragen war für diesen großen Mann wenig, wenn nur die Zeitschrift durchgebracht wurde, wenn nur die Literatur nicht abriß, wenn nur Menschen gedruckt wurden und Menschen lasen. Wenig! – und es kam das zehrende Feuer der Zerschlagung, der Ungerechtigkeit hinzu. Dieses zehrende Feuer verbrannte ihn in einem halben Jahr; ein halbes Jahr später war er schon krank auf den Tod, und nur dank der gewohnten Kraft zu dulden, lebte er bis jetzt – bis zur letzten Stunde – bewußt. Im Leid.

Twardowskis Beerdigung im Dezember 1971. Von links: Lakschin, S. Twardowskaja (Twardowskis Witwe), Solschenizyn, Twardowskis Tochter und ihr Mann

Der dritte Tag. Über dem Grab sein Bild, auf dem der Tote um vierzig ist, und die Stirn ist von der gern getragenen Bitternis mit der Zeitschrift noch nicht durchfurcht, und in dem Strahlen liegt jene kindlich anmutende Vertrauensbereitschaft, die er durch sein ganzes Leben trug und die zu ihm, dem Todgeweihten, zurückkehrte.

Zu bester Musik bringt man Kränze, Kränze über Kränze ... »Von sowjetischen Soldaten« ... zu Recht. Ich erinnere mich, wie die Soldaten an der Front alle das Wunder des *Tjorkin* in seinem reinen Klang von anderen Kriegsbüchern unterschieden. Doch vergessen wir nicht: Man hat auch Armeebibliotheken verboten, *Nowy mir* zu halten. Ganz kürzlich wurde man für das blaue Büchlein seiner Zeitschrift in Kasernen zum Verhör gezerrt.

Da hatte sich die gesamte Funktionärsgilde des Sekretariats in den Vordergrund gedrängt. In der Ehrenwache dieselben unbeweglich aufgeschwemmten Gesichter, die ihn mit Halali hetzten. Das ist seit langem bei uns so, so ist es seit Puschkin: Es sind die Hände der Feinde, in die der gestorbene Dichter fällt. Und hastig verfügen sie über den Körper, winden sich in trefflichen Reden.

Sie standen um den Sarg wie eine steinerne Gruppe und glauben, sie hätten ihn sich gesichert. Sie zerschlugen unsere einzige Zeitschrift und glauben, sie hätten gesiegt.

Aber man muß vom letzten Jahrhundert der russischen Geschichte gar nichts wissen, gar nichts begreifen, um dies als einen Sieg anzusehen und nicht als einen unverbesserlichen Fehler.

Wahnwitzige! Wenn einmal junge Stimmen ertönen, scharfe – wie werdet ihr dann bedauern, daß unter Euch nicht dieser geduldige Kritiker ist, dessen sanfte, beruhigende Stimme alle achteten. Dann werdet Ihr mit den Händen die Erde aufgraben wollen, um Trifonytsch zurückzuholen. Doch zu spät.

Am vierzigsten Tage nach Alexander Trifonowitsch Twardowskis Tod, Ende Januar 1972, hatte ich wieder in Moskau zu tun. Da beschloß ich, auch das Grab des Dichters aufzusuchen. Neben dem Kloster kaufte ich Blumen und ging in die ferne Ecke des Nowodewitschi-Friedhofes, wo Twardowski beerdigt ist. In der Nähe seines Grabes war ein anderes, auch ein frisches, noch ohne Grabstein, das Grab Chruschtschows. Irgendwo war hier auch der ehemalige Assistent Chruschtschows, Lebedjew, beigesetzt, der ihm seinerzeit *Ein Tag im Leben des Iwan Denissowitsch* vorgelesen hatte. Lebedjew war jung gestorben, hatte nach Chruschtschows Absetzung nicht mehr lange gelebt. Twardowskis Grab war meterhoch mit Kränzen und Blumen bedeckt. Neben dem Portrait standen auch frische, im Frost erstarrte Sträuße. Seine Angehörigen waren wohl am Morgen dagewesen. Etwa zehn Minuten stand ich am Grab, war mit meinen Gedanken bei unseren unvergeßlichen, wenn auch seltenen Gesprächen und wandte mich, um zu gehen. Da sah ich die bekannten Mitarbeiter von *Nowy mir* kommen, richtiger des alten *Nowy mir*. Zunächst kamen drei, legten Blumen nieder und begrüßten mich stumm. Nach einigen Minuten kamen noch einige – alle vom ehemaligen *Nowy mir*. Dann kamen noch fünf oder sechs Personen mit Blumen dazu, die ich nicht kannte, und flüsterten miteinander. Als wir den Friedhof verließen, machten wir uns miteinander bekannt. Es waren gute, bekannte Autoren von *Nowy mir,* ausgezeichnete Schriftsteller, die Twardowski für die Zeitschrift herangezogen hatte. Einer der ehemaligen Mitarbeiter der Zeitschrift, der älteste von allen, forderte uns auf, zu ihm nach Hause zu kommen – zum Gedenken des Dichters Twardowski und seiner Zeitschrift. In einem kleinen Zimmer am schnell gerichteten Tisch saßen fünfzehn Menschen zusammen. Ich war der einzige Nichtliterat unter ihnen. So will ich auch nicht wagen, das wiederzugeben, was an diesem Tisch von dem verstorbenen Dichter gesagt wurde. Ich will es einem überlassen, der es besser kann.

Einst, vor ganz kurzer Zeit, hatte Twardowski alle diese begabten Menschen um seine Zeitschrift geeint, die der Stolz der russischen Literatur war. Jetzt leiteten die Zeitschrift Kossolapow und Taurin. Die prächtige Mannschaft war auf verschiedene Redaktionen und Institutionen verstreut. Zwei der Anwesenden lebten im Ruhestand. Gegen Ende des bedrückenden Gesprächs erhob sich einer, ein allgemein beliebter Mensch unseres früheren literarischen Lebens: »Wie richtig hat Alexander Trifonowitsch das doch alles vorausgesehen. Erinnert Ihr Euch, wie er auf der Redaktionssitzung, als schon deutlich wurde, daß sich die Wolken zusammenbrauen, sagte: ›Sie wollen unser Feuer ersticken, doch es ist zu hell, das bläst man nicht aus, das löscht man nicht mit Wasser. Damit es nicht mehr brennt, muß man wohl alle die brennenden Köpfe weithin zerstreuen. Dann wird es aus sein.‹ «

Die »Literaturnaja gaseta« beginnt eine internationale Kampagne

Der Roman *August Vierzehn,* der bald nach der Verleihung des Nobelpreises an Solschenizyn erschien, festigte die literarische Stellung des Dichters. Daher wurde irgendwo oben beschlossen, die Kritik zu intensivieren und das neue Werk mit allen zur Verfügung stehenden Mitteln zu »entlarven«. Außerdem beschuldigten ihn Propagandisten bei verschiedenen Versammlungen und Vorträgen in geschlossenem Kreis, er führe ein amoralisches Leben und erzählten entstellte Einzelheiten über die Trennung Solschenizyns von seiner ersten Frau, Natalja Reschetowskaja. Bei der formalen Durchführung der Scheidung hatte Solschenizyn Schwierigkeiten, die zweifellos organisiert waren. Auch bei dem neuen Eheschluß wurden ihm von »oben« mannigfache Hindernisse in den Weg gelegt, ungeachtet dessen, daß Solschenizyn de facto eine neue Ehe eingegangen war und auch einen Sohn hatte. Offenbar wollte man die Übersiedlung Solschenizyns nach Moskau verhindern, wo seine zweite Frau, Natalja D. Swetlowa, lebte. Bei diesen Versammlungen wurden erneut Auszüge aus *Das Festmahl der Sieger* verlesen. Ende 1971/Anfang 1972 führte der KGB eine Reihe von Haussuchungen bei zahlreichen Vertretern der Intelligenz in Moskau, Leningrad und Kiew durch. Hierbei wurden neben anderen Materialien alle Kopien von Werken Solschenizyns, die man fand, beschlagnahmt. Bei meinem alten Bekannten S. Mjuge wurden zwei Exemplare des *August Vierzehn* beschlagnahmt. Im Oktober 1971 wurde eine juristisch nicht begründete Durchsuchung der Wohnung meines Bruders Roi Medwedjew durchgeführt. Beschlagnahmt wurden sein Privatarchiv und eine Reihe Manuskripte. Darunter befand sich auch das Manuskript von Solschenizyns Stück *Nemow und das Flittchen.* 1963 hatte ein Moskauer Theater mit den Proben dieses Stückes begonnen, doch es war dann abgesetzt worden. Die Beschlagnahmung der Werke Solschenizyns bei den Durchsuchungen konnte kein Zufall sein. Alles deutete darauf hin, daß der KGB oder die Organe der Staatsanwaltschaft nach Möglichkeiten suchten, den Schriftsteller in einen politischen »Straf«-Prozeß zu verwickeln. Beim Prozeß gegen Bukowski im Januar 1972 bezeichnete auch der Staatsanwalt Solschenizyn als »Inspirator« anti-sowjetischer Aktivität.

Im Dezember 1971 erfuhr man, daß die westdeutsche Illustrierte *Stern* einen großen Artikel über den Roman *August Vierzehn* veröffentlicht hatte und gleichzeitig Einzelheiten aus der Familiengeschichte Solschenizyns, über seinen Vater, seine Mutter, seine Tante, seine Großväter usw. brachte (21. 11. 1971). Diese Angaben über Solschenizyns Verwandtschaft will der *Stern*-Korrespondent von einer alten Tante des Schriftstellers erfahren haben, mit der er angeblich während einer Reise in Georgiewsk im Nordkaukasus zusammengetroffen war. Solschenizyn ärgerte sich sehr über diesen Artikel, und als ich ihn am Silvesterabend traf, meinte er, dieser Artikel sei in der Bundesrepublik Deutschland bestimmt nur gedruckt worden, damit man ihn später in der *Literaturnaja gaseta* mit einem Hinweis auf die westliche Quelle nachdrucken könne. In einem solchen Falle konnten alle Entstellungen und Erfindungen der deutschen Illustrierten angelastet werden. Außerdem konnte man in einen Artikel, den man aus einer ausländischen Veröffentlichung übernahm, Details einbeziehen, die Aufsätze sowjetischer Autoren üblicherweise nicht enthalten.

Solschenizyns Vorausschau erwies sich als richtig. Am 12. Januar 1972 erschien in der *Literaturnaja gaseta (S. 13)* ein umfangreicher Artikel mit der fetten Überschrift *Die Zeitschrift ›Stern‹ über die Familie Solschenizyn:*

»Eine Familie von Flegeln«, sagt Irina, die Tante des Nobelpreisträgers Solschenizyn, über seine Verwandten, einst schwerreiche Großgrundbesitzer . . .«

So beginnt die »Übersetzung« des *Stern*-Artikels. Ich setze das Wort »Übersetzung« in Anführungszeichen, da der eigentliche Textteil des deutschen Originals ganz anders beginnt, nämlich mit den Worten einer Figur aus *August Vierzehn*, die sich über die Dummheit der Autokratie empört. »Rußland muß nun einmal von Dummköpfen regiert werden, Rußland kann nicht anders.« Dieser Anfang ist bei der »Kürzung« der russischen Fassung weggefallen, wie auch alle positiven Bemerkungen über den Roman, die die *Stern*-Veröffentlichung enthielt. Der Roman lag zu diesem Zeitpunkt in deutscher Sprache bereits vor, und zwar in der deutschen Übersetzung, die Alexander Kaempfe angefertigt und der Verlag Langen-Müller ohne Genehmigung des Autors verlegt hat. Der Luchterhand Verlag, der über die Übersetzungsrechte verfügte, erreichte später das Verkaufsverbot des Raubdrucks.

Aus dem *Stern*-Artikel und den »Anmerkungen« der *Literaturnaja gaseta* ging hervor, daß der Moskauer Korrespondent des *Stern*, Dieter Steiner, die Frau von Solschenizyns Onkel mütterlicherseits, die zweiundachtzigjährige, halb blinde Irina Iwanowna Schtscherbak, aufgesucht hatte, die in Georgiewsk im Nordkaukasus lebt. Steiner war zu ihr gefahren und hatte sie »interviewt«. Sie übergab Steiner ihre »Memoiren« über die Familie Solschenizyns und Fotos der Verwandten. Aus alledem hatte Steiner seinen langen Artikel erstellt, wobei er Solschenizyns Verwandte mit einigen Figuren des Romans *August Vierzehn* identifizierte. Das Hauptanliegen des Artikels bestand darin aufzuweisen, daß Solschenizyns Großvater mütterlicherseits ein reicher Grundbesitzer im Gebiet von Rostow gewesen war. Doch für die *Literaturnaja gaseta* war das zu wenig. Sie fügte dem Artikel aus dem *Stern* eine Ergänzung hinzu, derzufolge ein Sonderkorrespondent der *Literaturnaja gaseta* in den Nordkaukasus geschickt worden war, um Informationen über Solschenizyns Verwandte väterlicherseits einzuholen. Dieser Korrespondent habe »festgestellt«, daß Solschenizyns Großvater Semjon Jefimowitsch Solschenizyn in dem Dorf Sablja gewohnt habe und ebenfalls ein sehr reicher Mann gewesen sei; er habe viele Schafe besessen, zwei Höfe, ein Bankkonto usw. Die *Literaturnaja gaseta* druckte sogar das Foto eines zweistöckigen Hauses ab, in dem Solschenizyns Großvater gelebt haben soll. Bei all dem wurde darauf angespielt, daß Solschenizyn wohl deshalb gegen das gegenwärtige System eingestellt sei, weil es seinen Vorfahren das Familieneigentum genommen habe.

Die Veröffentlichung der *Literaturnaja gaseta* enthielt viele Entstellungen, Ungenauigkeiten und Erfindungen, doch konnte man formal die Verantwortung für diese Entstellungen auf den deutschen Korrespondenten abwälzen. Steiner wiederum konnte alles auf die hochbetagte Irina Schtscherbak schieben, die alles hatte verwechseln können. Außerdem mußten ihr im Verhältnis zu ihrem kleinen Zimmerchen und einer staatlichen Pension von 10 Rubeln im Monat (die *Literaturnaja gaseta* »kürzte« die Erwähnung dieser »Pension«) alle Lebensbedingungen, die sie in früheren Zeiten gehabt hatte, als märchenhafter Reichtum erscheinen. Allerdings mußte man sich natürlich fragen, wie der Ausländer Steiner von der Existenz der Irina Schtscherbak und ihrem Wohnort erfahren konnte? Wer hatte ihm genehmigt, nach Georgiewsk zu fahren, das, wie alle kleinen Provinzstädte, für ausländische Korrespondenten gesperrt ist? Wer hatte ihn auf dieser Reise begleitet? Es war auch die Illustrierte *Stern,* wo die Memoiren von Stalins Tochter Swetlana Allilujewa erschienen, die Victor Louis 1967 ins Ausland gebracht hatte.

Der Artikel in der *Literaturnaja gaseta* über Solschenizyns Vorfahren löste in literarischen Kreisen Moskaus viele Witze aus, denn die Vorfahren einiger führender Funktionäre des Sekretariats des Schriftstellerverbandes waren keine Proletarier. Das bezog sich unter anderem auch auf die Hauptgegner Solschenizyns, den Chefredakteur der *Literaturnaja gaseta,* A. Tschakowski, den Chefredakteur des *Ogonjok,* A. Sofronow und den Vorsitzenden des Schriftstellerverbandes der RSFSR, Sergei Michalkow. Ein sehr altes Mitglied des Schriftstellerverbandes erzählte, unter den Großvätern der Schriftsteller habe es einen Polizisten, einen Besitzer einer Mühlenfabrik und einen Gutsbesitzer gegeben, dessen Namen bis heute das Dorf trage, das ihm einmal gehört habe, »Michalkowo«. Auch das allgemein bekannte Haus von Lenins Familie in Uljanowsk war erheblich größer als das Haus von Solschenizyns Großvater in Sablja, und Lenins Mutter, eine geborene Blank, war mit dem sehr wohlhabenden Geschlecht Blank verwandt.

Über den Artikel in der *Literaturnaja gaseta* wurde zwar viel geredet, doch rief er im In- und Ausland keine offenen Proteste hervor. Das gab der Zeitung die Möglichkeit, ihre Arbeit fortzusetzen, und die sowjetische Öffentlichkeit mit den Reaktionen der ausländischen Presse über Solschenizyns neuen Roman zu informieren. Am 23. Februar 1972 standen wieder auf Seite 13 zwei Artikel über *August Vierzehn,* die als Nachdrucke aus ausländischen Zeitungen gekennzeichnet waren. In der redaktionellen Vorbemerkung hieß es:

Die Veröffentlichung von Solschenizyns Roman *August Vierzehn* im Westen, dessen Manuskript vom Autor selbst ins Ausland geschickt worden ist, diente als Startsignal für eine marktschreierische antisowjetische Kampagne. Nun ergeht sich die bourgeoise Presse in Lobesreden auf das neue Werk Solschenizyns.

Wodurch ist dieser Reklamelärm bedingt? Was ist *August Vierzehn* in Wirklichkeit? Diese Fragen werden von zwei Aufsätzen beantwortet, einmal von dem hier mit geringfügigen Kürzungen wiedergegebenen Artikel des bekannten finnischen Schriftstellers Martti Larni aus der schwedischen Zeitung *Norrskens-flamman*, zum anderen von dem Beitrag der Literaturkritikerin Marina Stütz aus der in Westdeutschland erscheinenden *Deutschen Volkszeitung*.

Larnis Artikel hieß *Wenn die Geschichte in die Ecke gestellt wird*, der Beitrag von Marina Stütz trug eine nicht weniger bezeichnende Überschrift *Im Zerrspiegel*. Beide Autoren erwiesen sich jedoch als überaus schlechte Kenner der russischen Geschichte und als noch schlechtere Kenner des von ihnen verurteilten Romans.

Norrskens-flamman erwähnten wir schon im Zusammenhang mit Solschenizyns Nobelpreis. Die *Deutsche Volkszeitung* ist die Zeitung der deutschen Kommunisten; doch da die KPD in der Bundesrepublik Deutschland verboten ist, dürfte der Druck dieser Zeitung kaum in Westdeutschland erfolgen.

Besonders unbeherrscht und unflätig im Stil ist der Artikel von Martti Larni, außerdem spricht er so oberflächlich und in solchen Allgemeinplätzen über den Roman, daß man annehmen muß, er habe den Roman nicht selber gelesen und beurteile ihn nur nach den Worten Dritter. Der größte Unsinn beider Artikel liegt darin, daß sie Solschenizyn antisowjetische Tendenzen, Antipatriotismus und ein negatives Verhältnis zur Oktoberrevolution vorwerfen wollen, obwohl die Handlung des Romans streng auf den August 1914 beschränkt ist und nicht einmal Anspielungen auf die folgenden Ereignisse enthält. In seiner Kritik unterläßt es Larni auch nicht, sich in unhöflichster Form über den Autor zu äußern. Seiner Meinung nach ist er ein »egozentrischer, gallebitterer und asozialer Mensch, der im Wahn seiner Eitelkeit nicht über den eigenen Nabel hinaussieht ...« [*])

*) Martti Larni ist dem sowjetischen Leser als Autor des satirischen Romans *Der vierte Wirbel oder der unfreiwillige Gauner* (1959/60) bekannt. 1964 war Larni Vorsitzender des finnischen Schriftstellerverbandes. Der Literaturenzyklopädie zufolge (Kratkaja literaturnaja enziklopedija, Band 4, Moskau 1967) sind für Larni »die Kunstgriffe der Hyperbel und der Karikatur charakteristisch«. Mit diesen literarischen Begriffen bemüht sich die Enzyklopädie höflich, Larnis Neigung zu phantastischen Übertreibungen und Fälschungen und auch zur Demagogie zu bemänteln.

Das Ziel der von der *Literaturnaja gaseta* entfachten »internationalen« Kampagne war allzu deutlich. Mit der Veröffentlichung einiger Artikel ausländischer Autoren bereitete die Redaktion der *Literaturnaja gaseta* – von irgend jemandem von »oben« geleitet – zweifellos eine Reihe scharfer Reaktionen sowjetischer Leser vor. Es waren Gerüchte im Umlauf, wonach in der Redaktion bereits eine Auswahl solcher Reaktionen abgesetzt sein sollte, in denen Vertreter der sowjetischen Literatur und Öffentlichkeit fordern, einschneidende Maßnahmen zur Beendigung von Solschenizyns antisowjetischer Tätigkeit zu ergreifen.

Unerwartet bekam ich einen Brief aus Norwegen von Per Egil Hegge. Er nahm an, es sei für Solschenizyn und seine Freunde nützlich, ein Interview zu kennen, das Martti Larni dem Korrespondenten der finnischen Zeitung *Uusi Suomi* gegeben habe, und das in Helsinki am 26. Februar erschienen war, also drei Tage nach der Veröffentlichung der Übersetzung von Larnis Artikel. Dieses Interview war zusammen mit einer Mitteilung des Moskauer Korrespondenten der finnischen Zeitung über die Veröffentlichung von Larnis Artikel in der *Literaturnaja gaseta* abgedruckt. Das Interview hatte die Überschrift *Larni ist anderer Ansicht.* In seiner Erklärung für *Uusi Suomi* teilte Larni folgendes mit: Er kenne die Zeitung *Norrskens-flamman* nicht und habe niemals einen Artikel für diese Zeitung geschrieben. Die sowjetische Wochenzeitung *Literaturnaja gaseta* habe Larni gebeten, die Rezension von Solschenizyns Roman durch Anatole Shub, den Korrespondenten der *Washington Post,* zu kommentieren. Darüber seien einige Monate vergangen und Larni habe angenommen, daß seine Antwort an Shub Ende 1971 erscheinen werde. Larni unterstrich, daß er nur den Artikel Shubs kommentiert habe und nicht den Roman selbst, da er *August Vierzehn* weder zur Zeit der Niederschrift des Artikels noch später gelesen habe.

Per Egil Hegge ergänzte von sich aus, daß Larnis Behauptung, er habe den Artikel für die schwedische Zeitung nicht geschrieben, sicher der Wahrheit entspreche, denn er könne Schwedisch weder lesen noch schreiben.

Die Absage der Nobelpreis-Zeremonie in Moskau

Ende 1971 nahmen der Sekretär der Königlich Schwedischen Akademie Dr. Karl Ragnar Gierow und Alexander Solschenizyn ihren Briefwechsel darüber wieder auf, ob sich eine Möglichkeit zur Übergabe des Nobelpreis-Diploms und der goldenen Medaille finden ließe. (Der Geldpreis war auf Solschenizyns Namen bei einer Bank hinterlegt; er konnte mit Hilfe seines Schweizer Rechtsanwalts über ihn verfügen.) Dieser Briefwechsel war durch die Veröffentlichung des Buches von Per Egil Hegge ausgelöst worden. Die Schwedische Akademie war an einer möglichst schnellen Lösung des Problems interessiert. Die diplomatischen Vertreter Schwedens in Moskau hielten indessen ihre Zusage aufrecht, die Nobelinsignien in Moskau ohne jegliche dem Ereignis entsprechende Zeremonie auszuhändigen. Am 4. Dezember 1971 sandte Solschenizyn an Dr. Gierow einen neuen Vorschlag, der von der Akademie angenommen wurde. Der Brief war nicht vertraulich, und Dr. Gierow informierte Korrespondenten über seinen Inhalt. Daher halte ich es für erlaubt, einen Auszug aus diesem Brief zu zitieren. Nach einer Wiederholung seines Standpunkts gegenüber der Haltung der Schwedischen Botschaft schrieb Solschenizyn:

> Da ich in Moskau keine gesellschaftliche oder kooperative Organisation kenne, die bereit wäre, uns einen Raum für den gewünschten Zweck zur Verfügung zu stellen, möchte ich mir erlauben, Ihnen einen anderen Vorschlag zu machen, nämlich, die ganze Zeremonie in Moskau in einer Privatwohnung durchzuführen, und zwar unter der Anschrift, unter der Sie mir Ihre Briefe senden. Zwar ist diese Wohnung keineswegs geräumiger als die Schwedische Botschaft, doch vierzig bis fünfzig Personen lassen sich nach russischen Vorstellungen bequem unterbringen. Die Zeremonie kann ein wenig von ihrem offiziellen Charakter einbüßen, dafür an häuslicher Herzlichkeit gewinnen . . .

Dr. Gierow, der den Vorschlag annahm, teilte bald darauf mit, er könne aus persönlichen Gründen erst im April 1972 zur Übergabe des Preises nach Moskau kommen. Solschenizyn hatte es mit der Zeremonie nicht so eilig, und man einigte sich bald auf den

9. April. Er wollte die Zeremonie tags durchführen und hatte dafür einen Sonntag gewählt, damit die Gäste, die er offiziell einladen wollte, ohne Schwierigkeiten der Einladung folgen konnten. Die Zeremonie sollte in der Wohnung von Solschenizyns zweiter Frau, Natalja Swetlowa, stattfinden. Er hatte tatsächlich vor, etwa fünfzig Freunde und Bekannte sowie einige ausländische und sowjetische Korrespondenten einzuladen.

Hierbei hatte er an zwei Zeitungen gedacht: *Selskaja schisn* und *Trud;* diese Zeitungen hatten nie gegen Solschenizyn gerichtete Artikel veröffentlicht.

Solschenizyn war klar, daß man alles tun würde, um die Zeremonie zu stören, an der bekannte Vertreter der sowjetischen Literatur, Musik, des Theaters und der Wissenschaft teilnehmen sollten. Mitte März wurde aus zuverlässiger Quelle bekannt, daß die *Literaturnaja gaseta* tatsächlich eine Artikelserie gegen Solschenizyn vorbereitete, in der er der antisowjetischen Tätigkeit beschuldigt werden sollte. Ihr sollten Beiträge folgen, in denen einige Leser fordern würden, Solschenizyn entweder zur Verantwortung zu ziehen oder aus der UdSSR auszuweisen. Auf Propagandaveranstaltungen war die Möglichkeit der Ausweisung Solschenizyns bereits seit 1971 diskutiert worden.

Im Zusammenhang mit diesen Plänen beschloß Solschenizyn, seinen Kritikern eine Antwort zu geben. Er wollte diese Antwort in die Form eines Interviews kleiden. Hierfür lud er die Korrespondenten der beiden bekanntesten amerikanischen Zeitungen, *New York Times* und *Washington Post,* Hedrick Smith und Robert Kaiser, ein. Die Vertreter dieser Zeitungen hatten, wie auch viele andere ausländische Korrespondenten in Moskau, mehrfach auf dem Weg über Freunde und Bekannte Solschenizyns ihren Wunsch geäußert, mit ihm zusammenzutreffen. Früher aber hatte er Interviews stets abgelehnt.

Solschenizyns Gespräch mit Hedrick Smith und Robert Kaiser fand in der Wohnung von Solschenizyns zweiter Frau am 30. März 1972 statt und dauerte einige Stunden. Der Text des Interviews wurde mit einigen Kürzungen am 3. April in diesen Zeitungen veröffentlicht. Gekürzte Fassungen des Interviews erschienen am selben Tage in vielen europäischen und amerikanischen Zeitungen und wurden auch in russisch-sprachigen Sendungen des ausländischen Rundfunks verlesen.

In diesem Interview berichtete Solschenizyn über seine Arbeit an dem nächsten Roman aus der Reihe über den Ersten Weltkrieg, *Oktober Sechzehn*, und über die Schwierigkeiten, denen er sich bei der Materialsammlung für dieses Buch gegenübersah. Solschenizyn erzählte von Verfolgungen und von den Verleumdungen, die bei geschlossenen Versammlungen und in der Presse verbreitet wurden. Hierbei antwortete er auch dem *Stern* und der *Literaturnaja gaseta* auf die Veröffentlichung der Familiengeschichte der Solschenizyns. In der russischen Fassung, die später im Samisdat zirkulierte (sie war von einer Gruppe Freunde teils auf der Grundlage einer Bandaufzeichnung, teils nach vorherigen Notizen Solschenizyns und teils aufgrund des Abdrucks in den amerikanischen Zeitungen hergestellt worden), enthält dieser Teil des Gesprächs folgende Erklärung:

... Was meine Vorfahren betrifft, von denen *Literaturnaja gaseta* und *Stern* schreiben, so ist das alles lächerlicher Unsinn, ist aber zugleich auch eine sehr wohl gezielte und durchdachte Lüge ... Der Chefredakteur des *Stern* besteht darauf, daß es sein Korrespondent, der Deutsche Steiner, war, der im September zu meiner Tante gereist ist. Aber so ist das alles nicht. Im August, und nicht im September, suchten drei sowjetische Staatsangehörige, die ausgezeichnet Russisch sprachen, während Steiner es anscheinend nicht spricht, meine Tante fünfmal auf; sie hatten keine Eile. Sie waren begeistert von ihrem Lebenslauf, erbaten von ihr für ein paar Stunden Aufzeichnungen, um sie lesen zu können – kehrten dann aber nicht zurück, haben sie gestohlen ... *Literaturnaja gaseta* und *Stern* behaupten, daß meine beiden Großväter Gutsbesitzer im Nordkaukasus waren. Für die *Literaturnaja gaseta* ist es immerhin in gewissem Grade peinlich, über die Geschichte unseres Vaterlandes nicht informiert zu sein. Außer einigen allgemein bekannten Kosakengenerälen hat es im Nordkaukasus überhaupt nie Gutsbesitzer, das heißt adlige Grundbesitzer, gegeben. Das ganze Land gehörte den Grenztruppen der Tersker- und der Kubankosaken. Bis ins 20. Jahrhundert hinein waren riesige Ländereien hier unbebaut ... doch die Kosaken verpachteten gern, so viel man wollte, zu märchenhaft niedrigen Preisen. Meine Großväter – sowohl der eine als auch der andere – waren keine Kosaken, sondern Bauern.

Ganz zufällig ist die Bauernfamilie der Solschenizyns sogar dokumentarisch im Jahre 1698 belegt, als mein Vorfahre

Fillipp unter dem Zorn Peters I. zu leiden hatte. (Diese Geschichte ist in dem Artikel über die Stadt Bobrowk erwähnt, der in der Zeitung *Woroneschskaja kommuna* am 9. März 1969 erschienen ist.) Meinen Ururgroßvater hatte man nach einem Aufstand aus dem Gouvernement von Woronesch in das Gebiet der kaukasischen Truppen verbannt ... Die Solschenizyns waren gewöhnliche Stawropoler Bauern: In Stawropol sah man bis zur Revolution einige Ochsen und Pferde, ein Dutzend Kühe und zweihundert Schafe keineswegs als Reichtum an. Die große Familie tat alle Arbeit mit eigener Hand. Und auf dem Anwesen stand eine einfache Lehmhütte, ich erinnere mich an sie. Aber für die »Klassen«-Vorstellungen, damit sich die »fortschrittliche Theorie« als richtig erweise, mußte in den Artikeln über meine Vorfahren noch irgendeine Bank dazugelogen werden, mußte man dem Vermögen Nullen hinzufügen, fünfzig Knechte erfinden und unter das Bild der Kislowodsker Sommerdatscha der Schtscherbakows, wo ich geboren wurde, schreiben, es sei »das Landgut« Solschenizyns. Jeder Dummkopf sieht, daß das kein kosakisches Stanizengebäude ist ...

Die Korrespondenten fragten Solschenizyn, ob er es nicht für möglich halte, daß man Dr. Karl Gierow das Einreisevisum in die UdSSR verweigern werde, um auf diese Weise die Zeremonie der Übergabe des Nobelpreises zu verhindern. Er antwortete:

Theoretisch ist es nicht ausgeschlossen, praktisch leicht zu bewerkstelligen, es erfordert nicht viel Kraft, nicht viel Verstand. Ich nehme es aber nicht an, es wäre schändlich primitiv.

Anfang April erhielt ich von Solschenizyn die Einladung. Ein festes Blatt Papier war in der Mitte gefaltet, auf der einen Seite war eine kleine Skizze, die über die Lage des Hauseingangs informierte (das Haus, wo die Zeremonie stattfinden sollte, hatte mehrere Höfe und etwa zwanzig Eingänge), und rechts neben der Skizze stand: »Lieber Schores! Ich lade Sie ein, an der Nobel-Zeremonie am 9. April 1972 teilzunehmen. Beginn um 12.00 Uhr. Einlaß für Gäste 11.30 bis 11.50 Uhr. A. Solschenizyn.« Entsprechende Einladungen wurden etwa 50 Bekannten übersandt, und fast alle nahmen die Einladung an. Es gab auch einige Absagen aus stichhaltigen Gründen. Die Absicht einer großen Gruppe von Vertretern der Intelligenz, die im In- und Ausland sehr bekannt waren, Gäste Solschenizyns und Dr. Gierows zu sein, beunruhigte offensichtlich am meisten einige Behörden. An der Zeremonie sollten schließlich unbedingt ausländische Korrespondenten teilnehmen, und es war zu erwarten, daß der ganze Vorgang durch Berichte im Ausland weithin bekannt werden würde. Für die Wohnung, in der die Zeremonie stattfinden sollte, wurde eine ständige Bewachung angeordnet, obwohl Solschenizyn sich dort Anfang April nicht aufhielt. An einem dieser Tage kam ich in die Wohnung, um einiges mit Solschenizyns Frau zu besprechen. Als ich wieder ging, hatte ich sofort einen »Schatten«. Zwei Männer in Zivil folgten mir, und in geringer Entfernung fuhr ein Auto, blinkte links, obwohl es an dieser Stelle nur einen Abbieger nach rechts gab. Da gab man vom Wagen aus wohl jemandem ein Lichtsignal, man werde mich nunmehr beschatten. Einer meiner Beschatter war ein junger Mann mit einer auffallenden Mütze. Ich ging zu Fuß zur Leninbibliothek, zum Eingang in die Lesesäle. Da hatte der junge Mann nichts zu tun. Doch als ich die Bibliothek einige Zeit später verließ, erwartete er mich hinter einer Säule versteckt. Der zweite war nicht weit entfernt. Ich mußte eine halbe Stunde mit der Metro hin und her fahren, um ohne Begleitung nach Hause zu kommen.

Dr. Karl Ragnar Gierow beantragte das Einreisevisum in die UdSSR bei der Sowjetischen Botschaft in Schweden etwa einen Monat vor der geplanten Veranstaltung. Schweden ist ein befreundetes Land, das die Neutralität streng achtet. Niemand im Schwedischen Außenministerium erinnert sich an einen Fall, in dem einem offiziellen schwedischen Vertreter, der die Absicht hatte, nach Moskau zu fahren, das Visum verweigert worden ist. So erhielten die schwedischen Diplomaten in Moskau die Weisung, Gierow am Flughafen zu begrüßen und ihm ein Zimmer im Hotel »Rossija« zu bestellen. Zur Begleitung von Dr. Gierow waren Korrespondenten ausgewählt, die mit dem Nobelpreisträger schon Einzelheiten der Zeremonie absprachen. Aus allem ging hervor, daß die Schwedische Botschaft in Moskau den Besuch von Dr. Gierow als beschlossene Sache ansah und daher die bevorstehende Zeremonie nicht vollständig ignorieren mochte.

Doch in den letzten Nachrichten des Londoner Rundfunks und anderer Sender hieß es am 4. April, das Außenministerium der UdSSR habe Dr. Gierow das Visum verweigert. Dieser Beschluß stieß in Schweden auf Unverständnis und Empörung.

Alle von Solschenizyn Eingeladenen erhielten eine Nachricht, daß die Zeremonie nicht stattfinden würde. Nur die Zeitungen *Trud* und *Selskaja schisn* wurden nicht informiert, da die diesen Zeitungen übermittelten Einladungen nicht auf einen bestimmten Namen lauteten. Am 9. April klingelte bei Frau Solschenizyn genau um 11.50 Uhr nur ein Mensch. Als man ihm öffnete, zeigte er das Einladungsschreiben mit der Unterschrift Solschenizyns und seinen Ausweis als Korrespondent der Zeitung *Selskaja schisn*. Der Korrespondent der Zeitung *Trud* war nicht gekommen. Das war erklärlich, denn dort war unmittelbar zuvor, am 7. April, ein zwei Spalten langer Artikel erschienen, der sich gegen Solschenizyn und seinen Roman *August Vierzehn* richtete. (Diesmal wurde der Artikel als Übersetzung eines polnischen Originals aus einer polnischen Wochenschrift mit dem geheimnisvollen Namen *WTK* ausgegeben.)

Der Korrespondent der *Selskaja schisn* wurde von Frau Solschenizyn in die Wohnung gebeten und stellte sich als Walja Suchanow vor. Ihm habe sein Chefredakteur die Einladung übergeben. Frau Solschenizyn sagte, die Zeremonie werde nicht stattfinden, doch werde Solschenizyn sich freuen, mit ihm zu sprechen. Der Korrespondent wich aus, entschuldigte sich, er habe keine Zeit. »Sie sind doch aber zu der Zeremonie gekommen«, sagte Frau Solschenizyn, »also hatten Sie doch eingeplant, relativ lange bei uns zu bleiben.« Doch Suchanow war schon zur Tür hinaus. Offenbar hatte er mit denen, die ihm die Einladung übergeben hatten, ein persönliches Gespräch mit Solschenizyn nicht abgesprochen. Am nächsten Tag rief Frau Solschenizyn bei der *Selskaja schisn* an, um Suchanows Telefonnummer zu erfragen. Ihr wurde mitgeteilt, in der Redaktion gebe es keinen Mitarbeiter mit dem Namen Suchanow.

Wer die Musik bestellt und wer sie ausführt

Einer redaktionellen Bemerkung der Zeitung *Trud* zufolge war in der polnischen katholischen Wochenschrift *WTK* am 26. März 1972 der Artikel *Alexander Solschenizyns »August Vierzehn« oder die Wahrheit über ein Buch und den Mythos* erschienen. Die Übersetzung dieses Artikels aus dem Polnischen erschien am 7. April nicht nur in *Trud,* sondern auch in der Wochenzeitung *Literaturnaja Rossija.* Die beiden Übersetzungen waren identisch. Mit einer Ausnahme waren es auch die »redaktionellen« Anmerkungen, obwohl es sich um recht verschiedene Redaktionen handelte. Daraus war zu schließen, daß beide Redaktionen in diesem Fall einen gemeinsamen Chef hatten. Der Autor des Artikels war ein gewisser Jerzy Romanowski, ein in der polnischen Literatur absolut unbekannter Name. (Im Katalog polnischer Bücher in der Leninbibliothek kommt der Name nicht vor.) Jerzy Romanowskis Artikel ist eine äußerst gewissenlose Rezension des Romans *August Vierzehn.* Sie ist auf Leser abgestimmt, die den Roman selbst nicht lasen und nicht lesen können. Daher ist es mir, der ich Solschenizyns Buch zweimal gelesen habe, geradezu peinlich, mich gegen Jerzy Romanowskis Artikel zu äußern. Er schreibt zum Beispiel:

Wenn bei jedem Slawen, dem Rußland nahesteht, diese schweren Seiten der Geschichte tiefen Kummer und Zorn hervorrufen, so dienen sie Solschenizyn nur zum Anlaß, sich über alles Russische lächerlich zu machen . . . Die russischen Soldaten und Offiziere sind in diesem Buch als eine Bande von Marodeuren dargestellt. Das Buch wimmelt von zahlreichen, bewußt beleidigenden Sentenzen gegen Rußland und die Slawen . . . usw.

Damit ein Leser, der den Roman nicht kennt, die Unsinnigkeit dieser Behauptungen Romanowskis beurteilen kann, zitiere ich hier leicht zugängige Quellen. Martti Larni warf zum Beispiel in der *Literaturnaja gaseta* vom 23. Februar dem Autor vor, er habe »das zaristische Rußland als einfach idealen Staat« dargestellt. Marina Stütz behauptet in der gleichen Nummer, Solschenizyn stelle das russische Volk »rückständig dar, doch voll verborgener Energie und gesundem Menschenverstand, die es aus einem tiefen religiösen Gefühl schöpft«.

Jerzy Romanowski versucht auch, einen kleinlichen Streit über Einzelheiten der Ostpreußenschlacht von 1914 mit Solschenizyn anzuzetteln. Hierbei zitiert er sehr seltene Ausgaben von Werken russischer Militärhistoriker. Außerdem enthält Romanowskis Aufsatz so viele für sowjetische Zeitungsartikel typische Redewendungen und Ausdrücke, daß seine Herkunft eindeutig ist: das Original war zweifellos Russisch und nicht Polnisch geschrieben. Daher wollte ich den polnischen Text in *WTK* gerne kennenlernen und wissen, was das für eine katholische Zeitschrift ist, die ein der katholischen Religion so fernes Thema behandelt, das außerdem ein polnischer Leser gar nicht beurteilen kann, weil es eine polnische Ausgabe von *August Vierzehn* nicht gibt. In der Leninbibliothek konnte ich *WTK* nicht ausfindig machen, denn die größte Bibliothek der UdSSR hält keine religiösen Periodika anderer Länder. Ich ging zur Redaktion der Zeitung *Trud* in der Annahme, sie hätte das polnische Original. Der Sekretär der Abteilung für Literatur und Kunst der Redaktion reagierte auf meine Frage verschreckt:

»Wir haben diese polnische Zeitung nicht. Wir haben nur den russischen Text als Auflageartikel bekommen.« »Sie hätten doch die Zitate nach den angeführten Quellen überprüfen müssen«, entgegnete ich, »das hat doch bei jedem Artikel zu geschehen, der in der zentralen Presse veröffentlicht wird. Außerdem hat Ihre Redaktion eine Bemerkung zu dem Artikel abgedruckt.«

Mein Gesprächspartner begriff, daß er zuviel gesagt hatte. »Bitte gehen Sie zum Abteilungsleiter« – er wies mit der Hand auf die andere Seite des Zimmers – »er wird Ihnen sicher alles erklären.«

Der Abteilungsleiter Ju. I. Skworzow hörte sich meine Bitte an. (Ich bat um die genaue Bezeichnung der Zeitschrift und wenigstens den Erscheinungsort, angeblich, um einen Brief an die Redaktion dieser Zeitschrift zu schreiben.) Skworzow sagte, er habe die Zeitschrift *WTK* nicht in seiner Abteilung. Wenn ich warten wolle, würde er die Frage klären. Nach zwanzig Minuten kam er zurück. »Wissen Sie, das Redaktionsarchiv ist im Augenblick geschlossen. Ich notiere mir Ihre Telefonnummer und werde, sobald unser Archivar gekommen ist, die Frage klären und Sie anrufen. Darf ich Sie um Ihren Namen bitten.« Er zog den Füllfederhalter, um sich meine Angaben zu notieren, offenbar für jene Instanz, die der *Trud* den Artikel »als Aufla-geartikel« übersandt hatte. Ich gab Skworzow Namen, Adresse und Telefon. (Trotz zweier schriftlicher Erinnerungen hat er mir nichts über die Wochenschrift *WTK* mitgeteilt. Nach einein-halb Monaten gab ich Skworzow selbst alle Angaben über die Wochenschrift und ihren Redakteur.)

Fünf Tage nach dem Artikel in der *Trud* erschien in der *Li-teraturnaja gaseta* die seit langem vorbereitete Seite (natürlich wieder die 13.) mit Leserzuschriften auf die Artikel von Martti Larni und Marina Stütz. Einführend hieß es:

Bei der Redaktion der *Literaturnaja gaseta* trafen viele Reak-tionen auf die Äußerungen von M. Larni und M. Stütz ein, in denen die Leser den verleumderischen Erfindungen, die in dem »historischen« Werk Solschenizyns enthalten sind, die ge-hörige Abfuhr erteilen. Heute veröffentlichen wir nur einen kleinen Teil der Leserzuschriften.

Die Anspielung auf den »kleinen Teil« wies darauf hin, daß in kommenden Nummern die Kampagne gegen Solschenizyn fortgeführt werden würde. Den meisten Raum auf Seite 13 der *Literaturnaja gaseta* nahm der Artikel des weißrussischen Schrift-stellers Leonid Proksscha ein, *Nach welchem Rußland weint Sol-schenizyn?* Es handelte sich um einen der üblichen demagogi-schen Artikel, in dem Proksscha versuchte, Solschenizyn mit jenen antisowjetischen Emigrantenorganisationen in Zusammenhang zu bringen, die 1968 den Roman *Krebsstation* gedruckt hatten. Zur Illustrierung fügte Proksscha biographische Einzelheiten füh-render Mitarbeiter des Possev-Verlages hinzu. Bei der Diskus-sion des Romans *August Vierzehn* (er hatte ihn nicht gelesen, sondern ging von den Äußerungen Martti Larnis aus, der, wie wir sahen, den Roman ebenfalls nicht gelesen hatte, sondern sich auf die Äußerungen des Korrespondenten der *Washington Post,* Anatole Shub, stützte), redete sich Proksscha in den absurdesten Unsinn hinein, verwechselte den Ersten Weltkrieg mit dem Zwei-ten, sprach von irgendwelchen schändlichen Anspielungen des Autors, aus denen man schließen könne, der Autor hätte »nicht ungern die Deutschen als Sieger gesehen«. (Übrigens ist die Hal-tung des Romans, die die Atmosphäre bei Kriegsbeginn wider-spiegelt, ausgesprochen patriotisch. Als Defätist ist in dem Ro-man nur der Sozialdemokrat gezeigt, und das entspricht der Taktik der Sozialdemokraten jener Zeit. Lenin schrieb in seinem

Artikel *Die Aufgaben der revolutionären Sozialdemokratie im europäischen Krieg* vom September 1914 (vergleiche W. I. Lenin, Polnoje sobranije sotschinenij, 5. Aufl., Bd. 26, S. 6):

Vom Standpunkt der Arbeiterklasse und der werktätigen Massen aller Völker Rußlands aus wäre das geringste Übel die Niederlage der zaristischen Monarchie und ihrer Truppen.

Diese These hat Lenin noch klarer in seinem Artikel *Über die Niederlage unserer Regierung im imperialistischen Krieg* (ebenda S. 286–291) und in vielen anderen Dokumenten dieses Zeitraums formuliert.

Zur Ergänzung von Leonid Prokschas Artikel waren abgedruckt: Der Artikel eines aserbaidschanischen Schriftstellers, D. Mamedow, *Die Quellen der Verbitterung,* der Artikel eines armenischen Literaturwissenschaftlers, M. Mrkjan, *Gehörige Abfuhr,* der Artikel eines kirgisischen Schriftstellers, N. Scharkambajew, und Auszüge aus wütenden Briefen von Werktätigen, Ingenieuren, Arbeitern, eines Fahrdienstleiters, eines Lehrers, eines Schuldirektors und eines Lokomotivführers mit dem Titel »Held der sozialistischen Arbeit«. Der letzte Absatz dieser geschmackvoll ausgewählten Kollektion programmierter menschlicher Automaten gehörte dem Ingenieur Jakschin, der über den Autor von *August Vierzehn* ausrief: »Wie kann man hier von einem Sowjetschriftsteller sprechen, wo er doch in Abfallgruben wühlt und sein eigenes Land verleumdet?«

Die nächste Nummer der *Literaturnaja gaseta* vom 19. April öffnete ich gleich auf der 13. Seite. Links stand der Artikel *Mit den Feinden in einem Gespann,* unterzeichnet von einer Gruppe von fünf weißrussischen Schriftstellern (Maxim Tank, Iwan Melesch u. a.); doch das war wieder eine Reaktion auf die »Rezensionen« von Larni und Stütz, ebenso unsinnig wie alle andern. Rechts stand ein großer Artikel von Eusebio Ferrari, *Wer die Musik bestellt,* den die *Literaturnaja gaseta* als Übersetzung aus der Aprilnummer der italienischen Zeitschrift *Calendario del popolo* präsentierte. Eusebio Ferrari ging schon nicht mehr auf den neuen Roman Solschenizyns ein. Er gab aus irgendeinem Grund den Inhalt des Dramas *Das Festmahl der Sieger* wieder, dessen einziges Exemplar 1965 vom KGB beschlagnahmt worden war. Woher konnte der italienische Autor seinen Inhalt kennen? Nach den Worten von Ferrari hatte er sich mit Personen unterhalten, die *Das Festmahl der Sieger* gelesen hatten. Eusebio Ferrari ging in seinem Artikel praxisnäher vor als alle seine Vorgänger. Präzis, Punkt für Punkt, formulierte er die gegen Solschenizyn erhobenen Beschuldigungen.

In Moskau werden gegen Solschenizyn konkrete Beschuldigungen erhoben, die etwa auf folgendes zielen: Versuch, die gesellschaftlichen und politischen Grundlagen des Sowjetsystems zu untergraben, um die Prinzipien, auf denen dieses System ruht, durch ... andere Prinzipien zu ersetzen; Propagierung dieses Standpunkts durch literarische Werke, Briefe, Aufrufe usw.; hierfür Ausnutzung der ausländischen Masseninformationsmittel (Zeitungen, Verlage, Rundfunksender), von denen genügend bekannt ist, daß sie gegen die Sowjetgesellschaft auftreten.

Weiterhin versucht Ferrari zu beweisen, daß diese Anführung »konkreter Beschuldigungen« berechtigt sei und »der Logik des Kampfes des Proletariats für den Sieg des Kommunismus« entspreche. Eusebio Ferrari, der dem Leser der *Literaturnaja gaseta* als Italiener vorgestellt wurde, gab im Grunde einen Auszug aus dem Strafgesetzbuch der RSFSR wieder, und zwar den Artikel 70 »Antisowjetische Agitation und Propaganda«. In diesem Artikel heißt es:

Agitation oder Propaganda, die zum Ziel der Untergrabung oder Schwächung der Sowjetmacht durchgeführt wird ... Verbreitung verleumderischer Erfindungen, die die sowjetische staatliche und gesellschaftliche Struktur verunglimpfen, zu diesen Zwecken, sowie Verbreitung oder Herstellung oder Aufbewahrung von Literatur derartigen Inhalts zu eben diesen Zwecken wird mit Freiheitsentzug von sechs Monaten bis zu sieben Jahren und mit Verbannung für die Dauer von zwei bis fünf Jahren bestraft.

»Herstellung« bezieht sich in der juristischen Sprechweise auch auf literarische Werke. Aufgrund dieses Artikels sind nämlich 1966 Sinjawski und Daniel verurteilt worden.

Die Diskussion, die die *Literaturnaja gaseta* im Januar über die Werke Solschenizyns eingeleitet hatte, konnte man fast als abgeschlossen ansehen. Im Anschluß an Eusebio Ferrari waren in der Zeitung Beiträge von Vertretern des Proletariats zu erwarten, die forderten, den Schriftsteller vor Gericht zu stellen. Die italienische Zeitschrift hatte eine Anklage nach dem Strafgesetzbuch der RSFSR begründet, die Abrechnung mußten nun die

eigenen Landsleute fordern. Doch war der Mai 1972, als folge-
richtig die »Diskussion« auf die juristischen Gleise umgelenkt
werden konnte, kein sehr günstiger Monat für einen derartigen
Schritt. Im Mai 1972 nämlich sollte der Präsident der USA,
Richard Nixon, nach Moskau kommen. Unter den vielen geplanten Übereinkünften erwartete man auch den Abschluß eines Ab-
kommens über kulturelle und wissenschaftliche Zusammenarbeit;
dafür aber hätte die Abrechnung mit Solschenizyn einen allzu-
schlechten Hintergrund abgegeben. Die Presseagentur »Nowosti«
begann indessen die Vorbereitungsarbeit, damit die ausländischen Gäste auch auf eine derartige Abrechnung vorbereitet wären. Anfang Mai ließ APN in großer Eile alle kritischen Aufsätze, die in der Sowjetpresse über Solschenizyn erschienen waren
(vom Artikel in der *Literaturnaja gaseta* vom Juni 1968 an bis
zu dem Beitrag von Eusebio Ferrari), ins Englische und Französische übersetzen und legte Anfang Mai Broschüren unter dem
Titel *Pressekommentare über Solschenizyn* vor. Diese Broschüren
wurden unter der amerikanischen Delegation im Moskauer
Pressezentrum und auch im Ausland verteilt.

Inzwischen hatte ich einige Schriftsteller in Polen und auch
das Warschauer Literaturinstitut gebeten, mir ein Exemplar von
WTK vom 26. März zu übersenden. *Calendario del popolo* ist in
der Leninbibliothek offen zugängig, doch Anfang Mai war die
Aprilnummer noch nicht aus Italien eingetroffen. Aus den anderen Nummern ergab sich ohne weiteres, daß es sich um eine kleine
kommunistische Illustrierte handelt, die in Mailand erscheint. In
Mailand habe ich einen guten Bekannten, den ich bat, mir die
Aprilnummer zu schicken und sich nach Möglichkeit in literarischen Kreisen zu erkundigen, wer dieser Eusebio Ferrari sei. Ende
Mai erhielt ich aus Mailand ein Einschreiben mit der Aprilnummer *Calendario del popolo* und einen Brief von meinem Bekannten. Eusebio Ferraris Artikel war unter der Überschrift *Fragen
an Solschenizyn* (und nicht *Wer die Musik bestellt*) erschienen. Sein Inhalt war etwa derselbe wie in der russischen Fassung der *Literaturnaja gaseta*. Doch in einer redaktionellen
Bemerkung wurde darauf hingewiesen, daß Eusebio Ferrari in
Moskau lebt. Genauer war seine Adresse nicht angegeben. Mein
Bekannter schrieb mir über Eusebio Ferrari nur: »Über den Verfasser des Artikels kann ich nicht viel sagen, weil ihn niemand
kennt. Er ist zweifellos weder Schriftsteller noch Kritiker.«

In den Moskauer Bibliotheken traf die Aprilnummer des *Calendario del popolo* erst am 20./21. Mai ein; also hatte die *Literaturnaja gaseta*, als sie die Übersetzung des Artikels am 19. April abdruckte, den Text einwandfrei vor dem Erscheinungstermin in Mailand besessen.

Anfang Juni erhielt ich aus Polen zwei Exemplare des *WTK* vom 26. März 1972. Es handelt sich um eine Wochenschrift in Zeitungsformat, deren vollständige Bezeichnung lautet: *Wroclawski Tygodnik Katolików* (Warszawa). Jerzy Romanowskis Artikel über *August Vierzehn* nahm zwei volle Seiten (S. 4–5) ein. Schon ein oberflächlicher Vergleich des russischen und des polnischen Textes zeigt, daß der russische Text das Original ist. Der Artikel enthält sehr viele Zitate aus seltenen Quellen. Die russische Fassung führt in allen Fällen exakte bibliographische Angaben einschließlich der Seitenangaben an. In der polnischen Fassung fehlen bibliographische Hinweise ganz.

Der Hauptbeweis dafür, daß der Urtext russisch war, wurde mir aus Polen geliefert. In dem Artikel wird mehrfach ein Buch der amerikanischen Historikerin Barbara Tuchman, *The Guns of August* zitiert. Im Polnischen wird im Unterschied zum Russischen, da das Polnische ja die lateinische Schrift verwendet, die Rechtschreibung englischer Namen beibehalten. So besteht kein Unterschied zwischen der Schreibweise des Namens Tuchman im amerikanischen Original und in der polnischen Übersetzung. Romanowski schrieb in der polnischen Fassung des Artikels den Namen Tuchman stets in der Rücktranskription aus der im Russischen üblichen phonetischen Wiedergabe »Takman«. Dieser Irrtum konnte nur bei der Übersetzung aus dem Russischen entstehen, und zwar durch einen Polen, der das Buch des zitierten Autors nicht kennt. Außerdem sind in der russischen Variante alle Zitate aus Barbara Tuchmans Buch als »Übersetzung aus dem Englischen ins Russische« gekennzeichnet. In der polnischen Variante sind diese Zitate weder der polnischen Ausgabe des Buches noch der englischen entnommen. Es handelt sich um eine Übersetzung der russischen Übersetzung des englischen Textes.

Meine polnischen Freunde gaben mir auch einige Informationen über die Wochenschrift *WTK* und ihren Redakteur. *WTK* wird von den sogenannten »unabhängigen« Katholiken herausgegeben, einer Organisation, die gegen die katholische Kirche gerichtet ist und von der polnischen Kirche nicht anerkannt wird.

Der Leiter dieser Gruppe und Herausgeber von *WTK* ist ein in Polen als reaktionär bekannter gewisser Piasecki. Bis 1939 stand er an der Spitze der faschistischen Partei in Polen. 1945 wurde er vom NKWD verhaftet, danach wurde er der Organisator des Bundes der »unabhängigen« Katholiken PAX. *WTK* wurde von PAX zunächst in Breslau (dem heutigen Wroclaw), später in Warschau herausgegeben. Jerzy Romanowski ist weder als Journalist noch als Schriftsteller in Polen bekannt; offensichtlich handelt es sich um ein Pseudonym. So ließ sich das Rätsel um Romanowskis *WTK*-Artikel lösen.

Die Nobelpreisrede

Traditionsgemäß können die Nobelpreisträger an einem ihrer Aufenthaltstage in Schweden einen öffentlichen Vortrag halten, der im Jahrbuch der Nobelstiftung erscheint. Danach kann die Rede übersetzt und nachgedruckt werden. (Im Jahrbuch der Nobelstiftung werden die Reden in der Originalsprache gedruckt.) Die Reden der Wissenschaftler erscheinen meistens in den internationalen Zeitschriften *Nature* oder *Science*. Die Ausarbeitung des Vortrags ist jedoch freiwillig, und ein Preisträger kann davon Abstand nehmen. Michail Scholochow zum Beispiel, der 1965 den Literatur-Nobelpreis in Stockholm entgegennahm, hielt keinen Vortrag. Stattdessen gab er eine Pressekonferenz, die in Schweden einen sehr schlechten Eindruck hinterließ.

Solschenizyn hatte im Herbst 1970 die Aufforderung der Schwedischen Akademie zu einem Vortrag verantwortungsbewußt aufgegriffen. Als er aber dann davon Abstand nahm, sich um die Genehmigung für die Reise nach Schweden zu bemühen, war der Vortrag nicht mehr aktuell. Die Nobelstiftung äußerte jedoch ein lebhaftes Interesse an dem Vortrag, und Solschenizyn befaßte sich erneut damit, als die Übergabe-Zeremonie des Preises in Moskau zur Diskussion stand. Es wurde erwogen, den Vortrag während der Übergabe-Zeremonie der Medaille und des Nobeldiploms zu halten. Die Veröffentlichung des Vortrags war im Jahrbuch der Nobelstiftung für 1971, also mit einjähriger Verspätung, vorgesehen. Dieses Jahrbuch sollte im Sommer 1972 erscheinen. Somit hätten die zur verhinderten Zeremonie der Preisübergabe in der Wohnung von Solschenizyns Frau in Moskau eingeladenen Gäste diesen Vortrag als erste gehört. Den Text kannte damals weder ich noch irgendeiner der mir bekannten Freunde des Schriftstellers, und wir sahen der Rede Solschenizyns mit großem Interesse entgegen. Aber es kam weder zu der Zeremonie noch zu der Rede.

Das Jahrbuch der Nobelstiftung wurde Ende August 1972 ausgeliefert, und der darin enthaltene Vortrag Solschenizyns wurde sofort ein Ereignis von internationaler Bedeutung. Er lenkte die Aufmerksamkeit der Weltpresse auf sich, natürlich mit Ausnahme der Presse der UdSSR, Chinas, Koreas und einiger anderer Staaten. In den führenden Zeitungen und Zeitschriften wurden umfangreiche Auszüge abgedruckt, und in den Kommentaren dazu wurde die große Würde des Autors unterstrichen, sein Humanismus, die Bedeutung der zum Ausdruck gebrachten Gedanken über die Aufgaben von Literatur und Kunst im allgemeinen und die konzentrierte Klarheit der Form. Mehrfach wurde der russische Text von westlichen Rundfunkstationen verlesen, und ich war beim zweimaligen Hören solcher Übertragungen sehr froh, mich davon überzeugen zu können, daß der Vortrag wirklich einen starken Eindruck hinterläßt und so klar die allgemein menschliche, »überparteiliche« Rolle der Literatur und die Priorität der ethischen und moralischen Ideale über Konsumdenken und materielle Tendenzen formuliert und damit zu einem wichtigen Dokument der Zeitgeschichte wird. Bald erhielt ich aus Schweden eine Fotokopie des gedruckten Vortrags. Der Text nahm zwölf Seiten im Jahrbuch der Nobelstiftung ein (*Les Prix Nobel en 1971*, Stockholm, Imprimerie Royale, Norstedt & Sönef, S. 129–140), doch diese zwölf Seiten hatten zu einer Verdoppelung der Auflage des Jahrbuchs im Vergleich mit den Vorjahren geführt. Ich kann den vollständigen Text hier nicht zitieren. Er wird über den Samisdat einem weiten Kreis sowjetischer Leser auch ohne meine Hilfe bekannt werden, aber ich werde einige Absätze zitieren, die eine Resonanz auf die Tatsachen bedeuten, die ich in diesem Buch dargestellt habe.

. . .

Zu diesem Podium, von dem aus dieser Nobel-Vortrag gehalten wird, einem Podium, das bei weitem nicht jedem Schriftsteller, und dann nur einmal im Leben zur Verfügung gestellt wird, bin ich nicht über die drei, vier vom Tischler gefügten Stufen heraufgestiegen, sondern über Hunderte oder sogar Tausende unwirtliche, steile, vereiste, aus Finsternis und Kälte, wo mir bestimmt war, am Leben zu bleiben, und wo andere, vielleicht begabtere, stärkere, zugrunde gingen. Nur einigen von ihnen begegnete ich selbst auf dem Archipel GULAG, das auf viele kleine Inseln verteilt ist, und unter dem Mahlstein der Bespitzelung und des Mißtrauens ist es nicht mit jedem zu einem Gespräch gekommen, von manchen habe ich nur gehört, von anderen nur geahnt. Diejenigen, die schon einen Namen in der Literatur hatten, als sie in diesen Abgrund stürzten, dürften wohl bekannt sein – doch wieviele blieben unerkannt, wurden nie öffentlich erwähnt! Und fast, fast niemandem gelang es heimzukehren. Eine ganze Nationalliteratur ist dort geblieben, ist beerdigt – nicht nur ohne Sarg, sondern auch ohne Unterwäsche, nackt, mit einem Nummernschild am Zeh. Keinen Augenblick war das Dasein der russischen Literatur unterbrochen! – Von außen betrachtet aber wirkte sie wie eine Wüste. Wo friedlich ein Wald hätte wachsen können, blieben nach all den Abholzungen zwei, drei zufällig belassene Bäume.

Und wie soll ich heute – begleitet von den Schatten der Toten und mit geneigtem Haupt, die anderen, früher Würdigen an mir vorüber auf diesen Platz lassend – erraten und ausdrücken, was sie hätten sagen wollen?

. . .

Wer schafft denn der Menschheit ein einheitliches Maßsystem für Böses und Gutes, für Unduldbares und Duldbares, wie man sie heute unterscheidet? Wer erklärt der Menschheit, was wirklich belastend und unerträglich ist, und was uns nur seiner Nähe wegen die Haut wundreibt, – und richtet den Zorn auf den Schlimmeren und nicht auf den Näheren? Wer könnte ein solches Verständnis über die Grenzen der eigenen menschlichen Erfahrung hinaustragen? Wer könnte dem starren, verhärteten menschlichen Wesen fremden Schmerz und ferne Freude nahebringen, das Verstehen der Maßstäbe und Irrungen, die selbst nicht erlebt wurden? Kraftlos sind hier Propaganda und Zwang und wissenschaftlicher Beweis. Doch zum Glück gibt es ein solches Mittel in der Welt! Das ist die Kunst, das ist die Literatur.

Ihnen ist die Wunderkraft gegeben: die einengende Besonderheit des Menschen zu überwinden, daß er nur aus eigener Erfahrung lernen kann, daß die Erfahrung anderer fruchtlos an ihm vorübergeht. Von Mensch zu Mensch, seine kurz bemessene irdische Zeit erweiternd, überträgt die Kunst die Last fremder langer Lebenserfahrung mit allen ihren Beschwernissen, Farben, Säften, läßt im Fleisch die von anderen durchlebte Erfahrung auferstehen, macht sie wie selbst Erfahrenes zu eigen.

Und noch mehr, erheblich mehr: Länder und ganze Kontinente wiederholen ihre Fehler mit Verspätung, bisweilen um Jahrhunderte, wenn es auch scheint, daß alles so klar durchschaubar ist! Aber nein: was die einen Völker schon durchlebt, durchdacht und abgelehnt haben, wird von anderen als das Neueste entdeckt. Und hier gilt auch: das einzige, was die nicht durchlebte Erfahrung ersetzen kann, ist die Kunst, ist die Literatur. Ihnen ist eine wunderbare Eigenheit gegeben: über den Unterschied der Sprachen, Sitten, Gesellschaftsformen hinweg Lebenserfahrung von einer ganzen Nation auf eine ganze Nation zu übertragen – eine Lebenserfahrung, die diese zweite nie durchlebt hat, eine schwere, jahrzehntelange nationale Erfahrung – und somit im glücklichsten Falle eine ganze Nation von einem überflüssigen oder irrtümlichen oder sogar zugrunderichtenden Wege zu bewahren und die Umwege der menschlichen Geschichte zu verkürzen.

. . .

Und in noch einer unschätzbaren Richtung überträgt die Literatur unumstößliche, verdichtete Erfahrung: von Generation zu Generation. So wird sie zum lebendigen Gedächtnis einer Nation. So hegt sie in sich und so bewahrt sie verlorene Geschichte – in einer Form, die keiner Verfälschung und keiner Verleumdung nachgibt. Somit bewahrt die Literatur zusammen mit der Sprache die nationale Seele.

. . .

Doch wehe der Nation, bei der die Literatur durch Einmischung der Gewalt unterbrochen wird: das ist nicht nur die Verletzung der »Pressefreiheit«, das ist die Verschließung des nationalen Herzens, die Abschlachtung des nationalen Gedächtnisses. Eine Nation erinnert sich nicht mehr ihrer selbst, eine Nation verliert ihre geistige Einheit – und bei einer scheinbar gemeinsamen Sprache hören die Landsleute plötzlich auf, einander zu verstehen. Stumme Generationen sterben dahin, ohne sich selbst, ohne ihren Nachfahren von sich erzählt zu haben. Wenn solche Künstler wie Anna Achmatowa oder Jewgeni Samjatin lebenslang lebendig eingemauert blieben, verurteilt waren, bis zum Grabe schweigend zu schaffen, ohne den Widerhall auf das Geschriebene zu hören, dann ist das nicht nur ihr persönliches Unglück, sondern Leid für die ganze Nation, ist Gefahr für die ganze Nation.
In anderen Fällen aber auch Gefahr für die ganze Menschheit: wenn nämlich durch solches Schweigen das Verstehen der GESCHICHTE in ihrer Ganzheit aufhört.

. . .

Man sagt uns: Was vermag die Literatur gegen den grausamen Druck offener Gewalt? Jedoch: vergessen wir nicht, Gewalt lebt nicht allein und kann nicht allein leben: sie ist unbedingt mit der LÜGE verflochten. Zwischen ihnen besteht eine enge verwandtschaftliche, eine zutiefst naturgegebene Verbindung: Gewalt kann sich durch nichts verbergen als durch Lüge, und Lüge kann sich durch nichts halten als durch Gewalt. Jeder, der einmal die Gewalt als seine METHODE verkündet hat, muß unerbittlich die Lüge zu seinem PRINZIP wählen. Wenn Gewalt entsteht, handelt sie offen und brüstet sich sogar. Doch sobald sie sich gefestigt, gehärtet hat, empfindet sie die Verdünnung der Luft um sich und kann nicht mehr anders existieren, als sich hinter dem Nebel der Lüge zu verbergen und sich mit süßem Gerede zu tarnen. Sie packt schon nicht mehr regelmäßig, nicht unbedingt direkt an die Kehle, sondern sie fordert von den Untergebenen nur den Eid auf die Lüge, nur die Teilnahme an der Lüge.

Und es gilt für den einfachen tapferen Menschen nur einen einfachen Schritt zu vollziehen: Nicht an der Lüge teilzunehmen, nicht lügnerische Handlungen zu unterstützen. Mag Böses in die Welt kommen und sogar in der Welt herrschen– doch nicht durch mich. Den Schriftstellern und den Künstlern ist etwas Größeres zugängig: DER SIEG ÜBER DIE LÜGE! Beim Kampf mit der Lüge hat die Kunst immer gesiegt, sie siegt immer! – Sichtbar, unwiderlegbar für alle! Gegen vieles in der Welt kann die Lüge bestehen –, nur nicht gegen die Kunst.

. . .

Und deshalb Freunde, glaube ich, daß wir in der Lage sind, der Welt in ihrer brennenden Stunde zu helfen . . .

Zehn Jahre

Vor unseren Augen sind zehn Jahre nach der Veröffentlichung von *Ein Tag im Leben des Iwan Denissowitsch* in *Nowy mir* vergangen. Während dieser zehn Jahre bin ich mehrfach zur Lektüre dieses Romans zurückgekehrt, und Iwan Denissowitsch und alles, was mit ihm an jenem einen Tag geschah, hat sich für immer in mein Gedächtnis eingeprägt, vielleicht klarer und genauer als ein beliebiger Tag aus meinem eigenen Leben. Das ist die Kraft der Kunst. Iwan Denissowitsch hatte auch zehn Jahre, dreitausendsechshundertdreiundfünfzig Tage, einer wie der andere. Die zehn Jahre, die vor unseren Augen in dem vorliegenden Buch vergangen sind, waren indessen nicht eines wie das andere. Doch die Veränderungen, denen wir nachgegangen sind, waren nicht nur Veränderungen im Leben der Personen unseres Buches, es waren Veränderungen einer ganzen Gesellschaft, der ganzen Welt. Für den Autor des Romans stand am Anfang der zehn Jahre ein unerwarteter Triumph, und das war der Triumph der Wahrheit. Der Enthusiasmus, mit dem zu Beginn der zehn Jahre der neue Schriftsteller begrüßt wurde, war nicht nur durch die Freude der Begegnung mit echter Kunst hervorgerufen. Die Menschen freuten sich vor allem darüber, daß nun eine Zeit angebrochen war, in der man die ganze Wahrheit sagen durfte, in der man die schrecklichen, doch so unvergeßlichen, so bitteren Ereignisse der jüngsten Vergangenheit in gnadenloser Analyse offen darstellen durfte, die ungeachtet der Erfolge das Leben der Mehrheit überschatteten. Die Menschen freuten sich darüber, daß die Kunst Lüge und Gewalt besiegen kann. Solschenizyn hatte das Bild der Hölle gezeichnet, doch alle sahen, daß er das getan hatte, damit eine solche Hölle sich nicht wiederholen konnte. In *Ein Tag im Leben des Iwan Denissowitsch* war noch nicht der schrecklichste Kreis der Hölle dargestellt. Das war Kasachstan und nicht Kolyma, das waren Bau- und nicht Kupfergruben, dort lebten die Menschen viele Jahre und gingen nicht in ein, zwei Jahren an Vitaminmangel und Auszehrung zugrunde, wie in jenen schrecklichen Lagern jenseits des Polarkreises, wo Lidija Tschukowskajas Mann und mein Vater und die Väter von vielen meiner Freunde und viele Millionen starben.

Von allen Werken Solschenizyns, die wir kennen, hat *Ein Tag im Leben des Iwan Denissowitsch* die größte Erschütterung ausgelöst. In dem Roman *Der erste Kreis der Hölle* leben die Figuren ein leichteres Leben. Sie denken nicht an die Brotration, arbeiten wissenschaftlich und können sogar lieben. Ihnen fehlt nur die Freiheit. Im Roman *Krebsstation* führt der Autor den Leser über die Grenzen der Hölle hinaus. Das übliche Leben, voll neuer Hoffnungen, allmähliche Anzeichen der Gerechtigkeit. In *August Vierzehn* geht Solschenizyn über den Rahmen der uns erregenden Gegenwart hinaus und schildert eine Welt, für deren Ereignisse fast niemand von den heute Lebenden unmittelbare Verantwortung trägt. In diesen zehn Jahren hat Solschenizyn gezeigt, daß sein Talent keineswegs nachgelassen hat, sondern neue Kraft, neue Reife erwarb. Warum wurde denn *Ein Tag im Leben des Iwan Denissowitsch* in unserem Lande in Millionen Exemplaren gedruckt und von der Mehrheit der Leser, der Kritik und der Staatsführung gutgeheißen, während *August Vierzehn* ungedruckt, nicht einmal in einem einzigen Verlag in Erwägung gezogen, dem Urteil der Leser nicht vorgelegt, den Messern käuflicher Kritiker anheimfiel, die sich häufig unter der trüben Maske eines Pseudonyms verbargen? Gehen wir etwa erneut der Herrschaft der Gewalt und der Willkür entgegen? Muß etwa die Kunst, die für einen kurzen Augenblick vor uns in einigen (doch weitaus nicht allen) Farben des Regenbogens aufleuchtete, jetzt wieder einheitlich grau werden?

Ein guter Bekannter von mir, der älteste aller ehemaligen Mitarbeiter von *Nowy mir*, ein Mensch, der sich an die Revolution und den Bürgerkrieg erinnert, an dem er in den Reihen der legendären Schtschors-Division teilgenommen hat, antwortete auf diese Frage: »Viele glauben, daß unter Chruschtschow Demokratie herrschte. Das ist Unfug, von Demokratie war keine Rede. Bisweilen gab es liberale Erscheinungen, darauf ist unter unseren Bedingungen kein Verlaß. Das ist die humane Form der Willkür. Und das ist in jedem Falle, wie wir sehen, eine zeitgebundene Erscheinung. Bleibende Gerechtigkeit kann es nur unter den Bedingungen einer ständigen und echten Demokratie geben.«

November 1971 – November 1972

Epilog zur deutschen Ausgabe

Im Dezember 1972 bekam ich die Genehmigung für einen einjährigen Aufenthalt in Großbritannien zu wissenschaftlicher Arbeit. Die Ausreise war für Mitte Januar 1973 geplant. Zehn Tage vor der Abfahrt, als allmählich kaum noch Zweifel bestanden, daß die beabsichtigte Auslandsreise Realität würde, lud mich Solschenizyn ein, ihn in Rostropowitschs Datscha zu besuchen, um die mit dem Auslandsaufenthalt verbundenen Probleme durchzusprechen. Zwei Stunden lang gingen wir in dem Fichtenwald spazieren, der die Datschensiedlung umgibt, und sprachen über die möglichen Ereignisse der nächsten Zukunft. Ich war sicher, nach einem Jahr nach Hause zurückzukehren. Solschenizyn aber hatte keinen Zweifel, daß mir die Rückkehr in die UdSSR verweigert werden würde. Seine Intuition erwies sich als richtig. Er wußte noch nicht, daß ich dieses Buch geschrieben hatte; eine Nachricht darüber sandte ich ihm aus London. Von hier aus habe ich sein Leben weiter aufmerksam beobachtet.

In der ersten Hälfte 1973 konnte der Eindruck entstehen, daß die früheren Verfolgungen zu einem Ende gekommen seien und daß man nun beschlossen hatte, den Dichter in Ruhe zu lassen und einfach nicht zu beachten. Sein Name tauchte nirgendwo auf, auch nicht mit negativem Vorzeichen. Als in Moskau der seit fast einem Jahr fällige 7. Band der literarischen Enzyklopädie *Kratkaja Literaturnaja Enziklopedija* herauskam, fehlte Solschenizyns Name unter den über zweihundert Namen ausländischer und russischer Schriftsteller, die mit S beginnen. Nach langen Auseinandersetzungen, was man im Beitrag *Solschenizyn* über sein Schaffen schreiben solle, war den Herausgebern der Enzyklopädie einfach befohlen worden, seinen Namen aus der russischen und aus der Weltliteratur zu streichen.

Im März 1973 war Solschenizyns Ehe mit Frau Reschetowskaja nach dreijährigem Prozeß geschieden worden, und er konnte im April seine Ehe mit Natalja Swetlowa registrieren lassen. In diesem Monat wurde ihr dritter Sohn geboren. Nun verließ Solschenizyn Rostropowitschs gastfreundliches Haus und übersiedelte nach Moskau in die Wohnung seiner Frau. Für einen ständigen Aufenthalt in Moskau benötigt man die Genehmigung der Miliz, doch ist die Ausstellung einer solchen Genehmigung eine reine Formalität, wenn Ehefrau und Kinder in Moskau polizeilich gemeldet sind. Solschenizyn bekam jedoch eine Ablehnung, und sein scharfer Protest an den Innenminister der UdSSR blieb ohne Antwort. Ihm wurden an die Adresse seiner Frau anonyme Briefe mit Drohungen und verschiedenen Forderungen zugestellt. In Leningrad nötigte der KGB Frau Jelisaweta Woronianskaja, eine Bekannte Solschenizyns, ihm ein Manuskript der dokumentarischen Prosa *Der Archipel GULAG* auszuhändigen, einer Darstellung des Systems der Konzentrationslager in der UdSSR von 1918–1956. Von mehrtägigen pausenlosen Verhören gebrochen, setzte Frau Woronianskaja ihrem Leben ein Ende. Die Verfolgungen anderer Freunde des Schriftstellers verstärkten sich. Immer wieder ließ man durchblicken, Solschenizyn habe das Land zu verlassen, sonst würde er verhaftet.

Angesichts dieser zunehmenden Feindlichkeit beschloß Solschenizyn erneut, wie schon im Jahre 1972, ausländischen Journalisten ein ausführliches Interview zu geben. Ende August fand dieses Interview Niederschlag in vielen westlichen Zeitungen. Ungeachtet aller Schwierigkeiten hatte Solschenizyn intensiv literarisch weitergearbeitet und den neuen Roman *Oktober Sechzehn*, die Fortsetzung der mit *August Vierzehn* begonnenen Reihe, abgeschlossen. »Wahrscheinlich werde ich *Oktober Sechzehn* nicht veröffentlichen, ehe nicht der dritte Knoten, *März Siebzehn*, fertig ist. Diese Knoten sind zu eng miteinander verschlungen, und sie erklären nur gemeinsam den Gang der Ereignisse so, wie ihn der Autor versteht.«

März Siebzehn muß schon die Ereignisse zu Beginn der russischen Revolution berühren. Von dieser Zeit, die eine neue Epoche der Zeitgeschichte bestimmt hat, wird Solschenizyn weitergehen, sich näher auf uns zubewegen und in der Sprache der Kunst Ereignisse freilegen, die unbekannt, vergessen oder von der Geschichtsschreibung verfälscht sind. Ob wir in diesem Zyklus epischer Romane über den Krieg und den Frieden noch die Darstellung der Zeit und der Personen erleben werden, die nicht mit unsern Vätern und Großvätern verbunden ist, sondern an die wir uns aus eigener Erfahrung erinnern, das wird entscheidend von uns selbst abhängen, davon, ob wir es vermögen, diesen großen russischen Dichter zu verteidigen und zu stützen.

Register

Solschenizyn bei Luchterhand

August Vierzehn
Roman
780 Seiten und zwei Karten.
Leinen

Krebsstation
Sonderausgabe in zwei Bänden
Band I. 409 Seiten, Band II. 327 Seiten.
Leinen

Im Interesse der Sache
Erzählungen
Einmalige Sonderausgabe in der Reihe
»Bücher der Neunzehn«, 452 Seiten.
Leinen

Im Interesse der Sache
Erzählungen
Sammlung Luchterhand Band 75,
452 Seiten

Über Solschenizyn
Aufsätze, Berichte, Materialien
Herausgegeben von Elisabeth Markstein und
Felix Philipp Ingold, 360 Seiten.
Leinen